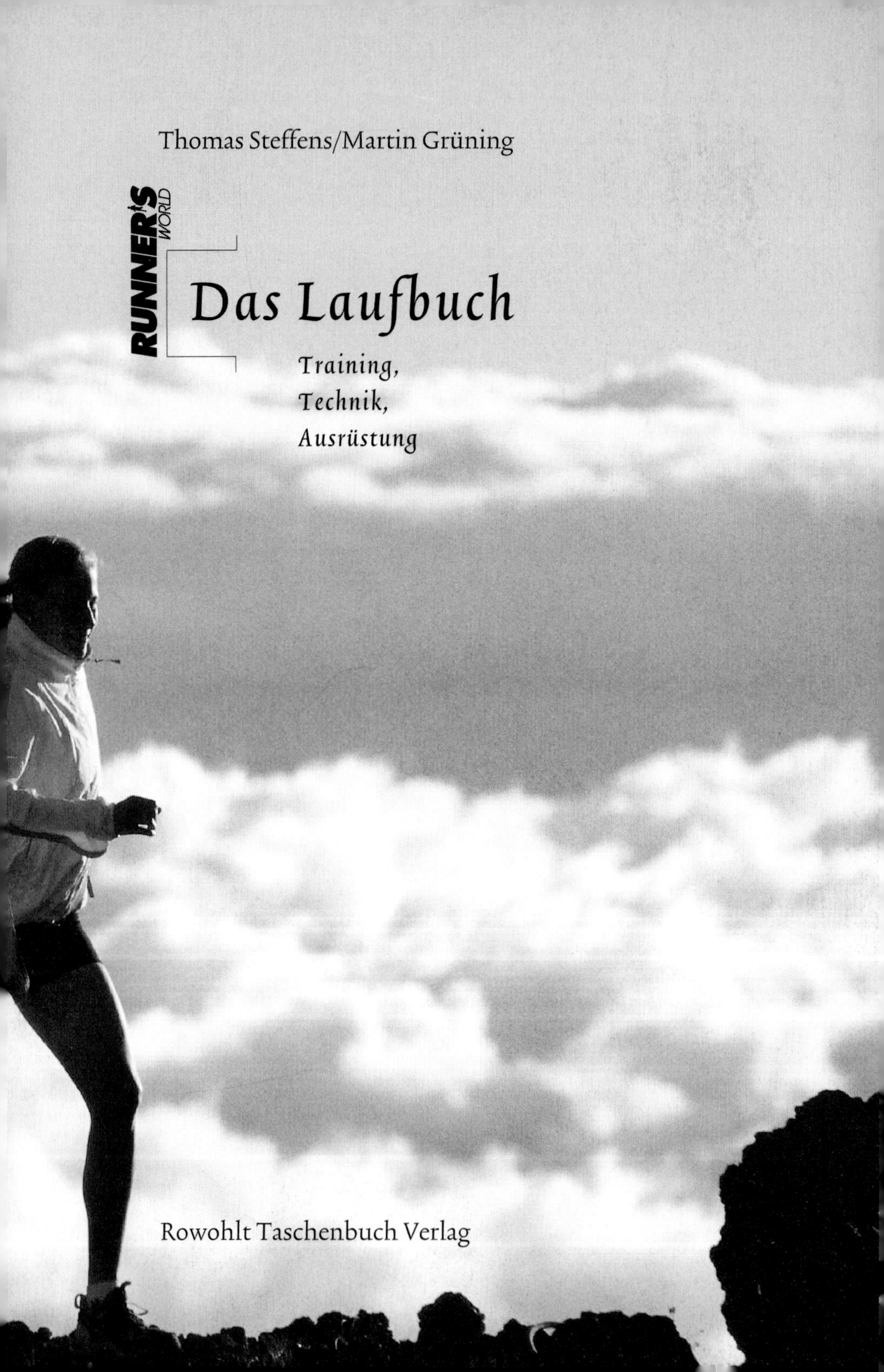

Thomas Steffens/Martin Grüning

RUNNER'S WORLD

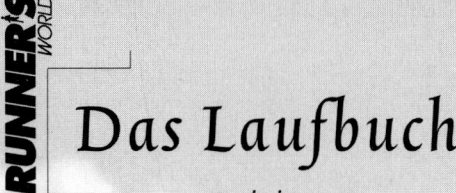

Das Laufbuch

Training,
Technik,
Ausrüstung

Rowohlt Taschenbuch Verlag

8. Auflage März 2004

Originalausgabe
Veröffentlicht im Rowohlt Taschenbuch Verlag,
Reinbek bei Hamburg, Juni 1999
Copyright © 1999 by Rowohlt Taschenbuch
Verlag GmbH, Reinbek bei Hamburg
Redaktion Harald Krämer
Umschlaggestaltung Peter Wippermann/
Jürgen Kaffer, Büro Hamburg
(Foto: Gregg Adams)
Layout und Herstellung Maren Orlowski
Satz Trinité No. 2 und GillSans (QuarkXPress 3.32)
Gesamtherstellung Clausen & Bosse, Leck
Printed in Germany
ISBN 3 499 19465 1

Inhalt

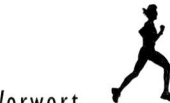

Dieter Baumann:
Ja, warum laufen sie denn?

Warum laufen eigentlich immer mehr Menschen? Sie begegnen uns nicht nur im Frühling im Stadtpark, auch bei Wind und Wetter sehen wir sie laufen. Irgend etwas muß also dran sein an der Lauferei, muß diesen Menschen Spaß machen oder Genugtuung verschaffen.

Wer es je selbst erfahren hat, rätselt nicht lange herum, er weiß es. Laufen ist wie eine kleine Insel, auf die man sich zurückzieht, wenn es im Alltag «eng» wird. Und es ist eine im Wortsinne berauschende Erfahrung, sich Streß und trübe Gedanken vom Leibe zu laufen. (Es soll sogar Leute geben, die auch laufen, wenn sie nicht unter Streß stehen.) Außerdem ist es die einfachste sportliche Betätigung überhaupt: Hose, T-Shirt und Schuhe an und ab ins Grüne oder wo immer Sie laufen wollen. Doch im vermeintlich Einfachen lauern oft die Tücken. Auch Laufen will gelernt sein. Um gleich zu Beginn der «Laufkarriere» die Fehler zu vermeiden, die einen Anfänger davor bewahren, ewig ein Anfänger zu bleiben, ist es ratsam, sich mit den Grundlagen eines Lauftrainings zu befassen. Eine Regel lautet beispielsweise: Wer planlos trainiert, macht viele Fehler. Fehler, die das Leistungsvermögen unnötig limitieren und den Spaß am Laufen schmälern.

Es muß ja nicht gerade ein Marathon sein, auf den Sie sich vorbereiten. Sei es, daß Sie als blutiger Anfänger die ersten Schritte wagen, sei es, daß Sie sich auf einen Wettkampf über zehn Kilometer vorbereiten – wer Fehler vermeiden will, sucht sich Rat bei Fachleuten. Martin Grüning und Thomas Steffens haben in diesem Buch alle wichtigen Aspekte zusammengestellt, die beim Laufen wichtig sind. Anfänger erhalten Basisinformationen und werden von überflüssigen Details verschont, Fortgeschrittene und Routiniers bekommen die Zusatzkenntnisse, um optimal an ihrer Form feilen zu können.

Bekanntlich führen mehrere Wege nach Rom, aber auch zu den ersten Fortschritten beim Laufen: sei es, daß Sie bald schon in der Lage sind, eine halbe Stunde am Stück zu joggen oder in einem Jahr einen Marathon

zu schaffen. Folgen die Schritte zu diesen Zielen einem Plan, dann ist der Erfolg quasi garantiert. Das RUNNER'S WORLD-Laufbuch läßt allen Schnickschnack weg und konzentriert sich auf das Wesentliche: Ausrüstung, Lauftechnik, Trainingsformen und Trainingspläne für alle Leistungskategorien, Ernährungstips, Regeneration und Stretching, Verletzungsvorbeugung.

In diesem Lauf-Wegweiser wird Ihnen der Weg gezeigt vom Laufeinsteiger zum Jogger, vom Jogger zum Marathonläufer – was auch immer Ihre persönlichen Ziele sein mögen. Hauptsache, das Laufen macht Ihnen Spaß.

Ihr Dieter Baumann

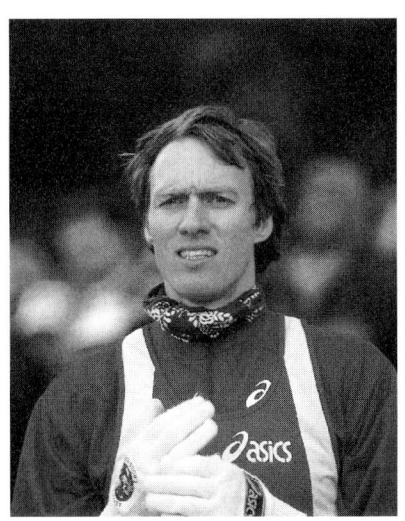

Dieter Baumann gehört seit Jahren zu den erfolgreichsten Langstreckenläufern der Welt. Über 5000 Meter war er 1992 Olympiasieger, 1988 gewann er Olympiasilber. 1994 Europameister. In der RUNNER'S WORLD hat er seit 1994 seine eigene Kolumne.

Runner's World
Das größte Laufmagazin der Welt

Laufen kann (fast) jeder und jede – wozu braucht man da ein Laufmagazin? Die Frage scheint nur logisch, und doch stellt sie sich so nicht. Die Laufkarawane zählt weltweit viele Millionen Menschen, und wenn man den Freizeitforschern Glauben schenken darf, werden es täglich mehr.

Wer läuft, beschäftigt sich automatisch intensiver mit seinem Körper: mit der harmonischen Abfolge der Schritte, dem Armschwung, der Atmung. Wer läuft, will bald mehr wissen: Wieso sinkt mein Ruhepuls mit regelmäßigem Ausdauertraining? Welche Art von Ernährung unterstützt die positiven Begleiterscheinungen des Lauftrainings? Wie sieht ein ausgewogenes Verhältnis von Kohlenhydraten, Fetten und Eiweiß aus? Was kann ich bei einer schmerzhaften Achillessehnenreizung tun? Ist es ratsam, trotz Erkältung auf die Piste zu gehen? Fragen über Fragen, die auf Antworten warten …

All diesen Läuferinnen und Läufern, ob leistungsambitioniert oder nicht, bietet ein Laufmagazin wie RUNNER'S WORLD ein breitgefächertes Themenspektrum. Sein Erfolgsrezept gründet darin, kompetent, verständlich und praxisnah über alles zu informieren, was seine laufenden Leserinnen und Leser interessiert.

Das inhaltliche Spektrum reicht von Ernährungs- und sportmedizinischen Themen bis zu Trainingstips und -plänen für alle Leistungskategorien: von Freizeitjoggern bis zu ambitionierten Marathonläufern. Wettkampfsport findet natürlich auch in der RUNNER'S WORLD statt. Aber er nimmt keine zentrale Stellung ein – und das, obwohl aktuelle und ehemalige Spitzenathleten zum festen und freien Mitarbeiterstab zählen. So gewann der Chefredakteur der US-Ausgabe, Amby Burfoot, 1967 den Boston Marathon; Martin Grüning, Redakteur und Trainingsexperte der deutschen RUNNER'S WORLD, zählte jahrelang zur deutschen Spitze über die Langstrecken auf der Bahn und der Straße. Olympiasieger wie Sebastian Coe, Frank Shorter oder Dieter Baumann gehören zu den freien Mitarbeitern der britischen, amerikanischen bzw.

deutschen Ausgabe. Der 5000-m-Olympiasieger Dieter Baumann beispielsweise wendet sich seit 1994 jeden Monat mit einer eigenen Kolumne an die Leser. Zu den regelmäßigen freien Mitarbeitern der deutschen Ausgabe zählen ferner ehemalige Topläufer, die heute als praktizierende Ärzte ihre Erfahrungen weitergeben, wie Dr. Roswita Gerdes, 1984 Olympiavierte über 1500 Meter, oder Dr. Thomas Wessinghage, 1982 Europameister über 5000 Meter.

Angefangen hat die Erfolgsgeschichte von RUNNER'S WORLD 1967 auf typisch amerikanische Art. Aus einem College-Blättchen mit dem Titel «Distance Running News» wurde nach einigen Jahren RUNNER'S WORLD. Der Gründer und Macher jener Anfangsjahre war Bob Anderson. Zu den ersten regelmäßigen Autoren zählten schon bald Joe Henderson und Dr. George Sheehan, die beide eine Schlüsselrolle in der weiteren Entwicklung von RUNNER'S WORLD spielen sollten. Henderson, ein begeisterter Läufer und Sportjournalist, sorgte für das journalistische Format. Sheehan war zuständig für das sportmedizinische Know-how und war bis zu seinem Tod 1994 eine der Leitfiguren der

Jogging with Mr. President: George A. Hirsch, Herausgeber der amerikanischen Runner's World, und Allan Steinfeld, Race Director des New York City Marathon (von re.)

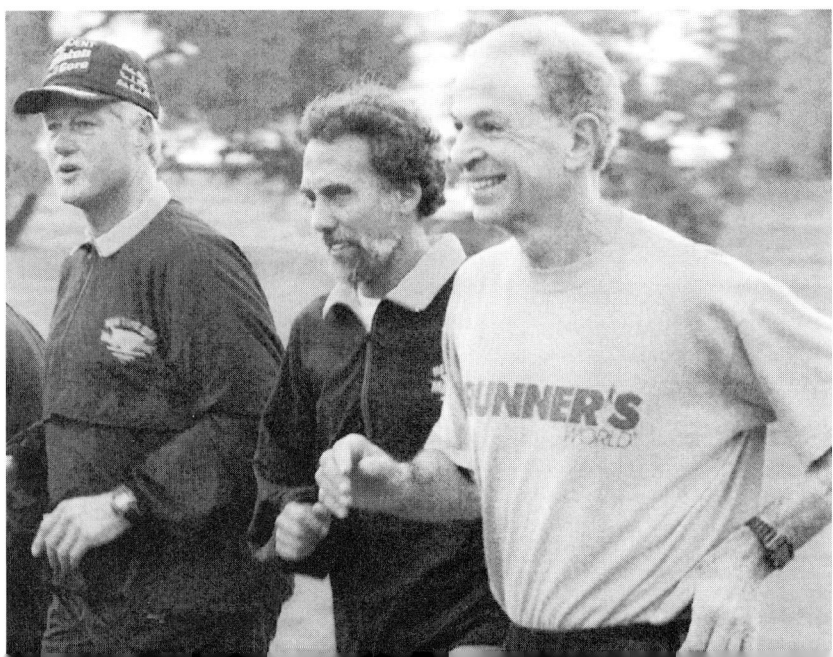

amerikanischen Laufszene. Joe Henderson zeichnet noch heute für eine monatliche Kolumne verantwortlich.

RUNNER'S WORLD wuchs mit der Laufbewegung in den siebziger Jahren, deren Initialzündung die aufsehenerregenden Thesen des Fitnesspapstes und Astronautentrainers Dr. Kenneth Cooper, aber auch der Marathon-Olympiasieg des Amerikaners Frank Shorter 1972 in München waren. Heute ist RUNNER'S WORLD das mit Abstand größte Laufmagazin der Welt. In den USA beträgt die verkaufte Auflage über 500 000 Hefte pro Monat; der weitaus größte Teil geht an Abonnenten.

Seit 1993 gibt es RUNNER'S WORLD in weiteren Ländern und Sprachen: Großbritannien, Niederlande, Belgien, Schweden, Deutschland (Schweiz, Österreich), Südafrika und Australien. Die deutschsprachige Ausgabe von RUNNER'S WORLD ging im Sommer 1993 an den Start und wurde auf Anhieb zum größten und einflußreichsten Laufmagazin in deutscher Sprache.

Ein Anfang ist gemacht, die (Lauf-) Karawane zieht weiter ...

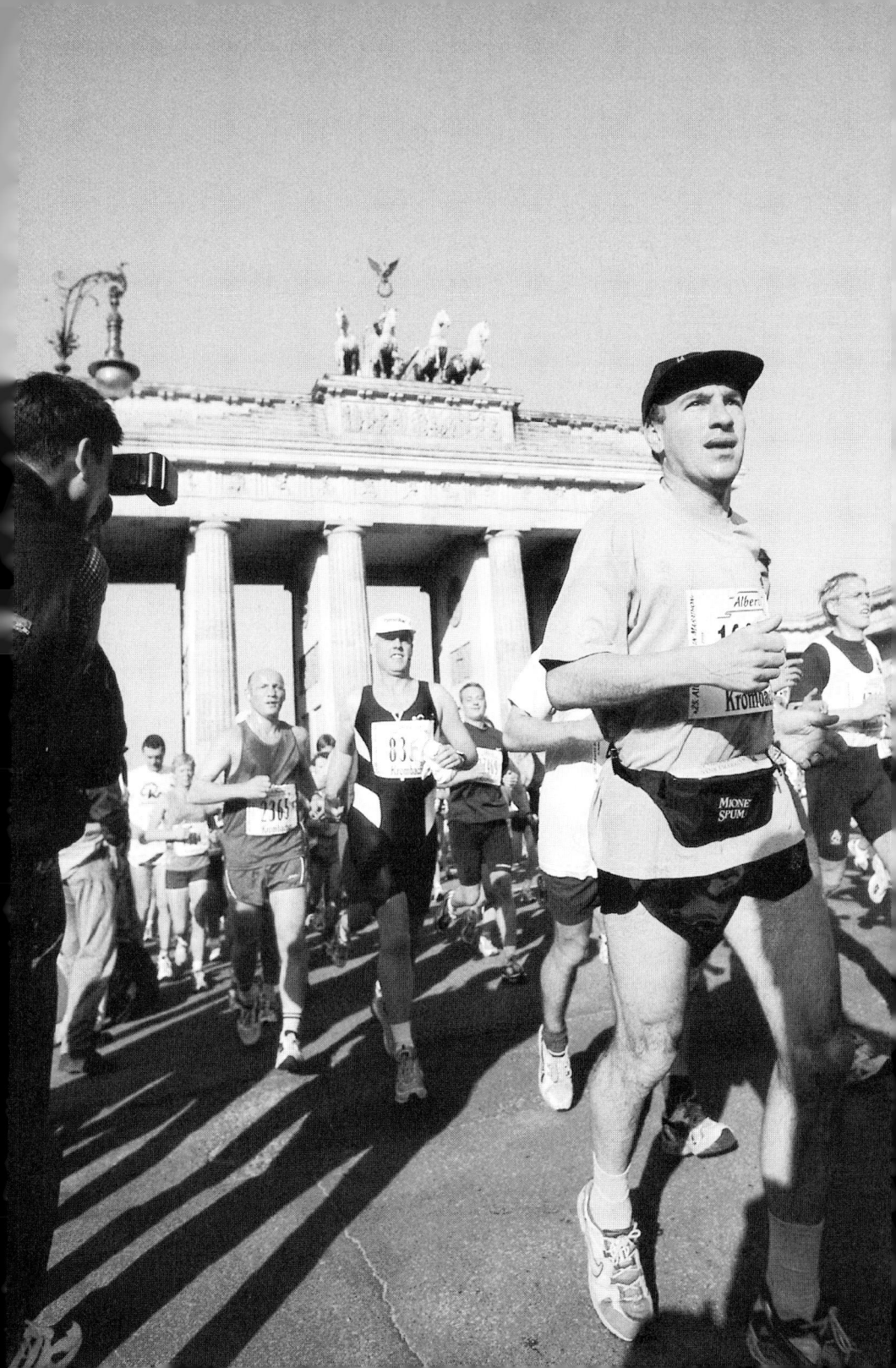

KAPITEL 1

Laufen, das ideale Fitnesstraining

Laufen ist die beste Medizin, heißt es in Abwandlung eines Sprichworts, das Lachen als gesundmachende Medizin anpreist. So gut es für die Gesundheit ist, fröhlich zu sein: Lachen allein reicht leider nicht aus, um den Kreislauf in Schwung zu bringen und das Herz zu stärken. Lachmuskeln sind eben nicht die einzigen Muskeln, die trainiert werden wollen.

Wer läuft, nimmt sein Körpergewicht mit, Schritt für Schritt, Kilo für Kilo. Laufen ist somit ein Kraftausdauer-Training, vor allem für die Beinmuskulatur. Aber auch das Herz wird in idealem Maße beansprucht. Es pumpt zur Sauerstoffversorgung der Muskeln Blut durch den Körper – ein Vorgang, der viele positive Nebenwirkungen hat. Der Stoffwechsel wird auf Touren gebracht, viele Hormone funktionieren durch diese moderate Belastung optimal.

Zwar sind die günstigen gesundheitlichen Nebenwirkungen des Ausdauertrainings durch Laufen in ihrer Vielfalt noch lange nicht erforscht. Aber ob Biochemiker, Herzforscher oder Ernährungswissen-schaftler, ständig untermauern neue wissenschaftliche Forschungen die Bedeutung von regelmäßigem Ausdauertraining für Fitness, Gesundheit und Wohlbefinden.

Deshalb ist Laufen optimal

Der singende Popstar Madonna tut es. Auch Oprah Winfrey tut es, die teuerste Talkmasterin der Welt, seit ihre Körperfülle ein ernstes Karrierehindernis zu werden drohte. US-Präsident Bill Clinton tut es, wenn er nicht regiert oder gerade anderen Leidenschaften frönt. Und natürlich tut es auch Bundesaußenminister Joschka Fischer – laufen, daß es eine wahre Freude ist. Letzterer lief 1998 beim Hamburger Hanse-Marathon in guter Verfassung und respektabler Zeit die berühmt-berüchtigten 42 Kilometer bis ins Ziel, mitten hinein in einen dichten Wald aus Kameras und Mikrophonen. So schön kann Laufen sein …

Natürlich laufen / rennen / joggen auch Millionen weniger bekannte (und schlechter bezahlte) Menschen in aller Welt. Denn es gibt zahllose Gründe zu laufen. Hier sind die wichtigsten:

Laufen ist praktisch In wenigen Minuten sind Sie umgezogen und unterwegs. Laufen können Sie fast überall, vor allem in unseren Breiten, wo Stadtparks, Felder und Wälder von Wegen und Pfaden durchzogen sind. Es gibt keine Öffnungszeiten, an die man sich halten muß. Laufstrecken muß man nicht mieten, sie sind für alle da, frei zugänglich, jederzeit, unentgeltlich.

Laufen ist effektiv «Wer mehr als 30 Minuten dreimal pro Woche läuft, tut dies nicht mehr nur, weil er fit bleiben will.» Dieser Satz stammt von dem Arzt Dr. Kenneth Cooper, der am Anfang der Fitnessbewegung ein ungeheuer populäres Bewegungs- und Ausdauertraining entwarf. Und Millionen zogen beziehungsweise liefen mit, weil sie begriffen, daß das Herz-Kreislauf-System bereits mit geringem Aufwand in Schwung gehalten werden kann. Außerdem ist Laufen die optimale Art, Kalorien zu verbrennen. Denn bei jedem Laufschritt wird das eigene Körpergewicht transportiert, ohne Hilfsmittel oder Hebel wie beim Fahrradfahren,

Eislaufen oder Inlineskaten, bei denen viel weniger Reibungswiderstand zu überwinden ist. Deshalb dauert es auch länger, bis ähnliche Brennwerte wie beim Laufen erreicht werden. Lediglich beim Skilanglauf werden mehr Kalorien verbrannt als beim Laufen, vor allem, wenn Steigungen zu überwinden sind.

Keine komplizierte Technik Als Babys haben wir laufen gelernt, wir verlernen es unser ganzes Leben nicht mehr. Jeder und jede kann laufen. Laufen ist einfach, keine besondere Technik ist nötig. Lediglich das Tempo ist variabel, je nach Trainingszustand. Man braucht keinen Lehrgang, keine Trainerstunden. Und Trainingshinweise gibt es auf den folgenden Seiten mehr als genug.

Keine teure Ausrüstung Die Grundausstattung besteht in einem, am besten mehreren Paar Laufschuhen. Die Bekleidungsfrage ist im Sommer sehr einfach gelöst, und auch im Winter müssen wir nicht allzu tief in den Geldbeutel greifen, um uns optimal auszurüsten. Merke: Es gibt kein schlechtes Wetter, es gibt nur passende oder unpassende Kleidung.

Zu jeder Jahreszeit Laufen kann man das ganze Jahr hindurch. Wir erleben die Jahreszeiten in ihrem Wandel, freuen uns im Winter auf den

Frühling und im Sommer auf den Herbst. Nur bei bestimmten extremen Witterungsbedingungen ist vom Laufen abzuraten, z. B. bei Glatteis oder bei zu großer Hitze und Luftfeuchtigkeit. Auch bei einem Gewitter sollte man den Trainingslauf am besten verschieben: Krachender Donner und links und rechts munter einschlagende Blitze sind allenfalls für Adrenalinjunkies zu empfehlen.

In der Gruppe laufen Mal alleine mit sich selbst und der Natur, mal in netter Unterhaltung zusammen mit Freunden oder Bekannten: Laufen kann man tatsächlich nach Lust und Laune, Zeit und Möglichkeiten.

Mit Weltstars laufen Laufveranstaltungen bieten Hobbyläufern die Möglichkeit, gemeinsam mit Spitzenathleten an den Start zu gehen. Welcher Normalsterbliche hat schon das Glück, mit Ronaldo, Suker oder Michael Owen auf das Tor von Oliver Kahn zu ballern? Bei einem der großen Stadtmarathons dagegen ist es möglich, gegen die weltbesten Läufer aus Kenia und Spanien, Mexiko und Brasilien anzutreten. (Auch wenn man, um der Wahrheit die Ehre zu geben, von den Topstars erst bei der Fernsehzusammenfassung des Laufes etwas sieht ...) Aber auch bei kleinen Volksläufen kann man eine Menge Spaß und Geselligkeit finden.

Laufen entspannt Wenn der Arbeitstag uns mit Hektik und Streß gequält hat, können dreißig Minuten auf der Piste oft schon wahre Wunder bewirken. Schon 20 bis 30 Minuten genügen, um ein Gefühl der Frische aufkommen zu lassen. Sie fühlen sich entspannt und trotz körperlicher Belastung voller Energie. Laufen macht zufrieden und gelassen. Nicht nur Gesundheit und Leistungsvermögen, auch Selbstvertrauen und Selbstachtung gewinnen ungemein. Laufen tut gut! Tagsüber sind Sie länger fit, dynamisch und konzentriert, Ihr Selbstbewußtsein steigt. «Die erste halbe Stunde laufe ich für meinen Körper, die zweite halbe Stunde für meine Psyche.» (Dr. George Sheehan, Arzt und Lauftherapeut)

Die klassischen Vorurteile

Laufen schadet den Gelenken Eine verbreitete und von manchen Medien gern kolportierte Ansicht, die aber differenzierter Betrachtung bedarf. Wer seinen Körper überfordert, bekommt die Quittung, egal ob er läuft oder sie Tennis spielt. Jeder Sport ist nur so lange gesund, wie er in Maßen betrieben wird. An Belastungen muß der Körper gewöhnt werden, und dies geht nur über eine dosierte Steigerung, wobei Pausen

und Regeneration eine wichtige Rolle spielen. Wenn Sie zum Beispiel ständig Probleme mit dem Knie, den Hüften oder dem Rücken haben, sollten Sie lieber einen lauferfahrenen Arzt konsultieren, bevor Sie mit dem Laufen beginnen.

Laufen ist langweilig Eine typische Aussage von Fußballern und anderen Sportlern, die laufen *müssen*, um ihre Basiskondition zu verbessern. Wer gegen seinen Willen zum Laufen getrimmt wird, entwickelt natürlich keine positive Einstellung dazu. Wer dagegen in einem Tempo läuft, das es zuläßt, die Gedanken schweifen zu lassen und Eindrücke am Wegesrand aufzunehmen, der schwört auf die kreativen Erlebnisse beim Laufen und das wohlige Gefühl danach. Laufen kann eine wunderbare Art sein, auszuspannen, loszulassen, die Seele baumeln zu lassen. In manchen Glücksmomenten läßt sich ein Hauch Trance spüren.

Wann ist vom Laufen abzuraten?

Wer stark übergewichtig ist, sollte nach Konsultation eines Arztes zunächst lieber flott spazierengehen als laufen, bis einiges an Gewicht runter ist. Wer ständig über Knie- oder Hüftbeschwerden klagt, wird sie so nicht wegbekommen und ist deshalb schlecht beraten, mit dem Laufen zu beginnen. Wer sich mit Herzproblemen herumplagt, sollte unbedingt ärztlichen Rat einholen, bevor er oder sie das Glück im Laufschritt zu erobern versucht. Gefährlich ist vor allem eine Herzmuskelentzündung – eine verschleppte Entzündung, die den Körper mit Krankheitskeimen geradezu überflutet und sich zum Herzmuskelschaden ausweiten kann. Auch wenn es keinen hundertprozentigen Schutz gibt: Im Falle von Beschwerden sollte man ein Belastungs-Elektrokardiogramm (EKG), im Zweifelsfall auch ein Herzecho (Echo-Kardiographie) machen lassen.

Für alle, die den ärztlichen Gesundheitscheck problemlos überstanden haben, heißt es: Auf los geht's los – steigen Sie ein in die Laufschule von RUNNER'S WORLD!

KAPITEL 2

Von Schuh bis Shirt – die Laufausrüstung

In diesem Kapitel wird genau hingeschaut. Wir inspizieren Füße und Schuhwerk, machen den Sockentest, stellen Freiwillige mit ihren Laufshirts und -jacken in Wind und Wetter. Wir haben auch keine Scheu, Tops und Sport-BHs auf ihre Tauglichkeit zu prüfen. Kurz: Es geht drunter und drüber. Und das kann in einem Kapitel auch gar nicht anders sein, in dem sich alles um das dreht, wovon unser Wohlbefinden beim Laufen so oft abhängt: das richtige Drunter und Drüber.

Laufschuhe

So finden Sie den richtigen Laufschuh

Ob wir Hohl-, Knick- oder Senkspreizfüßler sind oder zur begnadeten statistischen Minderheit ohne fußpathologischen Befund zählen: Passende Schuhe gibt es für jeden. Nur finden müssen wir sie. Und das ist bei der Vielfalt des Angebots nicht gerade einfach. Es ist eine Binsenwahrheit, daß der beste Schuh derjenige ist, bei dem die Kriterien Dämpfen, Stützen und Führen in perfekter Weise realisiert sind. Aber genau das scheint auf die Quadratur des Kreises hinauszulaufen.

Was tun angesichts der Qual der Wahl? Nichts wäre falscher, als sich ausschließlich am Kaufpreis zu orientieren. Viele Billigmodelle, zu denen gerade Laufanfänger gerne greifen, dürften eigentlich nur mit dem Etikett «Fragen Sie vorher Ihren Arzt oder Orthopäden!» verkauft werden. Die durch untaugliche Laufschuhe ausgelösten Beschwerden reichen von Achillessehnenreizungen, Bänderdehnungen, Ermüdungsbrüchen und Ischiasschmerzen bis zur Rükkenstauchung. Auch das schrill-futuristische Design vieler Sneaker, die als «ergonomisch geriffelte Trittlandschaften, Kreuzungen von High-Tech und Big Mac» (*sports*) daherkommen, taugt als Kaufkriterium nicht – es sei denn, ihr Einsatzort soll doch eher die Disco sein.

Laufen gilt zu Recht als eine ein-

fache Sportart ohne viel technisches Know-how. Dennoch sind gerade beim Kauf eines Laufschuhs einige Regeln zu beachten. Die wichtigste: Sparen Sie nicht am falschen Ort! Nur bei einem qualitativ hochwertigen Laufschuh können Sie sicher sein, daß er genügend dämpft, führt und stabilisiert, von der Lebensdauer des Materials einmal ganz abgesehen.

Natürlich können Sie als Anfänger Ihre ersten Laufschritte in Tennis- oder Hallenschuhen machen. Allerdings riskieren Sie damit unweigerlich Überlastungs- und Verschleißerscheinungen an Sehnen, Bändern, Gelenken und der Muskulatur. Das beste Trainingsprogramm nutzt nichts, wenn man durch miserables Schuhwerk die gesundheitsfördernde Wirkung des Laufens im wahrsten Sinne des Wortes ‹unterläuft›.

Und was dürfen Laufschuhe kosten? Schuhe, die im Preis über 150,– DM liegen, sollten den wichtigsten Anforderungen genügen. Der Preis ist heiß, mag sein. Dafür hält ein guter Laufschuh zwischen 700 und 1000 Kilometer, bevor er die optimalen Dämpfungseigenschaften verliert und die Außensohle abgelaufen ist.

Zeigt her eure Füße! So bestimmen Sie Ihren Fußtyp

50 Prozent der Läuferinnen und Läufer haben ein normales Fußgewölbe. Die andere Hälfte teilt sich zu je 25 Prozent in Läufer mit einem hohen und einem niedrigem Fußgewölbe. Laufverhalten und Fußtyp beeinflussen sich in der Regel wechselseitig. Die Hersteller berücksichtigen dies bei der Konstruktion ihrer Modelle. Die Kategorisierung ist allerdings nicht bei allen Herstellern einheitlich. Bevor Sie sich für eine bestimmte Kategorie entscheiden, sollten Sie Ihren Fußtyp bestimmen. Läufer mit Fußfehlstellungen haben zum Beispiel häufig einen Spreiz-Senkfuß und sollten deshalb einen Schuh mit geradem bzw. nur leicht gebogenem Leisten bevorzugen.

Ein einfacher Test hilft Ihnen auf die Sprünge: Stellen Sie sich mit einem nassen Fuß auf einen wassersaugenden Untergrund, der einen Fußabdruck zeigt. Vergleichen Sie den Abdruck mit den folgenden Beschreibungen. Wie ist der Befund: hohl, normal oder senk-spreiz …? Wer ganz sichergehen will, konsultiert einen Orthopäden.

Normalfuß Normale Füße haben ein gutausgebildetes Fußgewölbe. Der Fußabdruck macht Vor-, Mittel- und

Rückfußbereich sichtbar. Der Normalfüßler berührt beim Laufen erst mit der Außenseite des Rückfußes den Boden. Dann knickt er nach innen ab (natürliche Pronation), um den Aufprall des Fußes aufzufangen.

Empfohlener Leisten: leicht gebogen.

Empfohlene Schuhkategorie: Laufschuhe, die Stabilität bieten.

Senkfuß Senkfüße weisen ein niedriges Fußgewölbe auf und hinterlassen einen «vollen» Abdruck, weil das Längsgewölbe nicht ausreichend entwickelt ist. Ursachen sind meist eine Überbeanspruchung durch Übergewicht oder eine X-Beinstellung. Senk-Spreizfüßler knicken nach der Landephase sehr stark nach innen ab (Überpronation). Das führt bei falscher Schuhwahl oftmals zu Verletzungen.

Empfohlener Leisten: gerade oder leicht gebogen.

Empfohlene Schuhkategorie: Laufschuhe, die Fehlstellungen korrigieren, mit festen Zwischensohlen und Pronationsstützen.

Hohlfuß Die Fußform, bei der das Mittelfußgewölbe (Rist) übermäßig stark ausgeprägt ist – eine Fehlstellung, die nur schwer zu kompensieren ist. Viele Läufer mit Hohlfüßen knicken in der Landephase nicht nach innen ab (Unterpronation/Su-

pination, vgl. Laufschuh-Lexikon). Sie hinterlassen nur im Vor- und Rückfußbereich einen Abdruck. Der Mittelfuß ist nur an der Außenseite zu erkennen. Ihnen fehlt in der Regel der natürliche Aufprallschutz des Fußes.

Empfohlener Leisten: gebogen.

Empfohlene Schuhkategorie: Schuhe mit guten Dämpfungseigenschaften und großer Flexibilität.

Zwar kann ein Test des Fußtyps ermitteln, ob Sie Senkfüße haben oder ein hohes Fußgewölbe. Doch sagen diese Typisierungen allein noch wenig darüber aus, wie Sie sich in der Laufdynamik tatsächlich bewegen. Hier ist es hilfreich, sich von erfahrenen Läufern einmal genau auf die Füße schauen zu lassen. In jedem Fall zahlt sich die Beratung durch einen Fachhändler aus. In Laufshops, die es mittlerweile auch in manchen kleineren Städten und nicht nur in Großstädten gibt, wird Ihnen neben der besseren Auswahl an Laufschuhen auch ein Beratungsstandard geboten, zu dem keine Sportabteilung eines Kaufhauses in der Lage ist. Viele Laufshops bieten als kostenlosen Service auch eine videogestützte Laufbandanalyse an.

Der passende Laufschuh

Wer einen Laufschuh kauft, sollte zuvor klären, welcher Schuh am besten zu seinem Fußtyp und Laufstil, aber auch zu seinen Laufstrecken und Trainingsansprüchen paßt.

▪ Schuhe, die Fehlstellungen korrigieren

Sie sollen die Überpronation einschränken, also das übermäßige Einknicken des Fußes nach innen (vgl. Laufschuh-Lexikon, Seite 25). Die Schuhe sind oft etwas schwerer, dafür aber sehr haltbar. Sie haben in der Regel eine spezielle stabilisierende Stütze an der Innenseite. Die Zwischensohle ist aus Polyurethan (PU), zumindest aber aus Ethylenvinylacetat (EVA) in zwei Stärken, die Außensohle meist aus Karbongummi. Klassische Stabilitätsschuhe sind auf einem geraden Leisten gearbeitet.

Diese Laufschuhe sind nicht nur für Überpronierer geeignet, sondern auch für Leute, die etwas mehr Gewicht auf die Waage bringen.

▪ Schuhe mit guter Dämpfung

Gutgedämpfte Laufschuhe haben weiche Zwischensohlen. Sie sind meist auf leicht oder stärker gebogenem Leisten gearbeitet und forcieren so die Bewegung des Fußes. Dafür bieten sie aber in der Regel nur eine geringe Stabilität auf der Schuhinnenseite. Sie sind für Unterpronierer gut geeignet, deren Füße oft steif und unbeweglich sind. Auch Hohlfüßler kommen mit ihnen meist gut zurecht.

▪ Wettkampfschuhe

Wettkampfschuhe sind Leichtgewichte und auf einem speziellen, leicht oder stärker gebogenen Leisten gearbeitet. Ihre Zwischensohle besteht aus EVA, die Außensohle, zumindest im Vorfußbereich, aus geschäumtem Gummi. Der Schaft ist in der Regel aus luftdurchlässigem Material und mit einem Schnellschnürsystem versehen. Einige Wettkampfschuhe sind auch für schnelle Trainingseinheiten geeignet, doch Vorsicht: Wenig Dämpfung und vor allem geringe Stabilität sind der Preis für die Leichtigkeit und Wendigkeit dieser «Racer».

Diese Laufschuhe sind für Sie geeignet, wenn Sie ein Normalfußläufer ohne Fußfehlstellung sind, häufig an Wettkämpfen teilnehmen, einen speziellen Laufschuh für die ganz schnellen Trainingseinheiten suchen – und wenn Sie nicht schwergewichtig sind, also unter 90 Kilogramm wiegen.

▪ Trail-Schuhe

Trail-Schuhe haben eine stark profilierte Außensohle. Sie verfügen über

eine mediale Stütze und/oder eine Zwischensohle in zwei Härtegraden. Das Obermaterial ist zumeist wasserabweisend, mit speziellem Schutz im Zehenbereich sowie verstärkten Nähten. Diese Laufschuhe sind für Sie geeignet, wenn Sie häufig abseits befestigter Wege laufen wollen und einen Schuh suchen, der guten Halt, ein robustes Obermaterial und Nässeschutz bietet.

Die Haltbarkeit von Laufschuhen

Nichts gegen eine solide Dämpfung, gute Fußführung und ein schickes Design. Aber für viele Läufer ist die Haltbarkeit der wichtigste Faktor beim Kauf eines neuen Laufschuhs. Bei Preisen von 150 Mark aufwärts ist die Frage nach der Lebensdauer eines Treters durchaus ein Kriterium für Kauf oder Nichtkauf eines bestimmten Schuhs. Klare Frage, diffuse Antwort: Denn nach wie vielen Kilometern ein Schuh nicht mehr getragen werden sollte, hängt auch vom Gewicht, von den stilistischen Eigenheiten des Läufers und schließlich vom bevorzugten Laufgelände ab.

Ein guter Trainingsschuh sollte mindestens 800 Kilometer halten (für einen Wettkampfschuh gilt dies nicht unbedingt). Einige Schuhe überleben in brauchbarer Verfassung bis zu 1500 Trainingskilometer; dann gehören sie aber spätestens ausrangiert. Natürlich hört man immer wieder von Läufern, die noch Hunderte Kilometer mehr draufpacken. Aber man sollte sich nicht durch den guten äußeren Eindruck eines Schuhs täuschen lassen. Obermaterial und Außensohle lassen keine Rückschlüsse zu, ob der Schuh noch intakt oder schon völlig «runtergelaufen» ist. Entscheidend ist der Zustand der Zwischensohle, deren Verschleiß man mit bloßem Auge nicht immer leicht erkennen kann.

Machen Sie einmal folgenden Test: Stellen Sie Ihre Laufschuhe auf eine ebene Fläche, und begutachten Sie die Zwischensohle von allen Seiten. Wirkt eine EVA-Sohle stark zusammengepreßt, kann man davon ausgehen, daß sie enorm an Funktion eingebüßt hat. Oder testen Sie in einem Fachgeschäft zum Vergleich ein neues Paar des gleichen Modells. Merken Sie bei der Dämpfung einen deutlichen Unterschied, dann ist dies ein Zeichen dafür, daß der Zahn der Zeit an Ihrem Schuh bereits seine Spuren hinterlassen hat. Denn schon nach 500 Kilometern hat eine Zwischensohle oftmals bis zu 30 Prozent ihrer Dämpfung eingebüßt. Wer in total heruntergelaufenen Schuhen weiter trainiert, provoziert Verletzungen.

Beachten Sie, daß die Dämpfungs-

qualität eines Schuhs auch unabhängig von der Belastung mit der Zeit nachläßt. Das heißt, auch wenn Laufschuhe nicht getragen werden, verlieren sie an Dämpfung.

Dämpfung pur

Die Bedeutung gutgedämpfter Laufschuhe leuchtet unmittelbar ein, wenn man sich klarmacht, daß man zum Beispiel über die Marathondistanz mehrere zehntausend Schritte benötigt. Beim Laufen erreichen die Kraftspitzen – je nach Fallhöhe und Fallgeschwindigkeit des Fußes, Laufstil und Gewicht – mindestens das Zwei- bis Dreifache des Körpergewichts pro Schritt. Bei einem 75 Kilogramm schweren Läufer müssen also rund 5000 bis 6000 Tonnen aufgefangen und umgesetzt werden.

Air, Gel, GRID oder Cell – jeder Laufschuh-Hersteller bietet ein eigenes Dämpfungssystem mit klingendem Namen an. Eine «optimale Dämpfung» scheint nach wie vor das entscheidende Kriterium zu sein, warum Läufer sich für diesen und gegen jenen Schuh entscheiden. Aber ist die Dämpfung wirklich das A und O? Man sollte den Marketingslogans zumindest in diesem Punkt mit Skepsis begegnen. Denn erstens kauft man nicht nur ein Dämpfungssystem, sondern einen ganzen Schuh.

Und zweitens sind sowohl Fußführung, Paßform und Sitz des Schuhs wie auch die Qualität der Zwischensohle ebenso wichtig. Außerdem macht das stoßdämpfende Wunderding nur einen Teil der Schuhdämpfung aus. Den größten Anteil daran hat nämlich der Kunststoffschaum der Zwischensohle, der entweder aus Ethylenvenylacetat (EVA) oder Polyurethan (PU) besteht. EVA ist weicher, leichter und flexibler als PU. Da sich EVA leichter zusammenpressen läßt, sind daraus gefertigte Elemente in der Regel weniger stabil und haltbar als solche aus PU. EVA-Zwischensohlen sind vor allem empfehlenswert für leichtere Läuferinnen und Läufer, die einen weichen, flexiblen Schuh bevorzugen. PU-Schaum ist härter, schwerer und dichter, verspricht also mehr Stabilität und Haltbarkeit als EVA-Schaum. Sie sind daher geeignet für schwerere Läufer, die einen stabilen, belastbaren Schuh bevorzugen. Bei Dämpfungssystemen gilt es außerdem folgendes zu beachten:

1. Ob Air oder Gel, GRID oder Cell: Dämpfungssysteme werden zwar nicht für die Ewigkeit gefertigt, sind aber im Vergleich zum umgebenden Kunststoffschaum ungleich haltbarer. Je größer das Dämpfungssystem ist, desto weniger Sohlenschaum wird gebraucht: Der Schuh gewinnt an Haltbarkeit.

2. Dämpfungssysteme sind deutlich schwerer als EVA oder PU. Mit ihnen erhöht sich also das Gewicht des Schuhs.

3. Die dämpfenden Konstruktionen müssen optimal in den umgebenden Kunststoffschaum eingepaßt sein. Andernfalls werden sie schnell zur schmerzenden Druckstelle unter dem Fuß.

Außensohle

Viele Läufer schließen aus dem Zustand der Außensohle, über den der Bodenkontakt verläuft, auf den Zustand des ganzen Schuhs. Das war früher übrigens durchaus angebracht: Außensohlen waren damals schneller verschlissen als Zwischensohlen. In den letzten Jahren haben Nike, Asics, Adidas & Co. die Qualität der Außensohlen derart verbessert, daß die Verfallzeit von Zwischensohlen meist deutlich kürzer ist als die von Außensohlen.

Trotzdem sollte man natürlich auch sie beim Kauf unter dem Aspekt der Haltbarkeit betrachten. Es gibt Außensohlen aus geschäumtem Gummi und aus Karbongummi. Geschäumtes Gummi hat Luft im Material, um Gewicht zu sparen und das Gummi weicher zu machen – gut für die Dämpfung, weniger gut für die Haltbarkeit. Karbongummi hat eine höhere Lebensdauer als geschäumtes Gummi, ist aber hart und relativ schwer. Natürlich ist der Zustand der Außensohle auch abhängig vom bevorzugten Trainingsgelände und der Bodenbeschaffenheit. Waldboden nutzt die Sohle bei weitem nicht so schnell ab wie Asphalt oder Beton.

Schuhe für schwere Läufer

Die Schwergewichte unter den Läufern brauchen Schuhe, die besonders gut dämpfen, stützen und führen. Ein 90-Kilo-Mann ist «schwer», keine Frage. Doch wie steht es mit einem, der 75 Kilo wiegt? Bei der Schuhwahl ist nicht nur das tatsächliche Körpergewicht ausschlaggebend, sondern auch Faktoren wie Laufstil, bevorzugtes Laufterrain und natürlich, ob jemand statisch unproblematisch läuft, stark überproniert oder supiniert. Ein Überpronierer mit 78 Kilo Körpergewicht braucht eher einen stabilen Schuh als ein Vor- oder Mittelfußläufer, der 82 Kilo wiegt. Auch die Körpergröße spielt eine Rolle. Größere Läufer bringen, unabhängig vom Körpergewicht, bei jedem Schritt bedeutend höhere Kräfte auf die Straße als kleinere. Das liegt auch daran, daß mehr Körpergröße nicht automatisch bedeutet, daß man größere Füße hat. Das heißt, Großgewachsene verfügen an der Schnitt-

stelle Mensch/Erde also nicht über eine vergleichbar größere Fläche, um die höheren Aufprallkräfte abzufangen.

Wettkampfschuhe

Früher oder später packt die meisten der Ehrgeiz. Dann ist es bis zur Teilnahme an einem Laufwettbewerb nicht mehr weit. Wettkampfschuhe nennen die Hersteller die Modelle, die eigens für schnelles Laufen gefertigt werden. Neben einem geringen Gewicht weisen sie meist einen gebogenen Leisten und eine EVA-Zwischensohle auf. Vor dem Kauf eines solchen «Racers» gilt es aber, Pro und Contra sorgfältig abzuwägen.

Pro: Mit leichten Schuhen kann man schneller laufen. Eine amerikanische Studie ergab: 30 Gramm weniger Gewicht machen pro Meile (1,609 Kilometer) eine Sekunde aus. Rechnet man das deutlich niedrigere Gewicht von Wettkampfschuhen gegenüber Trainingsschuhen auf die Marathon-Distanz hoch, ist man – wenn alle anderen Einflußfaktoren identisch sind – schnell bei mehreren Minuten Zeitdifferenz.

Contra: Wettkampfschuhe haben zwar ein geringeres Gewicht, bieten deshalb aber auch weniger Stabilität und Dämpfung. Diese Faktoren sind allerdings für viele Läufer auch in einem Wettkampf unabdingbar.

Wettkampfschuhe bieten also ohne Frage Zeitvorteile, sind aber nicht für alle gleichermaßen geeignet. Ambitionierten Läufern, die normal- oder leichtgewichtig sind und einen biomechanisch unproblematischen Laufstil haben, ist zum Kauf eines solchen «Turbos» zu raten. Für die meisten anderen gilt: Lassen Sie die Finger von den Wettkampfschuhen, und kaufen Sie sich lieber einen Trainingsschuh der leichteren Kategorie, der auch vernünftige Stabilität (mediale Stütze) und Dämpfung bietet.

Grundsätzlich gilt: Je höher das Leistungsvermögen, je leichter der Körperbau, je effektiver der Laufstil und je kürzer die Wettkampfdistanz, desto geringer darf das Gewicht des Wettkampfschuhs sein. Als Faustformel können Sie sich an folgenden Werten orientieren: Wenn Sie 10 Kilometer nicht unter 40 Minuten (Frauen unter 45 Minuten) und den Marathon nicht unter 3 Stunden laufen (Frauen unter 3:30 Stunden) und über 70 Kilogramm wiegen (Frauen 63 Kilogramm), sollten Sie keine Wettkampfschuhe tragen – und auf keinen Fall dann, wenn Sie irgendeine Art von Fußfehlstellung aufweisen.

▪ **Brandsohle** Leistenkonstruktion, bei der eine durchgängige Papp-, Karton- oder Textileinlage unter der Einlegesohle mit der Zwischensohle verklebt ist. Diese Herstellungsweise trägt zur Stabilität des Schuhs bei.

▪ **California-Machart** Leistenkonstruktion, bei der eine feine Textileinlage, meist aus Filz, rund um den Schaft des Schuhs vernäht wird.

▪ **EVA** Ethylenvinylacetat. Sehr leichter geschäumter Kunststoff, der in Laufschuhen als Zwischensohlenmaterial verwendet wird. Druckgeschäumtes EVA ist nicht nur leicht, es hat auch sehr gute Dämpfungseigenschaften. Die Lebensdauer dieses Materials nimmt mit der Zeit deutlich ab, weil die in dem Kunststoff eingeschlossenen Milliarden kleiner Luftbläschen durch die Aufprallschocks nach und nach platzen.

▪ **Härtegrad** Bezeichnet die Festigkeit der Zwischensohle. Viele Hersteller benutzen verschiedene Härtegrade in der Zwischensohle. Eine EVA-Sohle mit zwei Härten hat zum Beispiel normalerweise den festeren Einsatz auf der Schuhinnenseite.

▪ **Halbmokassin** Leistenkonstruktion, bei der das Schaftmaterial im Vorfußbereich wie beim Vollmokassin gearbeitet ist, im Fersen- und Mittelfußbereich aber eine Brandsohle verklebt ist.

▪ **Leisten** Der Leisten ist ein Gebilde aus Holz, Metall oder Kunststoff, das nach fußmorphologischen Anforderungen gefertigt wird. Er legt den Grundriß des Schuhs fest, definiert seine Paßform und Stützfunktion. Es gibt verschiedene Leistenformen: gerade, gebogene und leicht gebogene. Beim geraden Leisten ist die mediale Seite des Schuhs gerade gestaltet, die Fußinnenseite ist dabei besser gestützt als beim gebogenen Leisten. Beim gebogenen Leisten ist die mediale Seite des Schuhs gebogen gestaltet. Er ist für Läufer ohne Fußprobleme geeignet.

▪ **Medial** Innenseite des Fußes

▪ **PU** Polyurethan: Synthetisches Gummi, das überwiegend als Material für Zwischensohlen verwendet wird. PU besitzt eine wesentlich dichtere Zellstruktur als EVA, ist dadurch widerstandsfähiger gegen vorzeitige Kompression und Materialermüdung. Ihm fehlt aber die gute «Rückfederung» qualitativ hochwertiger EVA-Schäume.

▪ **Überpronation** Unter Pronation versteht man das natürliche Einknicken des Fußes nach innen bei jedem Laufschritt. Ein leichtes Pronieren ist Teil der natürlichen Abrollbewegung des Fußes, also physiologisch normal. Bei einer Überpronation knickt der Läufer dagegen übermäßig stark nach innen ein. Hier sollte für einen Ausgleich gesorgt werden, um Verletzungen vorzubeugen, sei es durch einen Laufschuh, der auf der Schuhinnenseite besonders stützt, und / oder durch Einlagen.

▪ **Unterpronation** (Supination) Wer in einer größeren Läufergruppe aufmerksam hinschaut, wird sofort erkennen, daß die Spezies der Unterpronierer, auch Supinierer genannt, seltener vorkommt als die der Überpronierer. Bei den Supinierern knickt der Fuß nach dem Auftreten nicht nach innen ab; die Bewegung ist nach außen, auf den äußeren Fußrand gerichtet. Indiz dafür sind die abgelaufenen Ränder der Außensohlen.

▪ **Vollmokassin** Leistenkonstruktion, bei der das Schaftmaterial des Schuhs auf ganzer Länge um diesen herumgezogen und unter diesem direkt mit der Zwischensohle vernäht wird. Die Vollmokassin-Machart trägt zur Flexibilität des Schuhs bei.

Einlagen helfen

Tagtäglich sperren wir unsere Füße in lederne Zwangsjacken, Schuhe genannt. Wir nehmen mehr oder minder klaglos hin, daß die Zehen gequetscht, das Fußgewölbe eingeengt wird und die Muskulatur verkümmert. Wenn unsere Füße dann einmal wirklich gefordert sind, beispielsweise bei einem längeren Lauf durch Wald und Feld, ist die Grenze ihrer Strapazierbarkeit schnell überschritten.

Da helfen oft nur noch orthopädische Einlagen, die bis zu einem gewissen Grad die Fehlstatik der Füße korrigieren. Wann eine Einlage aus orthopädischer Sicht zwingend geboten ist, entscheidet ein Facharzt.

Am besten für Läufer eignen sich langsohlige Einlagen. Kurze Einlagen würden beim Laufen verrutschen und gegebenenfalls zu Druckstellen und Blasen führen. Beim Einpassen wird zunächst das Fußbett des Laufschuhs entfernt; sonst schwimmen Einlage und Fuß auf der instabilen Schaumstoffbettung. Außerdem würde der Schuh zu eng.

Während heute noch für Konfektionsschuhe ein Kork-Leder-Aufbau verwendet wird, haben sich in letzter Zeit vor allem im Sportbereich leichtere Kunststoffeinlagen durchgesetzt. Für stabile Sporteinlagen (z. B. beim Knickfuß notwendig), die in Schalenbauweise gefertigt werden, ist als Gerüst thermoplastisches Material geeignet. Sollen die Einlagen flexibel sein und auch dämpfen, wird in der Regel EVA verwendet, woraus auch Zwischensohlen gefertigt werden. Die Oberfläche der Einlagen muß mit einem hautfreundlichen, strapazierfähigen Material überzogen sein.

Zwar benötigt nicht jeder eine Einlage, aber jeder sollte einige Basisregeln beherzigen:

1. Auf Schuhe achten, die in Länge, Weite und Leistenform ideal passen.

2. Nicht nur die direkte Laufmuskulatur muß gestretcht werden, auch Füße und Zehen brauchen ein Beweglichkeitstraining.

3. Tagtäglich werden unsere Füße viele tausend Mal getreten – gepflegt werden sie jedoch nur selten. Offenbar nimmt das Interesse am eigenen Körper kopfabwärts ab. Nur so ist zu verstehen, daß so viele Sportlerinnen und Sportler Probleme mit ihren Füßen haben, denen auf so simple Weise vorgebeugt werden könnte.

Achtung beim Laufschuhkauf!

Ein guter Laufschuh-Verkäufer wird sich in seiner Beratung für folgendes interessieren:

1. das Körpergewicht

2. den Fußtyp (breit, schmal, Senk-, Spreiz-, Hohlfuß)

3. die Beinstellung (X-Beine, O-Beine)

4. wie lange Sie schon laufen und wie hoch Ihr Kilometerumfang ist

5. welchen Laufuntergrund Sie bevorzugen

6. ob bei Ihnen bestimmte Verletzungen oder Verschleißerscheinungen vorliegen.

Ein guter Laufschuh-Käufer sollte folgendes wissen:

▪ Füße verändern ihr Volumen über den Tag – sie werden größer. Kaufen Sie Laufschuhe also erst im Laufe des späten Nachmittags (am besten nach dem Training).

▪ Tragen Sie bei der Anprobe Socken, die Sie auch beim Laufen tragen. Sie

können beim Anprobieren eine halbe Schuhgröße ausmachen.

▪ Weil der Fuß in der Abrollbewegung nach vorne rutscht, sollte vorne im Schuh immer ein Fingerbreit Platz sein. Das Obermaterial sollte keinesfalls zu eng anliegen, dies beeinträchtigt die Bewegung.

▪ Nicht selten weicht ein Fuß in der Länge vom anderen ab. Der größere Fuß dient dann als Paßform.

▪ Behalten Sie die Laufschuhe ein paar Minuten an, und testen Sie sie, wenn möglich, durch Auf- und Ablaufen vor dem Laden. Steht ein Laufband zur Verfügung, ist ein Test nur sinnvoll, wenn Sie schon Erfahrungen mit Laufbändern haben.

▪ Schnüren Sie den Schuh sorgfältig, strecken Sie dabei die Zehen nach oben, und drücken Sie die Ferse fest in die Fersenschale.

Falls Sie beim Schuhkauf «Wiederholungstäter» sind, sollten Sie unbedingt Ihr altgedientes Paar mitbringen. Sie werden erstaunt sein, wie sehr Schuhe sprechen können!

Laufbekleidung

Sommer

Der Sommer ist da. Welche Freude, endlich wieder in kurzer Hose und kurzärmeligem Shirt loszurennen!

Aber vergessen Sie nicht: Bei Sonne und hohen Temperaturen verliert der Körper viel Flüssigkeit. Wer sich da auf T-Shirts aus Baumwolle oder anderen Naturfasern verläßt, tut sich keinen Gefallen. Statt Feuchtigkeit nach außen abzugeben, saugen herkömmliche T-Shirts den Schweiß auf, werden dadurch doppelt so schwer und reiben schließlich auf der Haut. Deshalb wird Sportbekleidung heute überwiegend aus Kunstfasern hergestellt (Funktionsbekleidung). Diese High-Tech-Textilien transportieren den Schweiß vom Körper weg an die Faseroberfläche, wo die Feuchtigkeit schnell verdunstet. Die Stoffe sind hautfreundlich, pflegeleicht und angenehm zu tragen. Und wer lieber mit nacktem Oberkörper läuft, sollte wissen: Ein Shirt schützt auch vor schädlichen UV-Strahlen und Sonnenbrand.

Singlet nennt sich im Fachjargon ein leichtes, luftiges Sommer-Trägerhemd ohne Kragen und ohne Ärmel, häufig in Materialkombinationen mit Netzstoffen. Frauen bevorzugen häufig modische Bustiers (Tops), die zusätzliche Bauchfreiheit bieten und vor allem das Tragen eines (Sport-) BHs überflüssig machen. Die meisten Laufshorts sind an der Beinaußenseite weit geschlitzt. Auch wenn viele Läuferinnen und Läufer bei diesen Modellen nicht in Begeisterungsschreie ausbrechen – gut für die Schrittfrei-

heit sind sie allemal. Wie eine Badehose sitzen Briefshorts, die nicht nur von figurbewußten Frauen gern getragen werden: Im Triathlon gehen mit ihnen auch Männer auf die Laufstrecke. Wer gerne weniger Bein zeigt, aber trotzdem luftig unterwegs sein will, für den sind Kurz-Tights die richtige Alternative zu Shorts. Auch Laufsocken, die rutsch- und scheuerfrei sein müssen, sind längst nicht mehr aus Baumwolle. Socken aus Kunstfasern (Coolmax, Tactel, Lycra etc.) regulieren Wärme- und Feuchtigkeitsaustausch einfach besser.

Herbst

Die Tage werden kürzer, die Abende sind schon recht frisch. Da heißt es richtig kombinieren, bevor Sie sich ins Laufvergnügen stürzen. Der Herbst ist die Jahreszeit, in der die Wahl einer passenden Bekleidung für die Outdoor-Sportart Laufen oft am schwersten fällt. Mal ist es kalt, windig und feucht, dann wieder recht warm und trocken. Das Wetter kann innerhalb weniger Minuten wechseln. Bei herbstlichen Witterungsbedingungen sollte man das «Zwiebelprinzip» beherzigen: Mit einer Kombination mehrerer dünner Funktionsschichten ist man besser dran als mit einer einzigen dicken Schicht.

Die innerste Schicht liegt direkt auf der Haut; sie soll Feuchtigkeit schnell vom Körper wegtransportieren und ihn trocken halten. Material aus hochfunktionellen Kunstfasern ist dafür höchst geeignet, nicht aber Baumwolle. Einflächige Materialien sind z. B. Coolmax, Supplex oder Thermic. Zweiflächige Stoffe (Innenseite zur Weiterleitung des Schweißes, Außenseite als aufsaugende Schicht) sind z. B. Climalite, Dri-Fit oder Tactel Aquator. Eine mittlere Schicht dient als Wärmehalter, ist im Herbst allerdings nur bei extremen Wetterbedingungen sinnvoll. Leichte und atmungsaktive Fleece-Stoffe sind da die beste Wahl. Die äußere Schicht dient dem direkten Schutz gegen Wind und Wetter. Im Herbst reicht dazu oft schon eine ärmellose Weste. Sehr dicht gewebte Materialien aus dünnen Mikrofasern sind atmungsaktiv, wasserabweisend und winddicht. Clima Fit, Maxitex, Meryl, Microft, Micro Max, Riplex oder Tactel sind häufig verwendete Materialien. Besonders winddichte Stoffe (Gore Windstopper) oder extrem wasserdichte Membrane (Gore-Tex, Sympatex) sind meist erst im Wintertraining gefragt.

Winter

Laufen kann man bei jedem Wetter, Spaß macht es bei niedrigen Temperaturen aber nur, wenn man nicht friert.

Wer keinen Sport treibt, hat im Winter auch kein Bekleidungsproblem. Reicht bei klirrender Kälte ein Pullover nicht aus, wird einfach noch ein zweiter drübergezogen. Bewegen kann man sich dann bei minus zehn Grad zwar nicht mehr so flink (und kommt sich auch ungewohnt pummelig vor), aber das ist beim Einkaufsbummel oder auf dem Weg zur Arbeit ziemlich egal.

Ganz anders sieht dies beim Sporttreiben im Freien aus. Fallen die Temperaturen Richtung Gefrierpunkt oder darunter, ist es nicht leicht, sich für seine Trainingsläufe kälte-, schnee- oder regengerecht zu präparieren. Schließlich sollten auch bei frostigen Bedingung die Laufklamotten unserem Bewegungsdrang nicht im Wege sein. Außerdem fließt der Schweiß auch dann reichlich, wenn wir durch eine eisige Schneelandschaft laufen. Einerseits soll der Schweiß an die Textiloberfläche entweichen können, andererseits sollten weder Regen noch Schnee von außen in die Kleidung eindringen können. Die ideale Laufbekleidung im Winter ist wärmeisolierend, feuchtigkeits-

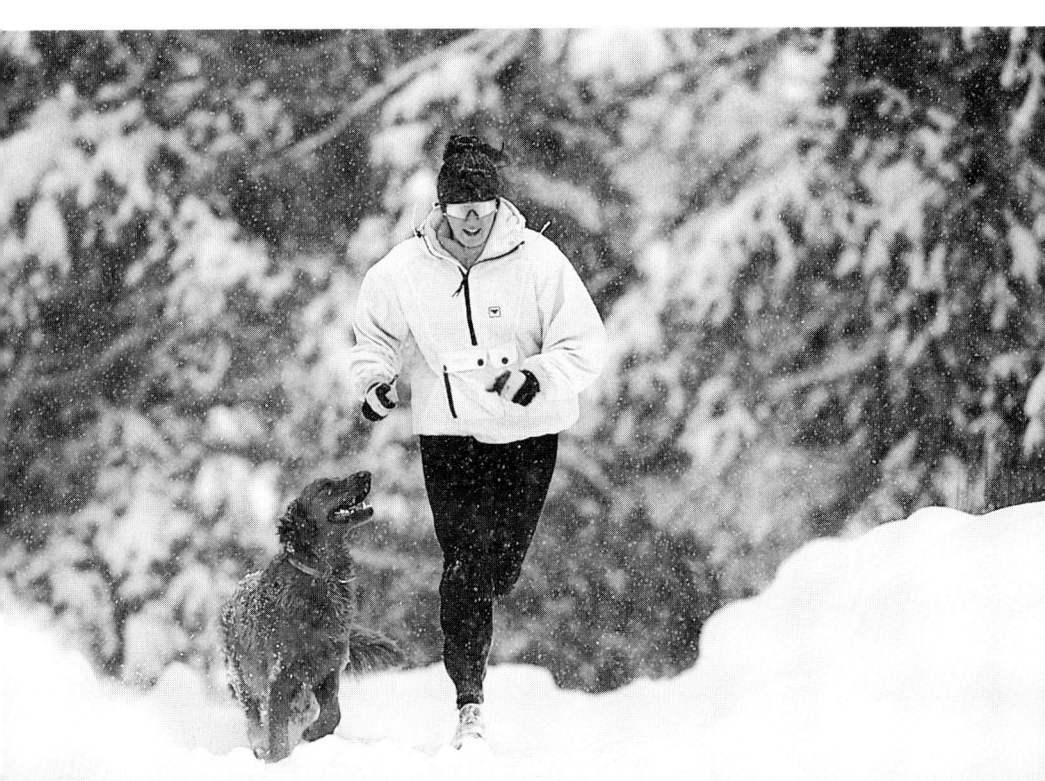

Kühl (15 Grad plus bis 5 Grad plus)
Zweischichtiges Bekleidungssystem:
1. langärmeliges Funktionsshirt, Short
2. wasser- und windfeste Weste oder dünne Jacke, Tight
Extras: Kappe, leichte Handschuhe

Kalt (5 Grad plus bis 10 Grad minus)
Dreischichtiges Bekleidungssystem:
1. langärmeliges Funktionsshirt
2. wärmende Zwischenschicht, z. B. Fleece-Pullover
3. wasser- und windfeste Jacke
Extras: Mütze oder Stirnband, Handschuhe

Eisig (10 Grad minus und kälter)
Vierschichtiges Bekleidungssystem:
1. Funktionsunterhemd
2. langärmeliges Funktionsshirt
3. wärmende Zwischenschicht, z. B. aus Fleece
4. wasser- und windfeste Jacke mit hohem Kragen
Extras: Mütze (evtl. Schlupfmütze), Handschuhe

Bei Kälte sollte auch Unterwäsche aus Kunstfasern getragen werden. Sie saugt den Schweiß auf und leitet ihn nach außen weiter, der Körper kühlt nicht aus.

transportierend (also aus Funktionsfasern) und mehrschichtig.

Was bei Kälte außerdem zu beachten ist:

1. Fast 50 Prozent der Körperwärme wird über den Kopf abgegeben. Denken Sie daran, und schützen Sie nicht nur den Körper, sondern auch den Kopf vor Kälte. Eine Mütze oder wenigstens ein Stirnband sind bei Minustemperaturen unabdingbar.

2. Wind kann das Kältegefühl extrem beeinflussen (sogenannter Windchill-Effekt). Mit dem Windchill-Faktor läßt sich, ausgehend von der Thermometer-Temperatur, anhand der Windstärke messen, wie

kalt es wirklich ist bzw. wie kalt wir uns fühlen. Zum Beispiel empfindet man bei einer Windgeschwindigkeit von 40 Stundenkilometern vier Grad plus wie neun Grad minus.

3. Kaum zu glauben, aber wahr: Die meisten Läufer ziehen bei kühlen Temperaturen eher zuviel als zuwenig an. Das anfängliche Frösteln läßt uns leicht vergessen, daß durch Bewegung Körperwärme entsteht. Fühlen Sie sich also schon zu Beginn des Trainings wohlig warm, sind Sie eher zu dick angezogen.

Pulsmesser

Herzfrequenztraining heißt seit einigen Jahren das Schlagwort für eine effektive Laufbelastung. Am genauesten läßt sich die Herzfrequenz mit speziellen Meßgeräten bestimmen, die an jedes Handgelenk passen und nicht teurer sind als ein Paar Laufschuhe.

Die Herzfrequenz gilt als zuverlässiger Parameter zur Messung körperlicher Belastung und hilft so, die richtige Trainingsintensität zu bestimmen. Deshalb basieren die meisten Trainingsvorgaben auf Angaben von Herzfrequenzwerten. Es gibt zwei Methoden, die Herzfrequenz zu bestimmen: manuell mit der Hand am Puls oder elektronisch mit einem Herzfrequenzmeßgerät (Pulsmesser). Bis in die achtziger Jahre war bei Läufern fast ausschließlich das Handanlegen Usus: Mit den Fingern am Handgelenk oder der Halsschlagader wurde der Puls während oder nach einer Laufeinheit gemessen. Das bedeutete: Training unterbrechen, stehenbleiben, rechnen, weiterlaufen – eine ungeliebte Prozedur, weil vor allem bei schnelleren Belastungen der Laufrhythmus immer wieder unterbrochen werden mußte. Herzfrequenzmeßgeräte sind da wesentlich bequemer und außerdem genauer. Sie bestehen aus einem Sender in einem Brustgurt und einem Empfänger in einer Uhr, die am Handgelenk getragen wird.

Es gibt eine Vielzahl von Modellen, je nach Ausstattung natürlich in unterschiedlichen Preisklassen angesiedelt. Für Läufer empfiehlt sich ein Pulsmesser, der neben den Pulswerten auch die üblichen Funktionen einer Uhr bzw. Stoppuhr bietet. Ansonsten kann man sich über die Wichtigkeit der diversen Funktionen streiten. Ob tatsächlich eine Zielzonenfunktion unumgänglich ist, die das Einstellen von unteren und oberen Belastungsgrenzen ermöglicht, deren Unter- oder Überschreiten durch einen Alarm angezeigt wird – darüber kann man streiten. Ambitionierte Läufer sollten ein Gerät mit Herzfrequenz-Speicherfunktion

wählen; es ermöglicht eine Auswertung der Belastungen im Anschluß an das Training.

Zehn Pulsmesser-Tips

- Elektroden am Gurt gut befeuchten:
Sonst funktioniert die Datenübertragung nicht.
- Gurt festschnallen:
Er darf nicht verrutschen, sollte aber die Atmung nicht behindern.
- Nach dem Training – Sender vom Gurt:
Der Sender verbraucht Strom, solange er sich feucht am Gurt befindet.
- Der Puls steigt langsam:
Deshalb erst nach der Aufwärmphase das erste Mal die Pulswerte ablesen .
- Extreme Werte sind kein Grund zur Beunruhigung:
Vor allem unter Hochspannungsleitungen sind extreme Ausschläge möglich.
- Alarmsignal selten verwenden:
Es schlägt bei jeder Stromleitung an und verkürzt außerdem die Lebensdauer der Batterie.
- Witterung als Einflußfaktor:
Bei heißem Wetter kann der Puls um 15 bis 20 Schläge ansteigen.
- Auf Wasserdichte achten:
Nicht alle Geräte sind wasserdicht – Vorsicht bei starkem Regen.

- Krankheit macht sich bemerkbar:
Besonders Fieber läßt die Pulswerte in die Höhe gehen.
- Je höher, desto höher:
In der Höhe (ab ca. 1500 m) steigt die Herzfrequenz an.

Babyjogger

Nicht von joggenden Babys soll hier die Rede sein. Das wäre auch zuviel des guten, wenn die süßen Kleinen aus den Laufställchen türmen würden, um einige lockere Trainingsrunden um den Block zu drehen. Im Gegenteil: Baby-Jogger sind segensreiche Erfindungen für Eltern, ganz eigensüchtig ihrer Laufobsession zu frönen und gleichzeitig dem Nachwuchs noch einiges von der Welt zu zeigen. Diese Gefährte, leicht erkennbar an ihren großen Laufrädern, sind sehr wendig, federleicht, schnell zusammenklappbar und laufen fast von selbst. Laufkinderwagen sind für laufende Mütter und Väter gleichermaßen angenehm und praktisch wie für Kinder.

Der Sport-Buggy zählt zu den gelungensten Verbindungen von sportlichen und erzieherischen Ambitionen. Papa oder Mama rennen und schieben durch Wald und Feld, das Baby schläft oder träumt vor sich hin – auch so kann manchmal die Läufer-

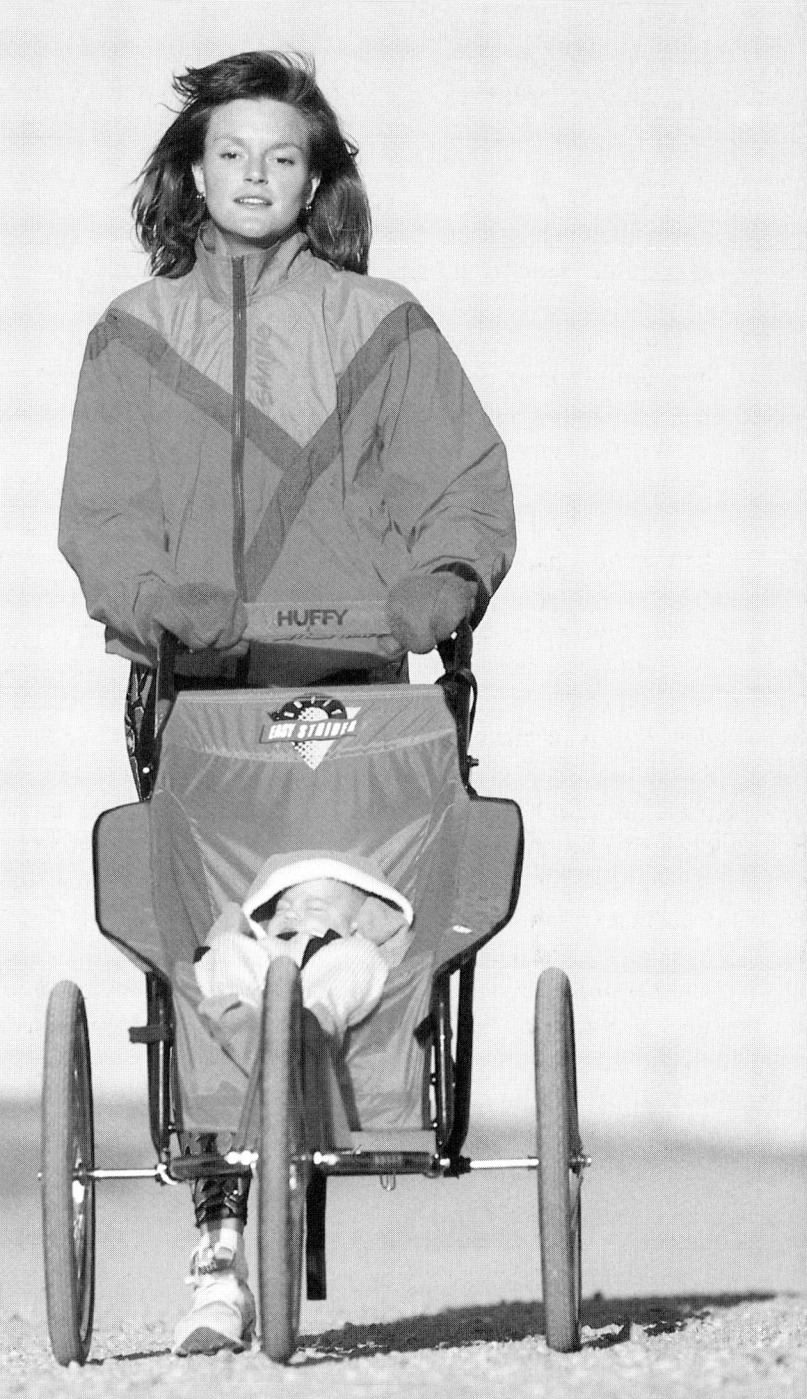

idylle aussehen. Allen Unentschlossenen sei gesagt: Der Kauf lohnt sich. Erstens lassen sich diese speziellen Sportkinderwagen problemlos schieben, sogar bei höherem Lauftempo. Zweitens fühlen sich die Kinder in der Regel darin augenscheinlich sehr wohl, und drittens können sie nicht nur Zweitwagen sein, sondern den normalen Kinderwagen ersetzen. (Einzige Schwierigkeit: Oma und Opa überzeugen, deren Privileg es in vielen Familien noch immer ist, vor der Geburt des Enkelkinds den richtigen Kinderwagen auszusuchen. Und zu bezahlen.)

Zunehmend gewöhnt man sich auch hierzulande bei Volksläufen und Marathons an den Anblick unverdrossen schiebender Mütter und Väter, die Sohnemann oder Töchterchen im schnellen Laufschritt den Freuden einer sportiven Existenz näherbringen. Der Absatz dieser Laufmobile stieg in Deutschland in den letzten Jahren um das Vierfache (allerdings ausgehend von einem sehr niedrigen Niveau): Von knapp über 3000 Geräten 1996 auf über 12000 1997. Die größeren Räder und der geringe Rollwiderstand machen den Laufkinderwagen zu einem besonders geländegängigen Mobil, welches sich sehr viel problemloser als herkömmliche Kinderwagen über unebene Strecken oder durch tiefen Sand schieben läßt. Gerade ältere

Leute – hallo Oma, hallo Opa! – sind oft hin und weg, wieviel leichter sich ein solches Gefährt auch in der Stadt bewegen läßt.

Auf zum Babyjog!

Das Wichtigste vorweg: Sie dürfen Ihr Kind erst dann im Laufkinderwagen zum Training mitnehmen, wenn es schon selbst sitzen kann und – noch wichtiger – seinen Kopf schon sehr gut hält. In der Regel ist das mit etwa sechs bis neun Monaten der Fall. Bevor Sie den ersten Lauf- und Schiebeschritt tun, muß das Kind mit Gurten im Wagen gesichert werden (diese Gurtsysteme zählen bei allen Laufbuggys zur Standardausrüstung). Das Kind sollte langsam an Gurt und Lauf gewöhnt werden. Laufen Sie keinesfalls ohne Gurt, denn beim abrupten Bremsen – Vorsicht etwa beim Passieren von Hunden! – ist die Gefahr groß, daß der Sprößling aus dem Wagen hüpft.

Überprüfen Sie die Sicherheit Ihres Kindes nach den ersten fünf bis zehn Laufminuten noch einmal. Ist das Kind verrutscht? Sitzen die Gurte zu locker? Oder zu fest? Bedenken Sie außerdem, daß sich Ihr Kind im Wagen nicht bewegt, während Sie lustig vor sich hin schwitzen. Das Kind muß also sehr viel wärmer angezogen sein als Sie selbst. Wenn Sie im T-Shirt lau-

fen, braucht das Kind bei stärkerem Wind fast schon Schal und Handschuhe.

Erst wenn der kleine Pilot gut gesichert und eingepackt ist, stehen Sie im Vordergrund. Der Geradeauslauf des Geräts läßt sich meist erst nach einigen Laufmetern überprüfen. Schieben Sie den Wagen auf ebener Strecke einmal kräftig nach vorne weg, und überprüfen Sie, ob er nach rechts oder links zieht. Der Lauf läßt sich problemlos am Vorderrad korrigieren. Alle Laufkinderwagen bieten luftbereifte Räder; je stärker diese aufgepumpt sind, desto geringer ist die Federung. Auf holprigen Pfaden sollte man also mit weniger Luft in den Rädern laufen als auf blankem Asphalt. Überlegen Sie vor dem Start, welchen Untergrund Sie bei Ihrem Schiebe-Lauf vorfinden werden, und überprüfen Sie daraufhin den Reifendruck.

Lauftechnik mit Babyjogger

Natürlich brauchen Sie Ihren Laufstil nicht zu verändern, wenn Sie mit dem Babyjogger unterwegs sind. Lediglich mit den Armen müssen Sie zusätzlich ein bißchen arbeiten.

Sie müssen nicht immer beide Hände an der Griffstange des Wagens haben, ja selbst eine Hand muß nicht immer am Griff sein. Normalerweise gibt man dem Mobil alle paar Laufschritte abwechselnd mit der rechten oder linken Hand einen kleinen Schwung. Wie oft dies sein muß, wird durch den Lauf- bzw. Rolluntergrund bestimmt. Auf Asphalt rollt der Buggy oft sechs, sieben Schritte und länger ohne Probleme, auf sehr unebenem Geläuf muß dagegen immer eine Hand führen. Abwechslung tut gut: mal die rechte, mal die linke Hand als Anschieber. Das verteilt die Belastung gleichmäßig auf beide Körperhälften. Da bedankt sich auch der Rücken. Nur steil bergauf muß beidhändig geschoben werden. Bergab kann man dagegen einen gut justierten Wagen risikolos alleine laufen lassen, ein Sicherheitsband zwischen Handgelenk und Griff (bei fast allen Laufkinderwagen im Preis inbegriffen) hält die Verbindung. Am freiesten läuft es sich leicht versetzt hinter dem Gefährt. Schiebt die rechte Hand, läuft man versetzt links und umgekehrt. Vor engen Kurven unbedingt das Tempo drosseln, eventuell ist es sogar nötig, bei einer scharfen Wendung das Vorderrad anzuheben und so den Wendekreis zu verkürzen. Eine perfekte Kurventechnik durch Papa oder Mama begeistert den kleinen Insassen ebenso wie staunende Passanten, die wehmütig an die schwergängigen, rundumverkleideten Rollkäfige ihrer Kindheit zurückdenken …

Darauf sollten Sie beim Kauf eines Laufkinderwagens achten

1. Räder

12-Zoll-Räder reichen für Stadtbummel, Wandern und gemächliches Laufen auf ebenen Wegen. Sie sind nicht sehr sperrig, lassen sich leicht handhaben, bieten aber kaum Federung. 16-Zoll-Räder sind auf Asphalt, aber auch auf leicht unebenen Feld- und Waldwegen bequem; sie bieten eine angenehme Federung und sind auf ebenen, festen Strecken auch für höheres Lauftempo (z. B. Wettkämpfe) geeignet. 20-Zoll-Räder sind perfekt off-road-tauglich. Mit ihnen ist auch ein Geländelauf über Stock und Stein kein Problem. Sie bieten höchsten Federungskomfort für das Kind, sind allerdings optisch eher unattraktiv und sperrig. Ein Muß für einen Laufkinderwagen sind luftbereifte Räder (Schlauch und Mantel). Vollgummireifen, die nur minimal gefedert sind, tun dem Kind nicht gut.

2. Gestell

Stahl oder Aluminium? Stahl ist steifer, schwerer und kann rosten. Aluminium ist «weicher», leichter, aber rostfrei. Beim Vergleich der beiden Metalle spielen aber so viele Parameter eine Rolle, daß der Nutzwert für einen Laufkinderwagen kaum relevante Unterschiede zeigt.

3. Bremsen

Viele Laufmobile bieten eine klassische Fahrradfelgenbremse, die in der Regel justierbar und feststellbar ist. Beim Laufen selbst brauchen wir sie selten. Als Feststellbremse im Ruhezustand – in Bus und Bahn oder am Berg – kann sie aber überaus nützlich sein. (Raffiniert: Ein sogenannter «Bremszugentspannungshebel» erleichtert sehr den Aus- und Einbau des Vorderrades.)

4. Sitz und Gurt

Sitztiefe und -breite entscheiden über den Sitzkomfort für das Kind. Eine kleine Sitzfläche beengt das Kind, ein zu breiter Sitz kann es zu sehr hin und her rutschen lassen. Abnehmbare und waschbare Sitze sind angenehm. Gurte sind ein Muß im Laufkinderwagen. Ob 5-Punkt- oder 3-Punkt-Gurt – das ist beim Laufen ziemlich egal, so hoch ist das Tempo dann doch nicht. Hauptsache, der Gurt sitzt richtig.

5. Gewicht

Je schwerer ein Laufkinderwagen, desto unhandlicher und unbeweglicher ist er. Das merkt man vor allem auf anspruchsvollen Strecken mit engen Kurven. Eine Zulademöglichkeit von 30 Kilogramm reicht vollkommen aus. Wiegen die Kinder mehr, sind sie schon zu alt, um geschoben zu werden.

6. Fahrverhalten

Je besser die Naben und Lager, je größer die Reifen und je leichter der Wagen, um so besser ist auch das Fahrverhalten (und das babytaugliche Lauftempo). Der Lauf eines Rades läßt sich auch im «Trockenzustand» sehr gut testen. Nehmen Sie ein Laufrad des Gefährts hoch, und drehen Sie daran. Läuft es reibungslos? Oder eiert es ein wenig? Der Test lohnt: Im Vergleich der gängigen Modelle zeigen sich große Unterschiede.

7. Abmessungen

Ausgeklappt ist der höchste Punkt am Laufmobil immer der Griff. Ist dieser zu niedrig, muß sich der Läufer bei jedem Anschubser bücken. Das geht mit der Zeit auf den Rücken. Ein 1,85 Meter großer Läufer braucht eine Griffhöhe von etwa einem Meter. Dies ist allerdings individuell zu überprüfen. Die zusammen-geklappten Maße sind wichtig beim Verstauen, z. B. im Auto. Je kleiner, desto besser.

8. Klappfähigkeit

Kinderwagen, die sich schnell und problemlos zusammenklappen lassen, sind einfach praktisch. Dieses Kriterium erfüllen alle Modelle. Man braucht maximal zwei bis drei Minuten, um den Sportbuggy zusammengeklappt im Autokofferraum zu verstauen.

9. Preis

Die Preisunterschiede sind beträchtlich. Es ist sinnvoll, sich die Testergebnisse von Laufkinderwagen zu beschaffen, etwa aus der RUNNER'S WORLD oder von Stiftung Warentest, bevor man mehrere hundert Mark in den Kauf eines solchen Gefährts steckt.

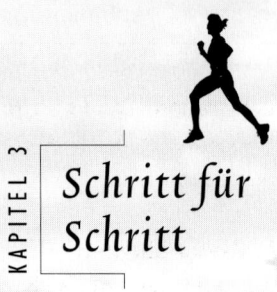

KAPITEL 3

Schritt für Schritt

Der Laufschritt

Im Grunde ist es ganz einfach: Wie beim Gehen setzen wir einen Schritt vor den anderen, nur das Tempo ist höher. Allerdings läßt sich immer wieder beobachten, daß Menschen, die einen völlig normalen Gehschritt haben, stilistische Auffälligkeiten erkennen lassen, sobald sie laufen. Solche Stilfehler haben zumindest einen unökonomischen Bewegungsablauf zur Folge: Es wird Kraft vergeudet. Sie können jedoch auch zu Verletzungen führen, denn jeder gelaufene Kilometer steht für einige hundert Laufschritte – in einem Läuferleben sind dies viele Millionen Schritte. Um Verletzungen also vorzubeugen, lohnt es sich, den Laufschritt zu optimieren.

Der Laufschritt teilt sich in zwei Phasen: In der Stützphase hat ein Fuß Kontakt mit dem Boden, in der Schwebephase befinden sich beide Füße in der Luft. Über die kurze Zeitspanne eines Laufschritts nimmt die Stützphase nur ca. 30 Prozent des Be-

wegungsablaufs in Anspruch, in der restlichen Zeit schwingen die Beine nach vorne beziehungsweise nach hinten, der Körper hat keinen Bodenkontakt. Eine entscheidende Rolle dabei spielt der Körperschwerpunkt.

Der Körperschwerpunkt

Der Körperschwerpunkt liegt je nach Statur (Körpergröße, Gewicht) irgendwo im Hüftbereich. Ist der Schritt zu lang, setzt der Fuß zu weit vor dem Körperschwerpunkt auf: Der Schwung wird abgebremst. Ist der Schritt zu kurz, wird ebenfalls Energie verschenkt; das geht auf Kosten des Lauftempos – allerdings weniger, als das beim zu langen Schritt der Fall ist. Eine wichtige Rolle für einen effektiven Laufschritt spielt die Hüfte. Sie wird bei jedem Schritt nach vorne gebracht, was sich bei Mittelstreckenläufern am eindrucksvollsten studieren läßt. Dies vernachlässigen viele; die Folge: Sie «sitzen» im Schritt und handeln sich auf diese Weise leicht Überlastungsbeschwer-

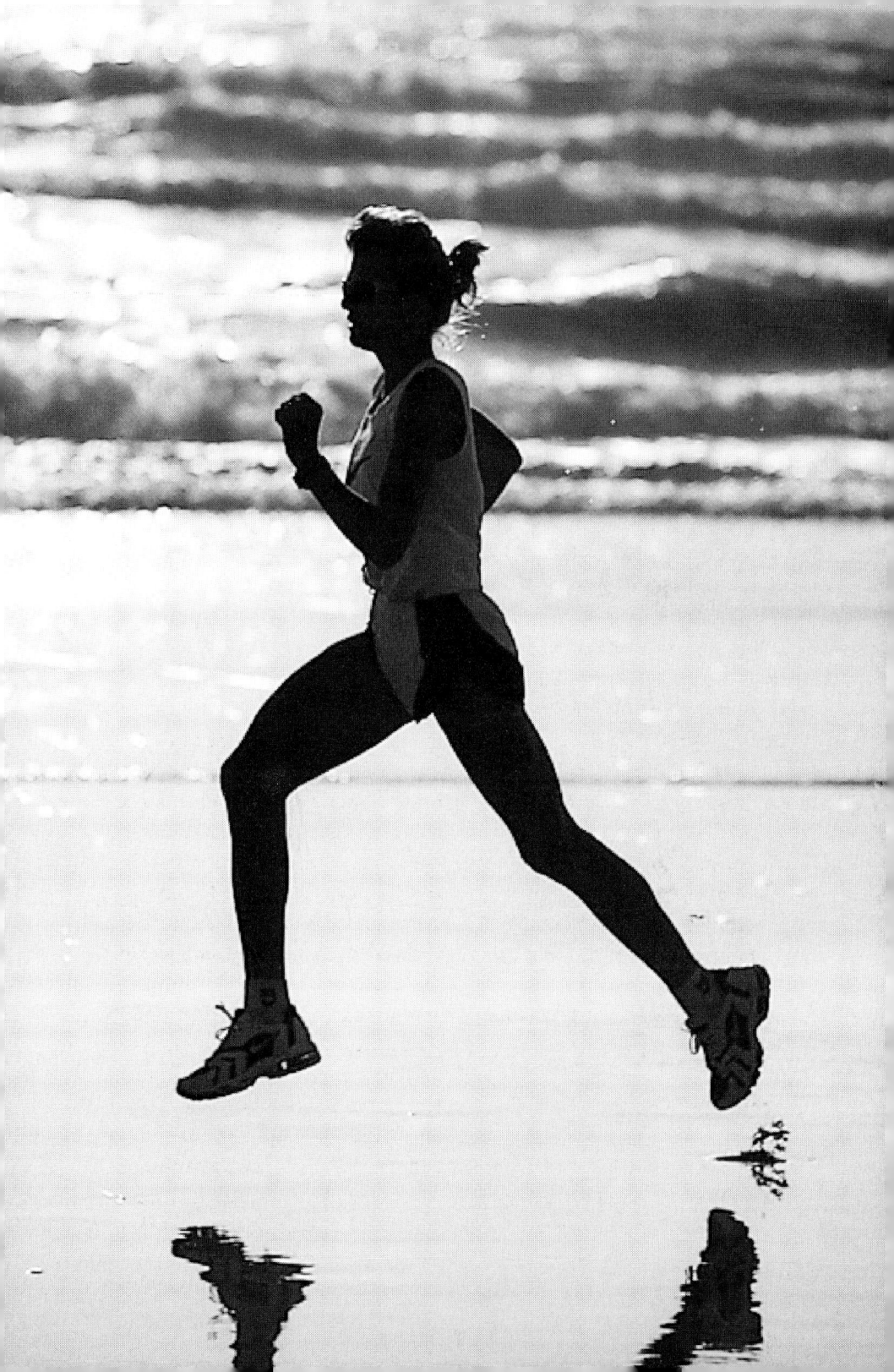

den ein. Laufschule und Koordinationsübungen können hier für Abhilfe sorgen.

Der Körperschwerpunkt bewegt sich beim Laufen nicht nur nach vorne, sondern auch ständig auf und ab. Dabei erreicht er in der Schwebephase den höchsten und in der mittleren Stützphase den niedrigsten Punkt. Je größer die Differenz zwischen dem höchsten und dem tiefsten Punkt des Körpers ist, desto mehr Energie wird für dieses Auf und Ab gebraucht. Hier wird leicht Kraft und Energie verschleudert. Bei einem flüssigen Laufstil dagegen bewegt sich der Körperschwerpunkt nur minimal auf und ab. Straßenlaufspezialisten haben in der Regel einen flachen Laufstil, anders als Bahnspezialisten und Mittelstreckler. Die erfolgreichen spanischen Marathonläufer trainieren einen flachen Schritt, indem sie oft am Strand laufen. Wer auf solch «tiefem Geläuf» nicht möglichst kraftsparend läuft, kommt nicht sehr weit. Mittelstreckenläufer, die uns im Wald oder auf der Straße begegnen, erkennt man schon von weitem an ihrem hüpfenden Laufstil.

Die Stützphase

Sprinter haben in der Regel lediglich mit dem Vorfuß Bodenkontakt, Langstreckenläufer landen dagegen auf dem Mittelfuß oder der Ferse. Im Moment des ersten Bodenkontaktes befindet sich der Fuß noch vor dem Körperschwerpunkt. Kurz nach dem ersten Bodenkontakt (vordere Stützphase) kommt es zu einer leichten Beugung im Kniegelenk. Eine natürliche Pronationsbewegung des Fußgelenks (Einknicken des Fußes nach innen) leitet die mittlere Stützphase ein. Befindet sich der Körperschwerpunkt über dem Auftrittspunkt des Fußes, beginnt die hintere Stützphase. Die Ferse hebt sich, und der Fuß katapultiert den Körper nach vorne.

Die Schwebephase

Die Schwebephase beginnt mit dem Abstoß des Fußes vom Boden. Nicht umsonst ist der Vorfuß breiter als der Rückfuß: Die enormen Abstoßkräfte können sich so auf eine größere Fläche verteilen, und es fällt leichter, das Körpergleichgewicht zu stabilisieren. Gleichzeitig mit dem Abstoß werden die Hüfte und das Knie des abstoßenden Beins maximal gestreckt. In dieser Streckphase ist die Bewegung des nachziehenden Beins verlangsamt, das erst in der anschließenden Vorschwungphase beginnt, sich nach vorne zu bewegen und das Aufsetzen des anderen Fußes einzuleiten. Dabei schwingt auch der Unterschenkel des

abstoßenden Fußes nach hinten. Wenn sich der Oberschenkel am weitesten vom Boden entfernt hat, beginnt das Absenken des Fußes. Der Unterschenkel wird durch eine Streckung im Knie maximal nach vorne bewegt und leitet schließlich die vordere Stützphase des Fußes ein.

Schrittlänge

Die Schrittlänge ist unter anderem abhängig vom Lauftempo. Der Schritt ist um so länger, je kraftvoller und zügiger das Bein gestreckt wird und je höher der Kniehub ist. Ein Sprinter hat einen sehr viel längeren Schritt als ein Marathonläufer – kein Wunder: Er hat ja auch höchstens 200 Meter zurückzulegen, im Gegensatz zum Langstreckenläufer, der Strecken zwischen fünf Kilometer und Marathon (oder mehr) unterwegs ist. Dem Marathonläufer geht es schließlich nicht darum, wie ein Sprinter bei maximaler Geschwindigkeit dahinzufliegen, sondern einen Laufschritt zu finden, der bei höchstmöglichem Tempo den ökonomischsten Einsatz seiner Körperenergie über die komplette Distanz garantiert.

Versuchen Sie nicht, Ihre Schrittlänge bewußt zu beeinflussen, indem Sie einfach größere Schritte machen. Eine solche *bewußte* Verlängerung des Laufschritts kostet nur unnötig Kraft.

Ein langer Schritt setzt eine kräftige Muskulatur und bewegliche Gelenke voraus. Die Beinmuskulatur wird am besten sportartspezifisch gekräftigt, also nicht mit Kraftübungen an Geräten, sondern mit speziellen Laufprogrammen, zum Beispiel mit Bergaufsprints oder Skippings (Kniehebeläufen). Damit läßt sich innerhalb kürzester Zeit die Beweglichkeit von Hüfte und Fußgelenken verbessern und die Beinmuskulatur kräftigen. Am besten werden diese Übungen nach bzw. während eines ruhigen Dauerlaufes durchgeführt.

Bewegliche Füße

Der günstigste Aufsetzpunkt des Fußes liegt möglichst nahe an der Ideallinie des Körperschwerpunktes, die Füße setzen nahezu parallel auf. Bei einem breitbeinigen Laufstil kommt es dagegen zu einer Pendelbewegung des gesamten Körpers, bei der viel Kraft verbraucht wird. Ein abgespreizter Fußaufsatz verkürzt den Schritt um einige Zentimeter und belastet die Knie- und Fußgelenke. Diese Fehlbelastung kann leicht Verletzungen nach sich ziehen.

Das Fußgelenk ist ein wirksamer Hebel, der die Vorwärtsbewegung unterstützt. Die Stärkung des Fuß-/Sprunggelenkes läßt sich mit sogenannten plyometrischen Übungen

erreichen. Besonders geeignet sind Ein- und Zweibeinsprünge: Machen Sie nach dem obligatorischen Warmlaufen vor dem eigentlichen Lauftraining 15 bis 20 Sprünge auf einem Bein, eine Serie mit dem rechten, eine mit dem linken Bein und anschließend eine Serie, bei der Sie aus der Hocke mit beiden Beinen hüpfen. Wie ein Frosch – genau.

So verbessern Sie Ihren Laufschritt

▪ Versuchen Sie, den Fuß bei jedem Schritt bewußt so aufzusetzen, daß er nur knapp vor der Körperachse aufkommt; der Körper ist ganz leicht vorgebeugt. Kein Hohlkreuz!
▪ Bitten Sie erfahrene Läufer mit gutem Laufstil, Sie zu korrigieren.
▪ Laufen Sie ab und zu auf schmalen Pfaden, über Stock und Stein, querfeldein, gerade im Wald, wo man zusätzlich auf Äste und Zweige achten muß. Damit verbessern Sie Ihr gesamtes läuferisches Koordinationsvermögen.
▪ Achten Sie vor allem beim Bergablaufen auf kurze Schritte – muß doch das Mehrfache des Körpergewichts bei jedem Schritt aufgefangen werden. So sparen Sie Kraft und schonen Muskeln und Gelenke.
▪ Optimal ist eine Beinstreckung bei jedem Schritt. Besonders bei Mittel-

strecklern läßt sich dies gut beobachten. Ein Tip: Bauen Sie in Ihren Dauerlauf ein oder zwei Phasen von zwei bis fünf Minuten ein, in denen Sie ganz besonders auf stilistische Feinheiten achten. Nicht zu schnell laufen, dafür sehr bewußt. Steigern Sie diese Übung im Laufe eines halben Jahres auf bis zu fünfmal fünf Minuten, eingebettet in einen dreiviertelstündigen Lauf.

Drei Übungen für einen dynamischeren Laufschritt

Ballenläufe (Fußgelenkübungen): 5 bis 10 Minuten locker warmlaufen. Auf einer flachen Grasfläche 30 Meter auf den Fußballen laufen, wobei Sie sich nur aus dem Fußgelenk abstoßen. Der Fuß setzt auf dem Ballen auf, das Standbeinknie wird durchgedrückt, die Hüfte gestreckt. Sie gewinnen dabei nur langsam Raum. Achten Sie darauf, die Füße parallel aufzusetzen, genau in Laufrichtung. Die Arme unterstützen schwungvoll.

Skippings (Kniehebeläufe): Nach einer kurzen Pause an die Ballenläufe anschließen. Drei sprintartige Kniehebeläufe über 30 Meter mit kurzen, schnellen Schritten und übertriebenem Kniehub. Der Fußaufsatz ist steil, der Fuß wird nur flüchtig auf die ganze Sohle gesenkt. Die Knie sind

durchgedrückt, die Arme unterstützen die Bewegung schwungvoll. Auch hierbei gewinnt man nur relativ langsam Raum.

Bergaufsprints: Sprinten Sie nach einer lockeren Dauerlaufeinheit zehnmal einen mindestens 50 Meter langen Anstieg hinauf: fünfmal mit 90prozentigem Krafteinsatz, fünfmal mit maximalem Tempo. Achten Sie bewußt auf einen kräftigen Fußabdruck. Diese Übung sollten Sie nur einmal pro Woche machen – und auf keinen Fall bei Achillessehnenbeschwerden.

Die Armbewegung

Der Laufstil ist eine sehr individuelle Angelegenheit. Wer Jogger bei ihrem Freizeitvergnügen oder die Teilnehmer bei einem Straßenlauf einmal genau beobachtet, bemerkt schnell, daß es ästhetische und weniger schöne Formen des Laufens gibt. Dies ist vor allem bei der Armhaltung augenfällig. Es gibt den Typ «Krampfläufer»: der Nacken verspannt, die Schultern hochgezogen, die Arme schwingen unrhythmisch vor dem Körper und stören die Laufharmonie. Auch keine seltene Spezies ist der Typ «Fliegenfänger»: Seine Arme pendeln

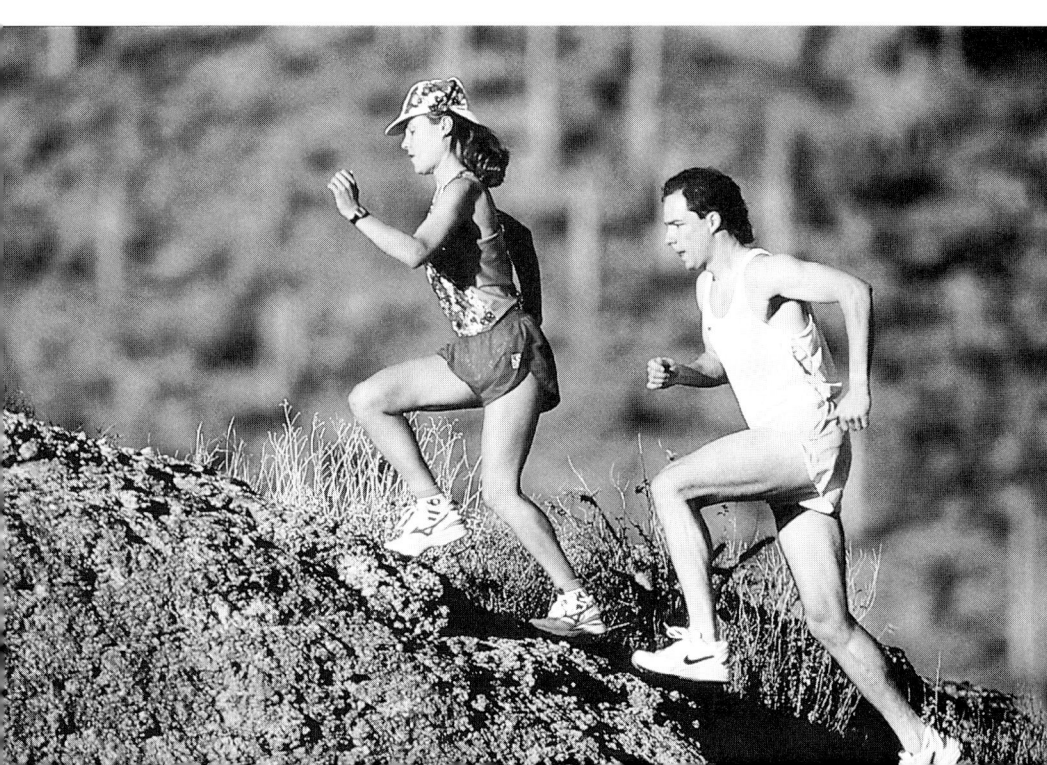

beim Laufen viel zu weit aus, vor allem nach vorne, unterstützen dabei jedoch keineswegs die Beinbewegung. Variationen und Abarten dieser weder ästhetischen noch effizienten Armbewegungen finden sich zuhauf.

Beim Idealtyp sehen die Arm- und Beinbewegungen rund und harmonisch aus. Die leicht angewinkelten Arme schwingen locker parallel zum Körper. Der Oberkörper wippt dabei nur wenig auf und ab. Der Idealtyp ist meist ein schnellerer Läufer, doch Ausnahmen bestätigen auch hier die Regel: Es gibt Weltklasseläufer mit fürchterlichem Laufstil und ästhetisch laufende Jogger. Rufen wir uns nur die «tschechische Lokomotive» in Erinnerung, Emil Zátopek! «Nein, schön ist er nicht gelaufen. Aber das wollte er auch nicht; schnell wollte er sein. Möglichst nie jemandem im Ziel vor sich haben: das war sein Programm. Eine stilistische Katastrophe – aber welch geniales Ergebnis! Mit gequältem, verzerrtem Gesicht hetzte Emil Zátopek Runde für Runde um die Bahn, den Kopf bedenklich hin und her schwankend, die Zunge in emsiger Rotation unterwegs, die Zähne kämpferisch gefletscht, die Schultern extrem hochgezogen, der Körper in der Hüfte abgeknickt – so muß man sich diesen Mann bei der Arbeit vorstellen. Seine Extremitäten rotierten wie die Kolben einer Maschine. Er lief wie ein Sträfling, hinter dem alle Wächter dieser Welt her sind ...» (H. Krämer).

Viele Läufer winken ab, wenn man sie auf ihren Laufstil anspricht und ihnen korrigierende Hilfen anbietet, da sie der Ansicht sind, der Laufstil lasse sich nicht verändern. Motto: Ich bin, wie ich bin, und ich laufe, wie ich es seit Kindesbeinen an gewöhnt bin. Diese Ansicht ist falsch. Je «sauberer» der Laufstil, desto größer ist das Leistungsvermögen und desto geringer die Anfälligkeit für Verletzungen. Außerdem geht es uns beim Laufen in einer Hinsicht nicht anders als beim Tanzen: Schöne, weiche, fließende Bewegungen entzücken zuallererst die Akteure selbst. Narziß läßt grüßen!

Ein individueller Laufstil ist nicht beliebig zu korrigieren. Der Mensch ist keine Maschine, und sein Bewegungsablauf ist nicht zu normen. Korrekturen am Laufstil sind nur dann sinnvoll, wenn damit der Bewegungsablauf verbessert wird. Je ökonomischer eine Bewegung abläuft, desto weniger Kraft muß für sie aufgewendet werden. Und je geringer der Kraftaufwand bei jedem Schritt ist, desto länger halten die individuellen Kraftreserven vor.

Sie können Ihre Armhaltung verbessern, indem Sie ein Gefühl für Rhythmus und Harmonie der Bewegungen entwickeln. Zwingen Sie sich

aber nicht zu einer bestimmten Haltung, denn dann verkrampfen Sie im Oberkörper. Und eine verkrampfte Muskulatur arbeitet immer uneffektiv.

So verbessern Sie Ihre Armführung

▪ Die Ober- und Unterarme befinden sich etwa in einem rechten Winkel. Die Arme pendeln während des Laufens seitlich und nahe am Körper vorbei. Sie werden in der Pendelbewegung zwischen Brusthöhe (maximal) und Hosenbund geführt.

▪ Die Hände sind locker und entspannt. Halten Sie die Handrücken seitwärts und die Hände leicht geöffnet. Der Daumen liegt locker auf dem Zeigefinger auf.

▪ Die Augen richten Sie einige Meter voraus auf den Boden – und nicht nach unten auf die Füße. So ist gewährleistet, daß Sie nicht nur sehen, was an Unebenheiten und anderen Hindernissen Ihrer harrt, sondern auch, daß die Nackenmuskulatur locker bleibt.

▪ Der Oberkörper ist aufgerichtet. Nur dann ist die Wirbelsäule entlastet und kann über dem Körperschwerpunkt leicht und entspannt schwingen.

▪ Nehmen Sie bei jedem Schritt die Hüfte nach vorne. So wird der Körper jedesmal gestreckt. Das entspannt auch die Rückenmuskulatur; nur so kann die volle Kapazität der Lungen genutzt werden, und ein freies Atmen ist gewährleistet.

▪ Schulter- und Nackenmuskulatur sind entspannt, das gilt auch für die Gesichtszüge. Die Schultern haben keinen aktiven Anteil an der Fortbewegung, auch wenn man dies beim Typ «Schulterläufer» leicht vermuten könnte.

▪ Die Arme haben beim Langstreckenlauf keinen aktiven Anteil an der Fortbewegung. Anders ist dies beim Sprint oder 400-m-Lauf, wo die Arme für Schwung sorgen. Versuchen Sie also nicht, mit den Armen zu laufen. Der Schritt- und Pendelrhythmus von Armen und Beinen korreliert unbewußt.

▪ Eine Videolaufstilanalyse kann Ihnen helfen, Schwachpunkte Ihres Bewegungsablaufs zu erkennen.

▪ Die Alternative: Sie laufen zu Hause vor dem Spiegel auf der Stelle und versuchen, Ihre Armhaltung selbst zu korrigieren.

▪ Beginnen Sie das Training mit einigen hundert Metern schnellem Gehen, bei dem Sie bewußt auf die «richtige» Armhaltung achten.

▪ Vergegenwärtigen Sie sich die Korrekturen während eines Laufes immer wieder.

▪ Wenn Sie in einer Gruppe laufen, bitten Sie einen erfahrenen Mitläu-

fer, Ihren Laufstil genau zu beobachten und gegebenenfalls zu korrigieren.

- Tip: Wer die Arme zu stark anwinkelt, kann mit leichten Gewichten in den Händen, z. B. Steinen, einer besseren Armführung ein wenig nachhelfen.
- Bei einer besonders eckigen Armführung ist oft eine verspannte Muskulatur die Ursache. Da helfen keine noch so guten Vorsätze, den Laufstil zu verbessern. Hier muß erst die Muskelverkrampfung gelöst werden, bevor an stilistischen Feinheiten gearbeitet werden kann. Ein Physiotherapeut sollte der Sache auf den Grund gehen.
- Der Läufer läuft mit den Beinen und nicht mit den Armen. Er trainiert also logischerweise die Beine und nicht die Arme. Andererseits kann ein zusätzliches dosiertes Krafttraining für die Arme die Laufleistung verbessern, ob Leistungssportler oder Wald-und-Wiesen-Jogger. Denn trainierte Arme helfen bei der Verarbeitung des Stoffwechselprodukts Milchsäure, das beim Laufen unter Belastung die Leistung hemmt. Außerdem speichert eine trainierte Armmuskulatur mehr Glykogen als eine untrainierte und hilft somit, die Speicherkapazität des gesamten Körpers für Kohlenhydrate zu vergrößern.

Die Atmung

Atmen

Pro Minute sind 45 bis 50 Atemzüge beim Laufen optimal. Die Zahl hat mit einer simplen natürlichen Tatsache zu tun: Alle Tiere und auch der Mensch synchronisieren ihre Laufschritte mit dem Atemrhythmus. Das Aus- und Einatmen erfolgt beim Laufen fast immer im Moment des Fußaufsetzens, selten in der Flugphase, und so gibt es einen direkten Zusammenhang zwischen der Schritt- und der Atemfrequenz.

Der amerikanische Physiologe Jack Daniels hat in einer Untersuchung festgestellt, daß die optimale Schrittfrequenz eines Läufers bei 180 bis 200 Schritten pro Minute liegen soll. Die Studie orientierte sich an den Laufstilen international erfolgreicher Athleten im Wettkampf. Auffälliges Indiz: Die meisten Top-Athleten atmeten gewöhnlich im sogenannten «Zweierrhythmus». Das heißt, sie benötigten zwei Schritte zum Ein- und zwei zum Ausatmen – also insgesamt vier Schritte für einen Atemzug. Teilt man nun diese 180 bis 200 Schritte durch vier, kommt man auf die Zahl von 45 bis 50 Atemzügen pro Minute, die beim Laufen das Optimum zu sein scheinen.

Vorsicht mit starren Regeln!

Immer wieder hört man von präzise definierten Atemregeln für Läufer, die unbedingt zu befolgen seien. Eine der gängigsten, der sogenannte Acht-Schritte-Zyklus, fordert, man solle sich nach einem simplen Zählschema ausrichten: auf vier Schritte einatmen, auf die nächsten vier ausatmen.

Bevor Sie jetzt loslaufen, um die Probe aufs Exempel zu machen: Es geht viel einfacher. Denn Laufanfänger sind nicht mit Spitzenläufern zu vergleichen, die meist über eine erheblich größere Schrittlänge verfügen. Starre Vorgaben zu Atemrhythmus und Schrittfrequenz sind für Laufeinsteiger wenig hilfreich. Die Atmung funktioniert beim Laufen weitgehend automatisiert. Ein interessantes Detail: Die amerikanischen Wissenschaftler Bramble und Carrier stellten in einer Studie Anfang der 8oer Jahre fest, daß Läufer nicht nur automatisch beim Aufsatz des Fußes ein- und ausatmen – sie atmen in der Regel auch auf demselben Fuß aus und ein, ganz von selbst, ohne daß sie darauf achten. Das unterstreicht, wie überflüssig die Vorgabe eines festen Atemrhythmus ist.

Bei der Atmung muß deshalb zunächst auf wesentlichere Dinge geachtet werden. Beim Laufen sollte man nicht auf das Ein-, sondern das Ausatmen achten. Intensives Ausatmen vergrößert die Vitalkapazität der Lunge und ist Voraussetzung für eine sinnvolle Atemtechnik beim Laufen. Unter Vitalkapazität einer Lunge versteht man die maximale Luftmenge, die nach einer maximalen Einatmung wieder ausgeatmet werden kann.

Die Kapazität einer durchschnittlichen Lunge beträgt etwa fünf bis acht Liter, soviel Luft kann in ihr maximal gespeichert werden. Das heißt aber nicht, daß diese Menge Luft auch komplett genutzt werden kann. Ein trainierter Sportler hat bei gleicher Lungengröße eine sehr viel größere aktive Lungenkapazität (Vitalkapazität) als ein weniger trainierter. Aber auch beim Leistungssportler verbleibt beim intensiven Ausatmen noch etwa ein Liter Luft in der Lunge.

In diesem Zusammenhang sollte mit einem Mythos aufgeräumt werden, der sich hartnäckig hält. Falsch ist: Ausdauersport vergrößert die Lunge. Richtig ist: Nicht die Lunge als Organ wird größer, sondern die aktiv nutzbare Lungenkapazität. Ein guttrainierter Läufer kann also bei gleicher Lungengröße sehr viel mehr Luft einatmen als ein nur wenig trainierter Sportler. Durch ein bewußtes, tiefes und vollständiges Ausatmen kann die Vitalkapazität der Lungenflügel um fast ein Drittel erhöht werden. Und je kräftiger ausgeatmet

wurde, desto tiefer kann man natürlich anschließend wieder einatmen.

Mit Mund und Nase atmen

Atemregeln hin oder her – es gibt eine Regel, die ihre Berechtigung hat: Atmen Sie immer durch Mund und Nase. Nur dann ist gewährleistet, daß Sie eine optimale Menge Luft in die Lunge aufnehmen. Wer schon einmal mit einer verstopften Nase laufend unterwegs war, kann ein Lied davon singen. In diesem Fall kann man bei weitem nicht soviel Sauerstoff tanken wie nötig, und eine mangelhafte Sauerstoffzufuhr schlägt sich natürlich in verminderter Power nieder. Deshalb ist auch das Nasenpflaster in Mode gekommen: ästhetisch eine mittlere Katastrophe, aber es soll die Atmung erleichtern und erwirkt, wie eine Schweizer Versuchsreihe ergab, «eine subjektive Besserung der Nasenatmung» bei zwei Drittel der Probanden. Kaum eine Laufveranstaltung, wo der trendige Nasensattel nicht mitläuft. Und auch unter Weltklasse-Athleten sieht man den kleinen Streifen quer über dem Nasenrücken immer öfter.

Optimal: die Bauchatmung

Die effektivste Atmung beim Laufen ist die Bauchatmung, bei der das Zwerchfell eine Hauptrolle spielt. Deshalb spricht man hier präziser von der Zwerchfellatmung.

Bei der Brustatmung ist der Atem flach, da nur die oberen Teile der Lunge genutzt werden. Bei der Zwerchfellatmung gelangt die Luft dagegen auch in die unteren Teile der Lungenflügel. Dabei wird das gesamte Lungenvolumen ausgenutzt. Die Zwerchfellatmung läßt sich gut trainieren, am besten zunächst zu Hause und nicht beim Lauftraining. Um ein Gefühl für diese Art des Atmens zu bekommen, empfiehlt sich eine einfache Übung: Legen Sie sich flach auf den Rücken, und legen Sie ein Buch auf den Bauch, zum Beispiel dieses. Versuchen Sie, das Buch beim Einatmen zu heben und beim Ausatmen zu senken – und machen Sie sich diesen Atemvorgang bewußt. Wiederholen Sie diese einfache Atemübung täglich. Vergegenwärtigen Sie sich die Zwerchfellatmung später beim Laufen: Versuchen Sie bei jeder Laufeinheit, bewußt tief in den Bauch zu atmen. Es dauert sechs bis acht Wochen, bis Sie die neue Atemtechnik verinnerlicht haben. So lange sollten Sie auch jeden Tag zusätzlich die Trockenübungen auf dem Fuß-

boden weiterhin regelmäßig machen. (Zur ungeliebten Begleiterscheinung «Seitenstechen» vgl. Kapitel 8, Seite 230)

Der Atem regelt das Tempo

Wußten Sie, daß sich die Laufintensität ganz einfach über die Atmungsaktivität regulieren läßt? Das jedenfalls behaupten die Verfasser einer aktuellen sportmedizinischen Studie aus Kanada. Die Ergebnisse auf den Punkt gebracht, heißt das: Wenn man beim Laufen beginnt, seinen Atem zu hören, befindet man sich im unteren Soll-Bereich der Belastbarkeit. Das entspricht einer mittleren Herzfrequenz. Kann man beim Laufen nicht mehr sprechen, ohne zu japsen, ist man an der Oberkante seines Leistungsvermögens angekommen: Laufen im oberen Pulsbereich. Dazu Robert Goode, der Leiter der Untersuchung: «Je mehr Milchsäure gebildet wird, desto mehr wird die Atmung beschleunigt und vertieft. Dadurch fällt auch das Sprechen zunehmend schwerer.»

So ergeben sich folgende Regeln: An ruhigen Trainingstagen ist Ihr Atem kaum zu hören, und Sie können sich beim Dauerlauf jederzeit unterhalten. An Belastungstagen mit schnellen Dauerläufen muß dagegen der Atem deutlich hörbar sein. Und eine harte Trainingseinheit sollte Sie buchstäblich sprachlos machen.

Das Lauftempo

Die meisten Läufer, ob hobbymäßig oder ambitioniert unterwegs, laufen zu schnell. Was Experten schon lange behaupten, wurde in einer Studie der Kölner Sporthochschule noch einmal wissenschaftlich untermauert. Die Folge: Hobbyläufer empfinden mehr Streß als Spaß und verlieren leicht die Lust; ambitionierte Freizeitläufer stagnieren. Selbst bei Eliteläuferinnen und -läufern ist nicht selten zu beobachten, daß ihr Tempogefühl sich ausschließlich auf Wettkämpfe bezieht – die regenerativen Trainingseinheiten werden zu schnell absolviert.

Tempo und Distanz variieren

Die Grundregel eines zielgerichteten Lauftrainings ist es, so abwechslungsreich wie möglich und so spezifisch wie nötig zu trainieren. Eine abwechslungsreiche Trainingsgestaltung sorgt dafür, daß die Empfänglichkeit des Körpers für Reize durch das Training aufrechterhalten wird, indem verschiedene Geschwindigkeiten und Variationen gewählt wer-

den. Die richtige Dosierung der Trainingsreize, das Wechselspiel von Belastung und Erholung, ist das A und O jeder Trainingsplanung.

Um eine optimale Wirkung zu erzielen, sollten nicht nur die Streckenlängen variiert werden, sondern auch das Lauftempo. Dabei werden unterschiedliche Anforderungen an den Stoffwechsel gestellt. Bei einem gemächlichen Dauerlauftempo über einen längeren Zeitraum verbrennt man zwar, absolut gesehen, nicht mehr Fett als beim flotten Tempo, aber der prozentuale Anteil der Fettverbrennung an der Energiegewinnung ist höher. Bei schnellem Tempo hingegen werden im Verhältnis mehr Kohlenhydrate zur Energiegewinnung herangezogen. Der Grund: Kohlenhydrate sind bei hoher Beanspruchung schneller zu mobilisieren. Kohlenhydratreserven sind allerdings auch schneller aufgebraucht als die um ein vielfaches größeren Fettdepots.

So muß der Organismus bei Belastungen, die länger als eine Stunde dauern, zur Energiebereitstellung auf seine Fettreserven zurückgreifen. Lange Dauerläufe in ruhigem Tempo sind daher wichtig, um den Stoffwechsel an die Energiebereitstellung durch Fettverbrennung zu gewöhnen.

Vor allem Anfängern ist zu raten, ein gleichmäßiges und niedriges Tempo zu wählen. Ohne gleichmäßiges Tempo finden Sie auch keinen Laufrhythmus, und entsprechend weniger Spaß macht Ihnen die Lauferei. Nur wer schon Erfahrung mit Lauftraining hat, merkt die Reaktion ab einem bestimmten Tempo sofort – es bildet sich Laktat.

Laufen und plaudern

Ein Mehraufwand an benötigter Energie fällt auch bei Bergaufpassagen an. Wer locker laufen will, zum Beispiel am Tag nach einem Tempolauf oder einem Wettkampf, sollte sich eine möglichst flache Strecke suchen. Schwächeren Läufern und Anfängern ist zu raten: Wenn sich Steigungen nicht umgehen lassen, sollten sie sehr langsam oder mit einer Gehpause passiert werden. Eine solche Erholungsphase sollte so lange dauern, bis Sie wieder in einem Tempo weiterlaufen können, bei dem eine Unterhaltung möglich ist.

Eine der wichtigsten Faustregeln für ein lockeres Lauftempo lautet: Solange man sich problemlos beim Laufen unterhalten kann, ohne dabei in Atemnot zu geraten, bewegt man sich in einem optimalen Tempobereich. Die Laktatproduktion ist sehr gering, die Fettstoffwechselrate relativ hoch, weil für die Energiegewinnung genügend Sauerstoff vorhan-

den ist (aerobe Energiebereitstellung). Die gesundheitsfördernden Effekte des Ausdauertrainings, vor allem die positive Wirkung auf das Herz-Kreislauf-System, werden genau in diesem Intensitätsbereich erzielt.

Nur mit Tempotraining wird man schneller

Es ist allerdings sinnvoll, auch anaerobe Energiesysteme zu trainieren, um die Belastungsverträglichkeit und Tempohärte zu steigern, vor allem, wenn man in der Vorbereitung auf Wettkämpfe sein Leistungsvermögen verbessern will. Dabei werden «Puffersubstanzen» im Blut gebildet, die die anfallende Milchsäure auffangen und eine höhere Übersäuerung ermöglichen. Ohne ein solch spezifisches Training läßt sich ein höheres Tempo nicht über einen längeren Zeitraum durchhalten. Flottere Läufe, Tempodauerläufe oder kürzere Tempoläufe passen durchaus auch ins Programm eines ambitionierten Hobbyläufers. Was dem Leistungssportler zum Herauskitzeln seiner Leistung recht ist, ist dem Hobbysportler in abgemilderter Form zur Verbesserung seines allgemeinen Gesundheits- und Fitnesszustandes billig. Dagegen dienen Dauerläufe mit geringer Intensität der Erhaltung

bzw. Wiederherstellung einer soliden Basiskondition.

Man unterscheidet beim Dauerlauf drei Tempostufen:

1. *Langsamer Dauerlauf*: niedrige Intensität zu hauptsächlich regenerativen Zwecken.

2. *Normaler Dauerlauf*: mittlere Intensität als wichtigstes Trainingsmittel zum Aufbau einer guten aeroben Ausdauer.

3. *Tempodauerlauf*: im Bereich der aerob-anaeroben Schwelle; verbessert die Ausdauerleistung, wirkt erschöpfend und sollte nur dosiert eingesetzt werden.

Für Anfänger reichen die beiden ersten Belastungsstufen völlig aus, bereiten sie doch auch die schnelleren Läufe vor. Die Gewichtung der verschiedenen Tempobereiche richtet sich vor allem nach den geplanten Wettkampfstrecken. Allerdings gilt auch hier der Grundsatz: allgemeines Training vor speziellem Training. Besonders gesundheits- und fitnessorientierte Läufer sollten einen Großteil des Trainingsumfangs (zirka 90 Prozent) im aeroben Bereich absolvieren, also in den beiden niedrigen Tempobereichen.

Typische Fehler

- Flottes Loslaufen von Beginn an: Ideal ist es, 10 bis 15 Minuten sehr ruhig einzulaufen. Stehen Tempoläufe auf dem Programm, empfehlen sich nach dem Warmlaufen einige Stretchingübungen.
- Abruptes Anhalten nach dem Lauf: Dies ist vor allem bei Anfängern immer wieder zu beobachten. Joggen Sie die letzten fünf bis zehn Minuten ganz langsam aus.
- Gruppenzwang: Wenn Sie in der Gruppe laufen, zum Beispiel in einem Lauftreff, und Ihnen das Tempo zu scharf ist, melden Sie sich bei den Tempomachern (meist sind es die Platzhirsche …), oder klinken Sie sich aus. Es sei denn, es wäre reizvoll, an diesem Tag Training unter Wettkampfbedingungen zu simulieren.
- Tempowechsel: Lassen Sie sich bei einem Wettkampf nicht zu früh, etwa auf der ersten Hälfte eines 10-km-Laufes oder Halbmarathons, auf Positionskämpfe ein. Sie werden es später bitter büßen. Versuchen Sie, im Wettkampf ein möglichst gleichmäßiges Tempo durchzuhalten. Wenn Sie das Tempo steigern, dann sachte und nicht abrupt und überfallartig.

Ohne Sauerstoff läuft nichts

Im Rahmen einer Studie der Sporthochschule Köln wurde bei Joggern die Milchsäure (Laktat) gemessen. Die Menge dieses Stoffwechselzwischenproduktes gilt als Kriterium, körperliche Belastung objektiv zu messen: je höher der Meßwert, desto unökonomischer der Stoffwechsel. Bei zu hohem Lauftempo wird der Sauerstoffbedarf des Körpers zur Gewinnung von Energie durch den Abbau von in der Muskulatur und der Leber gespeichertem Glykogen nicht mehr gedeckt. Die Atmung wird intensiver und schneller, von Unterhaltung kann bald keine Rede mehr sein. Der Läufer gerät in eine «Sauerstoffschuld». Folge: Der Organismus greift auf den anaeroben Stoffwechsel (Energiegewinnung ohne Sauerstoff) zurück, bei dem Laktat gebildet wird. Mit einem zielgerichteten Lauftraining kann die anaerobe Schwelle deutlich hinausgeschoben werden. Dafür sollte man mindestens 75 Prozent des Kilometerumfangs pro Woche (bzw. pro Monat) unterhalb dieser Schwelle, also im ökonomischen aeroben Bereich, und zirka 25 Prozent des Gesamtumfangs im aerob-anaeroben Übergangsbereich bestreiten.

Laufen im Bereich des individuellen Schwellentempos trainiert am effektivsten die Ökonomisierung des

Stoffwechsels. Auf diesem Level sollten Sie sich ein bis maximal zwei Mal pro Woche für zirka 20 bis 30 Minuten belasten, aber nur wenn der Umfang im niedrigen Dauerlauftempo hoch ist.

Fazit: Laufen Sie so, daß Sie sich bequem unterhalten können, und streuen Sie ab und zu einen in Maßen flotten Lauf ein. Die «Plauderläufe» dürfen ruhig immer länger werden, die schnellen Läufe sollten nicht zu lang sein. Man sollte dabei immer das Gefühl haben, in diesem Tempo noch eine Zeitlang so weiterlaufen zu können.

Die Herzfrequenz

Wissen Sie eigentlich, daß der wichtigste Muskel eines Läufers das Herz ist? Es arbeitet fast genauso wie jeder andere Muskel und kann ebenso trainiert werden und sich entwickeln. Die durchschnittliche Organgröße eines untrainierten Herzens beträgt etwa 800 Milliliter. Durch Ausdauertraining läßt sich das Volumen um bis zu 25 Prozent vergrößern.

Individuelle Herzfrequenz

Das Herz arbeitet wie eine Pumpe: Es zieht sich zusammen und pumpt dabei Blut in alle Körperregionen. Herzschläge, die regelmäßigen Kontraktionen dieses Organs, werden in Frequenz pro Minute gemessen. Die durchschnittliche Herzfrequenz liegt im normalen Tagesablauf zwischen 60 und 120 Schlägen pro Minute. Rechnet man diese Zahl auf ein Jahr hoch, schlägt ein normales Herz zirka 30 bis 50 Millionen Mal im Jahr – eine gewaltige Leistung.

Die Herzfrequenz ist eine individuelle Größe. Jeder Mensch hat einen eigenen Ruhe- und Maximalpuls. Der Ruhepuls wird im Ruhezustand gemessen, am besten morgens vor dem Aufstehen; er kann sich bei zwei Menschen (gleiches Alter, Geschlecht und Gewicht, gleiche Größe) um bis zu 50 Schläge pro Minute unterscheiden. Der Maximalpuls entspricht dem Wert, der bei einer maximalen körperlichen Belastung gemessen wird.

Ausdauertraining führt zu einer Stärkung des Herz-Kreislauf-Systems. Zeichen für eine gute Ausdauer-Leistungsfähigkeit kann ein niedriger Pulswert sein. Sehr gut trainierte Sportler weisen Ruhepulswerte von 30 bis 36 Schlägen pro Minute auf; ihr Maximalpuls kann weit über 200 Schläge pro Minute reichen. Die Herzfrequenz ist also ein guter Gradmesser für die Leistungsfähigkeit des Körpers. Das heißt allerdings noch lange nicht, daß Läufer mit einem höheren Belastungspuls schlechtere

Läufer sind. 5000-m-Olympiasieger Dieter Baumann ist zum Beispiel ein typischer «Hochpulser» mit einem auffällig hohen durchschnittlichen Pulsniveau und trotzdem einer der besten Langstreckenläufer der Welt.

Maximalpuls ermitteln

Bei körperlicher Belastung reagiert das Herz sofort: Die Herzfrequenz steigt. Dabei wird die Anzahl der Schläge pro Minute zum Gradmesser für die körperliche Belastung – je höher die Schlagzahl, desto höher die Belastung. Folglich lassen sich Belastungsstufen sehr exakt in Herzfrequenzwerten angeben. Auf dieser Basis wurde in den siebziger Jahren die Trainingsmaxime «Trimming 130» für Hobbysportler ausgegeben. Leistungsphysiologen hatten einen Herzfrequenzwert von 130 Schlägen pro Minute als sinnvolle Belastungseinheit für ein aerobes Training empfohlen. Einziges Manko der gutgemeinten Gesundheitskampagne: Der Pulswert ist ein individueller Wert, 130 Schläge pro Minute sind nicht für jeden optimal.

Heute ist man dazu übergegangen, die Belastungsstufen in Prozentangaben des Maximalpulses festzulegen. Dazu muß jeder zunächst seinen persönlichen Maximalpuls ermitteln. Seit einigen Jahren wird hier mit einer griffigen Formel operiert: 220 minus Lebensalter ist gleich Maximalpuls. Ein Beispiel: Sind Sie 40 Jahre alt, rechnen Sie 220 minus 40. Bei 180 Schlägen pro Minute läge also Ihr Maximalpuls. Ist doch ganz einfach ... aber leider auch sehr ungenau.

Um den Maximalpuls präziser zu ermitteln, müssen Sie schon ein wenig Schweiß investieren. Eine zuverlässige Angabe Ihres Maximalpulses wäre etwa die Herzfrequenz, die Sie auf der Zielgeraden eines 3-, 5- oder 10-Kilometer-Wettkampfs nach einem Endspurt messen können. Wer ein verläßliches Ergebnis auch ohne Wettkampf haben möchte, geht so vor: Wärmen Sie sich 15 bis 20 Minuten locker auf. Laufen Sie danach dreimal drei Minuten so schnell Sie können (mit Trabpausen von jeweils einer Minute), und messen Sie nach der letzten Belastung Ihren Puls. Dieser Wert entspricht Ihrer maximalen Herzfrequenz.

Wie läßt sich der Trainingsstand messen?

Die Herzfrequenz dient aber nicht nur als zentraler Parameter der Belastungsintensität; mit ihr läßt sich auch die Leistungsentwicklung beobachten und steuern. Ermitteln Sie die mittlere Herzfrequenz auf ei-

ner Ihrer bevorzugten, möglichst fla-
chen Trainingsrunden, indem Sie die
Strecke in lockerem Tempo laufen.
Absolvieren Sie diese Runde jeden
Monat einmal mit der durchschnitt-
lichen Herzfrequenz, die Sie beim er-
sten Mal gemessen haben. Verglei-
chen Sie über mehrere Monate die
Endzeiten, das heißt die tatsächlich
gelaufene Rundenzeit. Sie haben Ihr
Leistungsvermögen verbessert, wenn
Sie mit gleicher Herzfrequenz weni-
ger Zeit für die Strecke gebraucht
haben. Ein Beispiel: Sie sind in das
Wintertraining gestartet. Vor vier
Wochen sind Sie Ihre 10-Kilometer-
Runde mit 140 Schlägen pro Minute
in 55 Minuten gerannt. Heute laufen
Sie die Runde mit Puls 140 in 54:20.
Das Training hat also schon ange-
schlagen.

Erfolg und Mißerfolg eines Trainings lassen sich aber auch an der
Regenerationsfähigkeit überprüfen.
Stoppen Sie nach einer Belastung die
Zeit, die Ihr Puls braucht, um unter
100 Schläge pro Minute zu fallen.
Vergleichen Sie die gestoppte Zeit
immer wieder nach ähnlichen Belastungen. Verkürzt sich die Zeitspanne zwischen Belastungspuls und
«Puls unter 100», sind Sie auf dem
richtigen Weg.

Wie messe ich meinen Puls?

Am exaktesten und zuverlässigsten
lassen sich Pulswerte mit einem
Herzfrequenz-Meßgerät bestimmen,
auch Pulsmesser genannt. Das sollte
ein Herzfrequenzmesser auf jeden
Fall bieten: Pulswertanzeige und
Speicherfunktion, Stop- und Speicherfunktion für Laufzeiten.

Laufen Sie in einer Gruppe, in
der andere ebenfalls einen Herzfrequenzmesser tragen, kann es zu einem heillosen Frequenzdurcheinan-
der kommen. Einige Hersteller bieten
deshalb codierte Geräte an. Hochspannungsleitungen oder motori-
sierte Laufbänder in Fitness-Studios
können allerdings auch bei diesem
Gerät zu Fehlanzeigen führen.

Wer keinen Herzfrequenzmesser
besitzt, greift auf eine altbewährte
Methode zurück: Bleiben Sie direkt
nach der Laufbelastung stehen, legen
Sie Ihre Finger auf die Arterie am
Handgelenk oder Hals, zählen Sie
zehn Sekunden lang die Pulsschläge
und multiplizieren Sie diese Zahl mit
sechs. Ergebnis ist die Herzfrequenz
pro Minute. Diese Meßmethode ist
natürlich nicht ganz so exakt wie die
mittels eines Pulsmessers. Wichtig ist
jedenfalls, daß man sofort nach der
Belastung mißt. Wenn Sie dazu noch
in Abständen von einer Minute und
fünf Minuten nach Belastungsende
die Pulswerte ermitteln, erhalten Sie

wichtige Aufschlüsse über Ihr Regenerationspotential.

Die richtige Belastung

Langsamer DL	=	Puls unter 70–75 Prozent der MHF
Ruhiger DL	=	Puls etwa 75 Prozent der MHF
Lockerer DL	=	Puls etwa 75–80 Prozent der MHF
Zügiger DL	=	Puls etwa 80–85 Prozent der MHF
Tempodauerlauf	=	Puls etwa 85–95 Prozent der MHF

(DL = Dauerlauf, MHF = maximale Herzfrequenz)

Berge laufen

Berg-und-Tal-Strecken sind für viele Läufer ein Grauen, vor allem, wenn sie im Flachland wohnen. Doch wer eine solide Form mitbringt und bergauf wie bergab die jeweils richtige Lauftechnik einsetzt, empfindet Steigungen bald als willkommene Abwechslung.

Für Untrainierte und Laufanfänger sind oft schon kleine Steigungen eine Qual. Das Körpergewicht will schließlich nicht nur Schritt für Schritt mitgeschleppt werden, jetzt geht es auch noch nach oben, und mit jedem Steigungsprozent wird dies schwieriger. Welche Tortur! Die Luft wird knapp, von Tempo kann bald keine Rede mehr sein. Und so was soll Spaß machen?

Natürlich kann man bergauf nicht so schnell laufen wie im flachen Gelände. Die Zeit, die wir bergauf verlieren, können wir bergab nicht aufholen. Den Beweis dafür lieferte der britische Leistungsdiagnostiker Dr. Mervyn Davies. Jedes Prozent Steigung kostet, so Davies, bergauf 0,65 km/h Geschwindigkeit, jedes Prozent Gefälle aber bringt nur 0,35 km/h «zurück». Aber welchem Läufer geht es schon um den Rausch der Geschwindigkeit? Da gäbe es andere Sportarten, die Tempo- und Adrenaljunkies favorisieren müßten …

Wer in einer Gegend lebt, wo sich flache mit welligen oder bergigen Strecken abwechseln, hat einen großen Vorteil: Mit Läufen auf solch abwechslungsreichem Terrain lassen sich die unterschiedlichen Muskelgruppen optimal belasten.

Als Laufanfänger sucht man sich natürlich zunächst flache Strecken aus, denn der Laufschritt alleine fällt oft schon schwer genug. Erst nach spürbaren Fortschritten sollte der

Startschuß für neue Herausforderungen fallen. Und dazu sollte zuerst das Laufen im profilierten Gelände gehören, noch bevor Sie sich in ein Tempotraining stürzen. Der Körper braucht schließlich Zeit, um Kraft zu tanken. Erst diese Kraft macht ein intensives Training verträglich.

Worauf es beim Bergauflaufen ankommt

Bergauflaufen stärkt die Muskulatur und bereitet den Körper schonend auf ein anaerobes Training vor, wenn die Belastung sensibel dosiert wird. Beansprucht werden bergauf vor allem die vordere Oberschenkel- und die Wadenmuskulatur. Davon profitiert nicht nur die Maximalkraft der Muskeln, sondern auch die Kraftausdauer – und die ist wichtig für das optimale Verhältnis von Schrittlänge und Schrittfrequenz.

Bergauflaufen schont den Bewegungsapparat des Körpers, da die Aufprallkräfte durch die Steigung stark gemindert werden. Nicht umsonst erholt sich die Muskulatur nach einem Bergauflauf sehr viel schneller als nach einem Lauf in flachem Gelände oder gar bergab, wo teilweise ein Vielfaches des Körpergewichts abgefangen werden muß.

Einige Tips:
- Je steiler der Anstieg, desto mehr werden Fußaufsatz und Abdruck auf den Vorfuß verlagert. Dies trifft auch auf Fersenläufer zu, die im flachen Gelände mit dem Rückfuß aufsetzen und über den gesamten Fuß abrollen.
- Die Schrittfrequenz erhöht sich beim Übergang von einer flachen in eine ansteigende Passage. Mit zunehmender Steigung wird die Schrittlänge kürzer. Bei Berglauf-Wettkämpfen wie etwa dem Swiss Alpine Marathon gibt es auch Passagen, wo ein Laufschritt keine schnellere Fortbewegung einbringt als ein weniger kraftaufwendiger Gehschritt.
- Der Laufschritt wird dem Gelände angepaßt. Auf Asphaltstraßen oder befestigten Wegen ist der Schrittrhythmus auch in der Steigung gleichmäßig. Auf unbefestigten, unebenen Abschnitten variiert die Schrittlänge, um Steinen, Wurzeln und anderen Hindernissen auszuweichen. Es ist immer günstiger, hinter einem Hindernis aufzutreten als davor, sonst besteht die Gefahr zu stolpern. Gutprofilierte Laufschuhe sind im bergigen Gelände vorteilhaft.
- In der Steigung wird der Körper in eine leichte Vorlage gebracht. Dadurch liegt der Körperschwerpunkt günstiger zum Berg. Bei aufrechtem Körper wirkt die Schwerkraft gegen die Laufrichtung und hat zur Folge,

daß der Laufstil unökonomisch wird, Kraft wird sinnlos verpulvert.

- Der Armeinsatz ist bergauf viel kräftiger als auf flachen Strecken und beansprucht die Arm- und Schultermuskulatur.
- Der Blick sollte nicht zum Gipfel, schweifen, sondern ist wie im flachen Gelände einige Meter voraus gerichtet. Gerade an einer langen Steigung kann uns der Blick zum höchsten Punkt am Horizont leicht entmutigen. Nur bei schwer belaufbarem Untergrund ist es sinnvoll, direkt vor die Füße zu schauen, um einen Fehltritt zu vermeiden.
- Nässe oder Schnee fordern bergauf ein langsameres Lauftempo. Die Auftrittsfläche des Fußes kann dadurch vergrößert werden, so daß der Abdruck nicht nur aus dem vorderen Fußballen erfolgt, sondern aus dem gesamten Vorfuß. Der Abstoß wird verlangsamt und weniger explosiv ausgeführt.
- Gerade wenn man nicht weiß, wie lang und steil die Steigung ist, muß man sich die Kräfte einteilen. Am besten geht man extrem vorsichtig in die Steigung hinein. Bergspezialisten zeichnen sich dadurch aus, daß sie gegen Ende des Anstiegs ihr Tempo steigern und in der folgenden Flach- oder Bergabpassage zulegen können, wo sich andere erst von der Steigung erholen müssen.
- Kommt es nicht auf die Zeit an, empfiehlt es sich, auf sehr steilen Laufabschnitten Kraft zu sparen und in Serpentinen zu laufen. Allerdings lassen dies nur breite Wege zu. Viele Wanderwege sind bergauf serpentinenartig angelegt und machen das Laufen leichter.

Worauf es beim Bergablaufen ankommt

Das Bergablaufen beansprucht in hohem Maße sowohl die Muskulatur als auch die Sehnen und Gelenke. Vor allem der vordere Oberschenkelmuskel und das Knie sind davon betroffen. Da der Körper bergab mehr «fällt» als im Flachen, sind die Aufprallkräfte extrem, und die Beine müssen bei jedem Schritt das Mehrfache des Körpergewichts auffangen. Zudem läßt ein starkes Gefälle meist nur einen Auftritt mit dem Rückfuß zu, was eine erste Schockabsorption durch das Fußgelenk unmöglich macht.

Die Muskulatur ist an solche Belastungen nicht gewöhnt und reagiert gerne mit starkem Muskelkater. An das Bergablaufen kann man sich aber auch muskulär gewöhnen. Untersuchungen haben ergeben, daß sich die Muskelzellen an Belastungen dieser Art «erinnern» können. Das Nervensystem lernt, die Aufprallimpulse effizienter zu verteilen, und aktiviert bei wiederholten Bergabbelastungen

eine größere Anzahl von Muskelzel-len, die sich der Belastung «entge-genstellen». Dadurch wird das Risiko mikroskopisch kleiner Muskelverlet-zungen verringert – denn nichts an-deres ist ein Muskelkater.

Einige Tips:
▪ Bei nicht allzu abschüssigen Passa-gen ist das Auftreten mit dem Vor-bzw. Mittelfuß empfehlenswert. Da-bei kann das Fußgelenk einen Teil der Aufprallkräfte absorbieren.
▪ Bei starkem Gefälle ist nur der Auf-satz mit dem Rückfuß möglich. Dies gilt es vorher bei der Schuhauswahl zu bedenken: Bei solchen Strecken empfiehlt sich ein Laufschuh mit starker Dämpfung.
▪ Je kürzer beim Abwärtslaufen die Flugphase des Laufschritts ist, desto geringer sind die Aufprallkräfte. Des-halb sollte man bergab das Tempo etwas zurücknehmen und kleine Schritte machen. Wer als Anfänger in großen Sprüngen zu Tal fliegt, kommt meist nach kurzer Zeit so gut wie gar nicht mehr vom Fleck. Und am nächsten Tag kaum aus dem Bett. Denn Belastungen dieser Art stellen für eine unvorbereitete Muskulatur eine Traumatisierung dar.
▪ Je geschmeidiger der Laufstil, desto geringer sind besonders beim Berg-ablaufen die Belastungen der Mus-kulatur. Deshalb ist bei geringem Gefälle eine ökonomische Armfüh-rung genauso wichtig wie in der Ebene. Bei extremen Gefällen und Bodenunebenheiten helfen weit aus-gebreitete Arme, beim Laufen nicht die Balance einzubüßen.
▪ Bei nassem oder schneeigem Unter-grund ist beim Bergablaufen Vor-sicht geboten. Es gibt einen einfa-chen Trick, mit dem man steile Pas-sagen kraftsparend bewältigen kann: Scheren Sie sich nicht um den vorge-schriebenen Weg, und laufen Sie in Serpentinen den Berg hinunter.

Koordination

Von Koordinationsübungen haben nur die wenigsten Läuferinnen und Läufer jemals etwas gehört. Dabei sind sie überaus hilfreich für einen geschmeidigen, effizienten Laufstil. Ein überschaubares Trainingspro-gramm soll Sie verführen, sich um Ihre Bewegungskoordination zu kümmern. Es lohnt sich! Die Trai-ningslehre bezeichnet Koordination als das harmonische Zusammenspiel der Muskulatur bei einer Bewegung.

Koordinationsübungen verbes-sern den Bewegungsablauf und be-reiten den Körper gezielt auf eine spezielle Belastung vor, zum Beispiel schnelles Laufen. Deshalb gehören sie sowohl in das Trainingspro-gramm von Laufanfängern als auch

von ambitionierten Läufern. Laufanfänger schulen so die Harmonie ihrer Bewegungen, erfahrene Läufer bauen sie in ihr Aufwärmprogramm vor harten Belastungen ein und stellen ihre Muskulatur damit auf extrem dynamische Bewegungsabläufe ein.

Gutkoordinierte Bewegungen erleichtern das Laufen in unebenem Gelände, bei nassem, schwer belaufbaren Untergrund und auf schlecht überschaubaren Wegen. Wer Koordinationsprobleme hat (Haltung, Balance, Rhythmus), für den sind manche Waldstrecken ein Grauen. Dabei locken gerade die schmalen Pfade zu einem abwechslungsreichen Lauftraining. Unsere Empfehlung: Über Stock und Stein zu laufen ist für Anfänger die erste und beste Koordinationsübung. Suchen Sie die schmalen Pfade abseits befestigter Wege, und schulen Sie bei langsamem Lauftempo bewußt Ihr Auge und Ihre Bewegungen. Weichen Sie Zweigen, Ästen, Wurzeln, Steinen und Pfützen locker trabend, hüpfend, springend aus. Da vergeht eine Laufstunde schon einmal wie im Flug. Dies kann man auch wunderbar zu zweit oder in der Gruppe machen.

Die wichtigsten Koordinationsübungen

Wir stellen Ihnen im folgenden einige Koordinationsübungen vor. Die meisten sind weder kompliziert noch unbekannt (manche kennen wir noch aus seligen Kindertagen). Sie sind in ihrer Reihenfolge so festgelegt, daß auf eine belastende Übung eine weniger belastende folgt. Alle Übungen betreffen die unteren Extremitäten. Auch hier ist auf eine saubere Armführung zu achten.

Laufanfänger sollten anfangs einmal, später zweimal wöchentlich das komplette Programm durchführen. Dazu laufen Sie sich einige Minuten in ruhigem Trab warm, dehnen anschließend vor allem die Unter- und Oberschenkelmuskulatur und beginnen danach erst mit der Koordinationsschule. Das A und O sind eine präzise Ausführung der Bewegungen. Dazu gehört hohe Konzentration und eine ausgeruhte Muskulatur. Nach einem kraftraubenden Training sind Koordinationsübungen unangebracht. Denn bei einer müden Muskulatur spielen die Muskeln nicht miteinander, sondern gegeneinander. Wählen Sie einen weichen, federnden Untergrund, achten Sie aber darauf, daß er keine Unebenheiten aufweist. Die Wiederholungszahl einer Übung richtet sich nach Ihrem Inhalt und dem Fitness-Stand

des Ausführenden. Länger als insgesamt dreißig Minuten sollte eine Koordinationsschule nicht dauern.

Fußgelenklauf Diese Übung fördert vor allem die Beweglichkeit der Fußgelenke. Achten Sie auf kleine, schnelle Schritte und einen elastischen Abdruck aus dem Fußgelenk. Die Füße setzen exakt in Laufrichtung mit den Ballen zuerst auf. Im weiteren Bewegungsablauf wird die Hüfte gestreckt und das Knie des Standbeins durchgedrückt.

Wiederholungen: Dreimal 30 Meter mit einer kurzen Gehpause (maximal 1 Minute).

Hopserlauf Hier springen Sie abwechselnd zweimal mit dem rechten und dann zweimal mit dem linken Fuß vorwärts. Der Beinwechsel provoziert einen längeren Zwischenschritt. Beim Hopserlauf kommt es nicht auf Tempo oder Höhe an, sondern auf Lockerheit. Die Arme unterstützen die Sprünge.

Wiederholungen: Dreimal 30 Meter mit kurzer Gehpause.

Kniehebelauf Die Oberschenkel werden mit mittlerer Frequenz bis zur Waagerechten angehoben und das jeweilige Standbein durchgedrückt, bis es in der Streckphase nur noch mit dem Fußballen den Boden berührt. Die Hüfte wird nach vorne gebracht

und ist durchgestreckt, der Oberkörper bleibt gerade. Die Arme werden aktiv eingesetzt. Vorsicht: Rückenlage vermeiden!

Wiederholungen: Dreimal 30 Meter mit längerer Gehpause (mindestens 1 Minute).

Seitwärtslauf Laufen Sie seitwärts, und überkreuzen Sie abwechselnd die Beine vorne und hinten. Die Arme schwingen gegengleich mit, und zwar vor beziehungsweise hinter dem Oberkörper.

Wiederholungen: Dreimal 40 Meter mit Gehpause.

Einbeinsprung Beim einbeinigen Hüpfen geht es nicht um Raumgewinn, sondern um Höhe. Hüpfen Sie auf dem Fußballen, und versuchen Sie, das Sprungbein zur Brust zu ziehen.

Achtung: Wem das Anziehen des Sprungbeins Schwierigkeiten bereitet, sollte zunächst nur leicht auf der Stelle hüpfen.

Wiederholungen: Zweimal 10 Sprünge pro Bein.

Hock-Strecksprünge Gehen Sie in die Hocke. Halten Sie die Arme dabei gestreckt vor dem Körper. Drücken Sie sich im Sprung nach vorne und oben mit den Fußballen ab, und strecken Sie den Körper in der Flugphase ganz durch. Die Arme schwin-

gen über den Kopf. Achten Sie auf eine weiche Landung, indem Sie in der Hocke vorsichtig abfedern.

Wiederholungen: Anfänger machen 10 Sprünge, Fortgeschrittene bis zu dreimal 10 Sprünge.

Anfersen Die hintere Schwungphase des Laufschritts wird durch das Hochschleudern des Unterschenkels trainiert. Schlagen Sie bewußt schnell, aber locker die Ferse an das Gesäß. Der Oberschenkel zeigt dabei senkrecht nach unten. Nach dem Anfersen fällt der Unterschenkel entspannt nach unten. Die Landung erfolgt auf der Fußspitze.

Varianten: Anfersen nur mit einer Seite und Zwischenschritt. Anfersen nur mit einer Seite ohne Zwischenschritt. Abwechselndes Anfersen.

Wiederholungen: Dreimal 30 Meter mit den beschriebenen Varianten.

Steigerungen Der Steigerungslauf bildet den Abschluß der Koordinationschule. Steigern Sie das Lauftempo über eine Strecke von etwa 100 Metern kontinuierlich bis zur Höchstgeschwindigkeit. Versuchen Sie, das Tempo am Schluß ohne zusätzlichen Kraftaufwand über 10 bis 20 Meter zu halten. Bei beginnender Verkrampfung das Tempo mindern.

Wiederholungen: 3 bis 5 Steigerungen über 100 Meter mit gleich langer Trabpause.

Typische Lauffehler

Fehler sind da, um korrigiert zu werden. Wenn Sie mindestens zwei der aufgeführten Fehler in Zukunft in den Griff kriegen, macht das Laufen doppelt soviel Spaß, von der gesteigerten Leistung ganz zu schweigen.

Zu hohes Lauftempo
Risiko: Übermüdung, Verletzungsanfälligkeit

Für diesen Läufertypus ist jedes Training ein Wettkampf. Aber im Wettkampf geht ihm dann meist frühzeitig die Puste aus, denn er hat sein Pulver schon im Training verschossen. Die Reserven sind vor dem Tag X erschöpft.

Merke: Den überwiegenden Anteil eines leistungsfördernden Trainings machen ruhige, lockere Läufe im aeroben Bereich aus, also Läufe, bei denen eine Unterhaltung problemlos möglich ist: Sauerstoffaufnahme und -verbrauch sind im Gleichgewicht. Der Puls sollte beim langsamen Dauerlauftempo nicht mehr als 75 Prozent der maximalen Herzfrequenz betragen.

Fazit: Wer ständig zu schnell läuft, rennt permanent am Limit und schwächt sich selbst. Er kann sich im Wettkampf nicht mehr steigern.

Zu viele Laufkilometer

Risiko: Übermüdung

Ein angemessener Trainingsaufwand richtet sich nach Leistungsstärke, Trainingsalter und anvisierter Wettkampfdistanz. Ein ambitionierter 40jähriger 3-Stunden-Marathonläufer muß mehr Wochenkilometer «abreißen» als ein 65jähriger, der in vier Stunden im Ziel sein will, oder jemand, der für einen 10-km-Wettkampf trainiert. Wettkampfstrecke und Zeitziel müssen im richtigen Verhältnis stehen. Folgende Angaben sollen einen Rahmen vorgeben, welcher Trainingsaufwand pro Woche angemessen scheint:

10 km

45 min und langsamer: 25 bis 35 km (3 Trainingseinheiten).

36 bis 45 min: 50 bis 60 km (4 bis 5 Trainingseinheiten)

36 min und schneller: 80 bis 100 km (5 bis 6 Trainingseinheiten)

Marathon

Ankommen: 45 bis 60 km

unter 4 Stunden: 60 bis 70 km

unter 3:30 Stunden: 70 bis 90 km

unter 3:00 Stunden: 100 bis 140 km

Fazit: Zuviel macht müde und meist keinen Spaß. Außerdem vergeudet man Kraft, und das kostet Zeit. Auch Freunde und Familie dürften sich über eine solche Form von exzessivem Training kaum freuen.

Mangelhafte Regeneration

Risiko: Übermüdung, Verletzungsanfälligkeit

Regeneration ist das A und O beim Laufen. Es gibt Regeln und Maßstäbe, die der Körper setzt und die niemand ohne Schaden ignorieren kann. Auf eine Belastung muß immer eine Erholung folgen. Sonst bleibt keine Zeit, die entleerten Energiespeicher des Körpers wiederaufzufüllen. Die Regenerationsphase der Energiedepots für Ausdauerleistungen (Kohlenhydrate und Fette) liegt bei zirka 48 Stunden. Je erschöpfender eine körperliche Anstrengung war, desto länger muß die Pause angesetzt sein. Das trifft vor allem auf die Zeit nach einem harten Wettkampf zu.

Fazit: Einen Ruhetag sollte jeder Läufer wöchentlich einplanen – außer er zählt zur internationalen Laufelite. (Aber wer von uns zählt sich schon zu diesem erlesenen Kreis?) Nach einem Marathon kann man ruhig einmal eine ganze Woche lang die Füße hochlegen, den Körper relaxen und die Seele baumeln lassen.

Keine Abwechslung

Risiko: Motivationsprobleme

Sie laufen immer dieselbe Strecke? Kein Wunder, daß Ihnen dabei manchmal die Lust am Laufen vergeht. Neue Strecken machen das Laufen abwechslungsreich. Ihre fünf Sinne werden es Ihnen danken.

Fazit: Nur wenn das Laufen Spaß macht, ist es sinnvoll und leistungsfördernd.

Sie laufen immer im selben Tempo? So werden Sie niemals schneller. Ein ständig wiederkehrender, gleichförmiger Trainingsreiz bedingt keine Leistungsverbesserung. Variieren Sie Tag für Tag Streckenlänge und Lauftempo. Überraschen Sie Ihren Körper ständig mit Neuem: andere Strecken, bergauf und bergab, Tempowechsel, verschiedene Intensitäten.

Fazit: Schluß mit dem Immergleichen. Langeweile ermüdet und stumpft ab!

Kein Ausgleichstraining

Risiko: Verletzungsanfälligkeit, Monotonie

«Fisch schwimmt, Vogel fliegt, Mensch läuft» – zu Emil Zátopeks Zeiten mag das so gewesen sein. Heute wissen wir: Wer nur läuft, ist häufiger verletzt und verliert schnell die Lust. Alternative Trainingsformen sind angesagt: Radfahren, Kräftigungstraining, Schwimmen, Aquajogging oder Inlineskaten sind optimale Trainingsformen, die auch beim Laufen weiterhelfen. Hier werden Muskeln angesprochen, die kein Lauftraining erreicht. Die Laufökonomie und die Stabilität des gesamten Muskel- und Sehnenapparates profitieren davon.

Fazit: Abwechslung beugt Verletzungen vor, macht fit und macht Spaß.

Kein Stretching

Risiko: Verletzungsanfälligkeit

Dehngymnastik macht Muskeln geschmeidiger und leistungsfähiger. Nur zirka 30 Prozent aller Läufer stretchen regelmäßig (und ausreichend). Viele wissen nicht, daß sie leichter, weiter, schneller und entspannter laufen könnten, wenn ihre Muskeln locker und flexibel wären. Stretching stärkt die Elastizität der Muskeln, verbessert die Beweglichkeit der Gelenke und beugt Überlastungen vor.

Fazit: Stretching ist der einfachste Weg zu einem lockeren Laufschritt.

Zu viele Wettkämpfe

Risiko: Übermüdung, Verletzungsanfälligkeit

Vielstarter scheinen zuviel Geld oder zu wenige Freunde zu haben; in besonders tragischen Fällen liegt beides vor. Sie laufen samstags hier und sonntags dort, sind jedes Wochenende an einem anderen Ort. Das kostet nicht nur Geld, sondern auch Kraft – und führt im schlimmsten Fall in die soziale Isolation. Wettkämpfe sind ebenso sehr eine psychische wie eine physische Herausforderung. Warum nicht auch beim Laufen den Nervenkitzel suchen, den der

Alltag nicht bietet, fragt sich deshalb so mancher. Dieser Typus Läufer (bezeichnenderweise fast ausschließlich Männer!) kann sich dann im Wettkampf kaum zügeln, auch wenn er sich noch so oft gesagt hat, daß es diesmal «nur ein Trainingswettkampf» sein soll.

Fazit: Weniger ist meistens mehr.

Keine Trainingsplanung

Risiko: Kraftvergeudung

Wer seine Laufleistung verbessern will, muß ein Ziel definieren und die Schritte auf dieses Ziel hin planen. Das gilt auch für Laufanfänger und Fitnessläufer. Der eine träumt von 30 Laufminuten am Stück, die andere von einem Marathon unter 3 Stunden. Beiden gemeinsam sollte die Überlegung sein: Wie kann ich am schnellsten und sichersten mein Ziel erreichen? Trainingsplanung setzt das Wissen um den eigenen Leistungsstand voraus und macht deutlich, was in welchem Zeitrahmen realisierbar erscheint. Führen Sie ein Trainingstagebuch – es motiviert und erleichtert die Selbsteinschätzung.

Fazit: Mit einem Trainingstagebuch überblicken Sie das Training besser.

Falsche Ernährung

Risiko: Kraftvergeudung, Übermüdung

Bei falscher Ernährung nützt das beste Training nichts. Kohlenhydrate statt Schnitzel, Pommes und Majo lautet das Motto. Der Anteil von Kohlenhydraten an unserer Nahrung sollte 60 bis 70 Prozent betragen. Mit fetter deutscher Hausmannskost funktioniert das nicht. Die letzte Mahlzeit vor einem Trainingslauf sollte etwa zwei bis drei Stunden zurückliegen.

Fazit: Wenn der Brennstoff stimmt, stimmt die Leistung.

Verbissene Einstellung

Risiko: Übertraining, Kein-Bock-Gefühl, Leistungseinbruch

Laufen sollte Spaß machen, Flexibilität ist gefragt. Machen Sie aus jedem Lauf das Beste, ob es gut läuft oder nicht. Sie müssen auch nicht jeden Tag laufen, nur weil es so geplant war. Verbringen Sie mehr Zeit mit der Familie, lassen Sie sich auch mal hängen, gehen Sie spazieren, lesen Sie ein Buch – am besten kein Laufbuch. Setzen Sie sich nicht mit schlechtem Gewissen unter Druck. Laufen unter Zeitdruck, nur weil es sein muß, macht weder Spaß, noch bringt es viel; es wird zum Streß in Reinkultur. Denn zum Laufen gehört auch die Muße danach.

Lassen Sie sich nicht von starren Trainingsplänen verrückt machen. Wie heißt es so schön: Was du heut' nicht kannst besorgen, verschiebe ruhig einmal auf morgen.

KAPITEL 4

Physiologische Grundlagen des Lauftrainings

Training – so funktioniert es

Die Grundlage jeder sportlichen Betätigung ist die Produktion und Nutzung von Energie. Am Anfang des komplexen Prozesses, der uns schließlich in die Lage versetzt, zu gehen, zu laufen, uns zu bewegen, steht die Atmung.

Im Muskel und seinen Zellen wird die aus der Nahrung gewonnene, in Form von Glykogen und Fetten gespeicherte biochemische Energie in mechanische umgewandelt. Die für Training und Wettkampf notwendige Energie wird im wesentlichen durch den Abbau von Kohlenhydraten und Fettverbindungen gewonnen. Nach einer Belastung werden die entleerten Energiespeicher wieder aufgefüllt, um den Organismus für die nächste kraftzehrende Beanspruchung mit «Brennstoffen» auszustatten. Training ist für den Körper zunächst einmal nichts anderes als eine Störung des biochemischen Gleichgewichts. Die Folge: eine kurzzeitige Verringerung des Leistungs

vermögens. Man spricht hier von katabolem Stoffwechsel (griech. katabol = abbauend). In der anabolen (= aufbauenden) Erholungsphase müssen die Energiespeicher wieder aufgefüllt werden. In einer Art Überreaktion füllt der Körper seine Energiedepots auf höherem Niveau als vor der Belastung wieder auf: Das Leistungsniveau steigt. Dieses Phänomen bezeichnet man als Superkompensation.

Training – das bewirkt es

Anders als Krafttraining bewirkt Lauftraining nicht nur den Aufbau und die Stärkung der Muskulatur: Laufen trainiert vor allem das Herz-Kreislauf-System. Effektives Lauftraining erhöht die aerobe Kapazität des Sportlers, was nichts anderes als die Optimierung des Verhältnisses von Sauerstoffbedarf und Sauerstoffangebot bedeutet. Positive Folgen: Der Blutdruck sinkt leicht, die Herzfrequenz sinkt erheblich. Das Herz

kann mit weniger Schlägen das Blut durch den Körper pumpen und spart dadurch Energie. Außerdem werden der Herzmuskel gekräftigt, die Blutgefäße erweitert (und neue gebildet). Mit der Muskeldurchblutung wird so die Leistungsfähigkeit der Arbeitsmuskulatur gesteigert.

Im Stoffwechselprozeß wächst der Anteil der Fettverbrennung. Die Folge: Kohlenhydrate werden eingespart. Glukose kann schneller aus dem Blut in die Zellen gelangen, wo sie zur Energiebereitstellung benötigt wird. Der Umfang der Glykogenspeicher nimmt zu, und der Atmungskette stehen mehr Enzyme zur Verfügung, die essentielle biochemische Prozesse im Körper steuern.

Intensive muskuläre Beanspruchungen werden durch anaerobe Energiegewinnung gedeckt (klassisches Beispiel: der Sprint). Das heißt, den Muskelzellen steht für ihre Arbeit nicht genügend Sauerstoff zur Verfügung (Sauerstoffschuld). Bei anaeroben Belastungen unterscheidet man solche mit und ohne Laktatbzw. Milchsäureproduktion. Letztere ist eine kurze Belastung von maximal zehn Muskelkontraktionen und wird durch die in der Zelle vorhandenen energiereichen Phosphate ATP (Adenosintriphosphat) und CP (Creatinphosphat) gedeckt. Bei länger dauernden Belastungen wird Energie durch den Abbau von Glukose ohne Sauerstoff (anaerobe Glykolyse) bereitgestellt, denn die Zeit reicht nicht, um ausreichend Sauerstoff in die Zellen zu schleusen. Da Glukose ohne Sauerstoff nicht vollständig abgebaut werden kann, entsteht Laktat, das Salz der Milchsäure.

Je länger und somit langsamer dagegen eine Laufbelastung ist, desto mehr Energie wird auf aerobem Wege zur Verfügung gestellt, das heißt, Glukose beziehungsweise die Fettsäuren werden unter Verwendung von Sauerstoff bis zu den Stoffwechselendprodukten CO_2 (Kohlendioxid) und H_2O (Wasser) abgebaut. Diese Form von niedrigintensiver Belastung kann über einen sehr langen Zeitraum aufrechterhalten werden, da es wegen der ausreichenden Versorgung der muskulären Arbeitssysteme mit Sauerstoff nicht zu einer Übersäuerung kommt. «Steady state» nennen Leistungsphysiologen dieses Gleichgewicht von Energieverbrauch und aerober Energiegewinnung: Der Laktatspiegel wird auf einem konstanten Niveau gehalten, das heißt, Laktatproduktion und -abbau halten sich die Waage. Jenseits des maximalen «steady state», der sogenannten aerob-anaeroben Schwelle, ist dies nicht mehr möglich. Wird die Belastung zu intensiv, steigt der Laktatspiegel, die Muskulatur übersäuert; ein Leistungseinbruch droht, im Extremfall sogar der Abbruch des Trai-

nings. Wer kennt ihn nicht, diesen Moment, wo zwar unser Geist noch willig, aber das Fleisch schon schwach ist – zu schwach, um unserem Leistungsziel in gewohntem Tempo entgegenzueilen. Alle, die lange Strecken laufen, wissen, wie sich eine Übersäuerung «anfühlt»: Die Beine werden immer schwerer. Sie senden an die Schaltzentrale im Gehirn nur noch eine Boschaft: Laß gut sein für heute, ich kann nicht mehr, ich will nicht mehr …

Die Zauberformel VO_2max

VO_2max – das klingt, wenn nicht gerade nach «Krieg der Sterne», so doch nach einer hochkomplizierten Angelegenheit. Ist es aber nicht. Läuferinnen und Läufer, die sich auch nur entfernt mit Sportphysiologie beschäftigen, wissen, daß dieses Kürzel für «maximale Sauerstoffaufnahme» steht, also für die maximale Sauerstoffmenge, die der Körper auf einmal verarbeiten kann. Wer seine VO_2max verbessert, besitzt die physiologische Basis für einen Leistungssprung.

Die beim Atmen vom Blut aufgenommene Sauerstoffmenge entspricht der Menge, die die Muskeln zur Energieerzeugung verbrauchen. Folglich ist die Fähigkeit des Körpers, große Mengen an Sauerstoff aufzunehmen, zu transportieren und zu verarbeiten, entscheidend für unsere Leistungsfähigkeit auf den langen Distanzen. Wer mehr Sauerstoff verarbeiten kann, verfügt über entsprechend mehr Power in der Beinmuskulatur.

Die Zahlen sprechen für sich: Jedes Prozent Zunahme an VO_2max ergibt eine Verbesserung der 10-km-Zeit um 15 bis 25 Sekunden. Liegt die Kapazität Ihrer maximalen Sauerstoffaufnahme 10 Prozent unter dem möglichen Maximalwert, so heißt dies nichts anderes, als daß Ihre Bestzeit über 10 km drei bis vier Minuten schneller sein könnte. Und einige Minuten schneller über 10 Kilometer zu sein sind die sprichwörtlichen «Welten», die Spreu und Weizen trennen.

Wie läßt sich im Training die VO_2max optimal verbessern? Als Laufanfänger ist ein Leistungssprung ganz einfach zu erreichen. Schon in acht Wochen können Sie mit einem Wochenumfang von 25 bis 30 km bei angenehmem Tempo Ihre VO_2max um 10 bis 25 Prozent verbessern. Obwohl der Pulsschlag wahrscheinlich nie 80 Prozent Ihres maximalen Wertes übersteigt, wird sich Ihre VO_2max ständig verbessern.

Bei durchtrainierten Läufern funk-

tioniert diese Strategie jedoch nicht. Hier müssen andere Wege und Mittel her, die Sauerstoffaufnahmefähigkeit zu steigern. Die VO_2max nimmt beträchtlich zu, wenn das wöchentliche Kilometerpensum allmählich von ungefähr 40 km auf 70 bis 80 km erhöht wird. Das läßt sich aber nicht beliebig fortsetzen. Hat der Kilometerumfang erst einmal ein bestimmtes Niveau erreicht, bleibt die VO_2max konstant. Eine von Dr. David Costill vom Human Performance Laboratory der Ball State University (Indiana) durchgeführte Studie läßt darauf schließen, daß ab einem wöchentlichen Trainingsumfang von 130 km die Kurve des VO_2max-Zuwachses abflacht.

Eine andere Möglichkeit ist das Training im anaeroben Bereich. «Anaerob» bedeutet «ohne Sauerstoff». Wenn Sie ein ziemlich hohes Tempo laufen, kann Ihr Körper nicht genügend Sauerstoff für eine ausreichende Versorgung der Muskeln bereitstellen. Deshalb setzt eine anaerobe biochemische Reaktion ein: Ihr Körper spaltet Glukose, wandelt sie in Milchsäure um und beschafft so die zum Laufen benötigte Energie. Darum wird Tempotraining manchmal auch als anaerobes Training bezeichnet.

Um herauszufinden, ob Training im anaeroben Bereich die VO_2max erhöht, haben Henrik Larsen und Henning Bentzen vom August-Krogh-Institut der Universität Kopenhagen Untersuchungen an neun erfahrenen Langstreckenläufern vorgenommen, von denen jeder sechs Monate lang ungefähr 100 km pro Woche bei mäßigem Tempo im aeroben Bereich trainierte. Dann liefen vier Läufer 14 Wochen lang weiterhin im aeroben Bereich, während die restlichen fünf nur 50 km pro Woche trainierten; die Hälfte davon aber waren Läufe im anaeroben Bereich (über Distanzen von 60 bis 1000 m).

Die Ergebnisse waren bemerkenswert. Obgleich die Läufer, die im aeroben Bereich trainierten, doppelt so viele Kilometer abspulten wie ihre «anaerobe Vergleichsgruppe», blieb ihre maximale Sauerstoffaufnahme konstant. Die Tempogruppe verbesserte ihre VO_2max immerhin um sieben Prozent. Hinzu kam, daß im Gegensatz zur aeroben Gruppe die Läufer der anaeroben Gruppe auch noch ihre Wettkampfzeiten verbessern konnten.

Anaerobes Training aktiviert die Zellen der schnell kontrahierenden Muskelfasern (sogenannten Typ-IIa-Fasern): Sie stellen die fürs Sprinten nötige Energie bereit. Ihre Fähigkeit, Sauerstoff umzusetzen, steigt bei sehr schnellem Laufen im anaeroben Bereich deutlich an. Diese Zellen müssen sich auch anpassen, denn Tempoläufe bringen sowohl das Herz-Kreislauf-System als auch die

Atmungsorgane an ihre Grenzen. Dadurch werden die Typ-IIa-Muskelfasern gezwungen, ihr Sauerstoffaufnahmevolumen zu steigern.

Anaerobes Training bedeutet aber keinesfalls, einfach drauflos zu sprinten. Versuchen Sie, Intervalle von 200 bis 1000 Meter in Ihrem 5-km-Renntempo zu laufen, wobei die Erholungsphasen gleich lang oder etwas kürzer sein sollten als die Zeit, die Sie für ein Intervall benötigen. Trainieren Sie auf diese Weise mindestens einmal, aber nicht mehr als zweimal die Woche. Sie werden so Ihre schnell kontrahierenden Muskelzellen aktivieren. Die Konsequenz: Ihre Sauerstoffaufnahmekapazität wie auch Ihre Wettkampfleistungen werden sich verbessern.

Fettverbrennung und Fettstoffwechsel

Es gibt wohl kaum ein Thema, um das sich mehr Mythen ranken als um Fettstoffwechsel und Fettverbrennung. Ein wenig Aufklärung tut not.

Die Fettverbrennung ist relativ leicht zu aktivieren. Dazu bedarf es keiner speziellen Diät, keiner Wundermittel oder extremer Schinderei. Im Grunde reicht es, regelmäßig Ausdauertraining zu betreiben und – falls eine Gewichtsreduzierung angestrebt wird – darauf zu achten, seine Kalorienbilanz zu senken. Dennoch dürfte es gerade für ernährungsbewußte Läufer von Nutzen sein, einiges über den Mechanismus der Fettverbrennung zu wissen.

Zum besseren Verständnis bietet sich der Vergleich mit einem Gehaltskonto an. Nach jedem Essen (sozusagen der Gehaltszahlung) wird die in den aufgenommenen Nahrungsmitteln *entweder* als Fette, Proteine und Kohlenhydrate enthaltene Energie sofort als Energiequelle verbrannt (das hieße, das Geld gleich wieder auszugeben); *oder* sie wird zur späteren Nutzung als Körperfett oder Glykogen gespeichert (das Geld bleibt «zinsbringend» auf Ihrem Konto). Das Problem dabei ist, daß nicht alle Energiespender mit gleich hohem Wirkungsgrad verwertet (beziehungsweise eingelagert) werden.

Proteine: Das Nahrungseiweiß wird in erster Linie zur Erhaltung der körpereigenen Eiweißstrukturen, zum Beispiel im Muskelgewebe, eingesetzt. Der Überschuß dient der unmittelbaren Energiegewinnung, wobei aber stets ein kleiner Rest in Fett umgewandelt und im Fettgewebe gespeichert wird.

Kohlenhydrate: Da Kohlenhydrate die wirksamste Energiequelle bilden,

werden sie überwiegend zur sofortigen Energiegewinnung für die Arbeit von Gehirn und Muskeln genutzt. Was darüber hinaus an Kohlenhydraten zugeführt wird, dient dem Wiederauffüllen entleerter Glykogenspeicher in der Leber und Muskulatur. So bleiben nur geringe Mengen für eine eventuelle Umwandlung zu Fetten übrig.

Fette: Für den sofortigen Verbrauch sind Fettkalorien nicht vorgesehen. In der Regel werden sie direkt zum Fettgewebe geleitet, um dort dauerhaft eingelagert zu werden. Ein Mechanismus, der so gut funktioniert, weil es sich im Gegensatz zum obengenannten um einen äußerst effizienten Prozeß handelt – effizient deshalb, weil hier kaum eine Kalorie «verlorengeht». (Um auf unser imaginäres Bankkonto zurückzukommen: Es ist, als würde ein Teil des Gehalts automatisch auf einem Sperrkonto landen.)

Wieviel Fett insgesamt in die Depots eingebaut wird, hängt im wesentlichen von unserer Energiebilanz ab, also vom Verhältnis der aufgenommenen zu den verbrannten Kalorien. Es ist ein einfaches Rechenexempel: Kalorienüberschuß = Fetteinlagerung. Nur wenn Sie weniger Kalorien mit der Nahrung aufnehmen, als – über den Grundumsatz des Körpers hinaus – letztlich in Bewegungsenergie umgesetzt wird, erfolgt zur Erhaltung des energetischen Gleichgewichts automatisch der Zugriff auf die Fettspeicher: Sie nehmen ab.

Fett-Mythos: Niedrige Intensität ist optimal

Übungen mit niedriger Intensität, zum Beispiel beim Walking, seien für die Fettverbrennung ideal, heißt es – ein weitverbreiteter Irrtum. Daß sich Laufen viel besser als Walking zur Verbrennung von Körperfett (und von Kalorien) eignet, wies der Sportphysiologe Dr. Edward Coyle an der Universität Texas nach: Bei einem lockeren Dauerlauf mit der relativ geringen Belastung von 65 Prozent der maximalen Sauerstoffaufnahme (VO_2max) wurden je Zeiteinheit signifikant mehr Fettkalorien verwertet als selbst bei intensivem Walking, das bestenfalls 25 Prozent der VO_2max in Anspruch nimmt.

Eine Untersuchung an der Universität Laval in Quebec entzog der These «Je geringer die Belastung, desto effizienter der Fettabbau» vollends den Boden. Nicht etwa gleichmäßig niedrige Belastungen, sondern gerade gelegentliche Intensitätsspitzen aktivieren die Fettverbrennung in besonderem Maße. Ein gängiges Aerobic-Programm wurde mit mehreren 90 Sekunden langen Intervallen ge-

spickt, in denen die Herzfrequenz bis auf 95 Prozent der Maximalbelastung stieg; im Ergebnis erreichte der Fettabbau das Dreieinhalbfache des Wertes, der bei einem Dauerbelastungsprogramm im «steady state» gemessen wurde. Die Erklärung für den überraschenden Befund: Noch Stunden nach einer kurzen, intensiven Belastung bleibt die Ruhe-Stoffwechselrate auf einem höheren Level; der Kalorienumsatz ist größer, als es die körperliche Belastung verlangen würde. Damit wurden die Ergebnisse einer norwegischen Studie von 1991 bestätigt: Forscher hatten herausgefunden, daß noch 15 Stunden nach einer 70minütigen intensiven sportlichen Betätigung eine signifikante Fettverbrennung stattfand. Ein vergleichbarer Stoffwechselschub wird durch Übungen mit geringer Intensität nicht angeregt.

Auf eine weitere nachhaltige Auswirkung des Laufens auf den Fettabbau sei hingewiesen: Regelmäßiges Ausdauertraining führt zu einer Aktivierung verschiedener Körperenzyme, die an der Fettverbrennung beteiligt sind. Solche Enzyme bewirken unter anderem, daß der Körper zunächst nur in geringem Maße auf Kohlenhydrate zur Energiebereitstellung zurückgreift – eine wichtige Voraussetzung, um zum Beispiel einen Marathon ohne Einbruch durchzustehen. Die regelmäßige Dauerbe-

lastung trimmt also den Organismus dahin, bei einer gegebenen Belastungsintensität relativ mehr Fette zu verbrennen, als dies bei Nichtsportlern der Fall ist.

Ein zählebiger Mythos

Zumindest die Fitness-Clubs und die Meinungsmacher im Multimillionen-Dollar-Business Fitness profitierten von der Vitalität dieses Mythos. Natürlich zahlt es sich in barer Münze aus, wenn ihre Klientel überzeugt ist, daß geringe Intensitäten am effizientesten für die Fettverbrennung sind. Es hat sich für sie gelohnt. Mit dem Motto «Nur nicht zu heftig, nur nicht zu intensiv, go easy!» lockt man einfach mehr Fitnessinteressierte in die Studios.

Ein Fünkchen Wahrheit ist bei dem «Je langsamer, desto besser»-Dogma natürlich auch dabei, aber eben nur ein Fünkchen. Es stimmt, daß bei niedriger Belastungsintensität *prozentual* (im Verhältnis zum Anteil an Glykogen) ein höherer Fettanteil verbrannt wird als bei hohen Intensitäten. Aber nicht auf den relativen Anteil, sondern auf die *absolute* Zahl verbrauchter Fettkalorien kommt es an, und die ist bei höherer Belastungsintensität deutlich größer als bei niedriger.

Die optimale Fettverbrennungs-

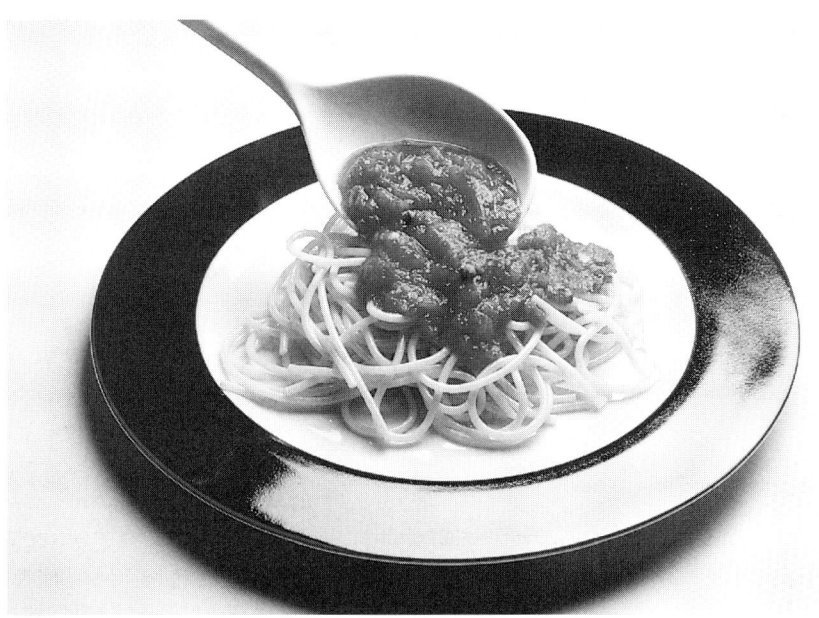

zone liegt demnach bei einer Laufgeschwindigkeit, die möglichst intensiv ist, aber auch möglichst lange aufrechterhalten werden kann. Dieses
Tempo dürfte etwa bei 70–80 Prozent der maximalen Leistungsfähigkeit liegen.

Die 40:30:30-Diät

In den USA sorgte ein Buch des Bio-
chemikers Dr. Barry Sears für Aufse-
hen, der die Ursache der «amerikanischen Dickleibigkeit» nicht etwa im
Fettgehalt der Nahrung, sondern im
Zuviel an Kohlenhydraten und Zuwenig an Proteinen sieht. Sears und seine

Anhänger sind überzeugt, daß sich alles um das Insulin dreht. Ihre Argumentation: Insulin hemmt die Fettverbrennung; eine kohlenhydratreiche Ernährung treibt den Insulin-
spiegel weit über das Normalmaß
hinaus. Die Lösung des Problems, so
Sears, sei der vermehrte Verzehr von
Proteinen zu Lasten der Kohlenhydrate, um die Insulinproduktion
niedrig zu halten. Als praktische Methode erfand Sears dazu die sogenannte 40–30–30-Diät, derzufolge
nur 40 Prozent der Gesamtkalorien
aus Kohlenhydraten und jeweils 30
Prozent aus Proteinen und Fetten
stammen sollen.

Allerdings ist die Richtigkeit von

Dr. Sears' Proteindiäten (trotz prominenter Fürsprecher wie dem sechsfachen Hawaii-Ironman-Sieger Mark Allen) unter Sport- und Ernährungswissenschaftlern stark umstritten. Sie führen die wachsende Zahl Übergewichtiger nicht auf zu kohlenhydratreiche Ernährung, sondern eindeutig auf zu viel Essen überhaupt zurück.

Eisbein statt Pasta?

Nun steht zwar außer Zweifel, daß eine weitere Erhöhung des Fettanteils nicht für Schlankheitskuren taugt. Doch wie sieht es mit der sportlichen Leistungsfähigkeit aus? Die landläufige Meinung, Fette seien der Leistung abträglich, geriet durch zwei 1994 mit reichlich Getöse veröffentlichten Studien stark ins Wanken. Hier wurde eine Leistungssteigerung infolge fettreicher Ernährung behauptet – ohne jede negative Auswirkung auf das Körpergewicht.

Die erste Studie, die unter Leitung des Physiologen David Pendergast an der State University of New York in Buffalo durchgeführt wurde, zeigte bei sechs guttrainierten Läufern nach einer Phase relativ fettreicher Ernährung (38 Prozent Fette, 50 Prozent Kohlenhydrate) bei Laufbandtests signifikant höhere VO_2max-Werte und eine verzögert eintretende Erschöpfung. (Vergleichsgruppe: 61 Prozent Kohlenhydrate gegenüber 24 % Fette). Dr. Pendergasts Schlußfolgerung: Zusätzliches Nahrungsfett regt die Fettverbrennung an und ist somit Basis für bessere Ausdauerleistungen.

Im gleichen Jahr vermeldeten Dr. Tim Noakes und seine Mitarbeiter von der Universität Kapstadt, daß fünf südafrikanische Radsportler, die nach zwei Wochen fettreicher Ernährung (etwa 70 Prozent Fettkalorien!) einer – mit Walking vergleichbaren – gemäßigten Dauerbelastung (geringe Intensität) unterzogen wurden, ebenfalls deutliche Leistungsverbesserungen gegenüber einer Vergleichsgruppe mit Kohlenhydratdiät erkennen ließen. Allerdings wurde bei höherer Belastungsintensität (vergleichbar mit der beim Laufen) kein signifikanter Unterschied zwischen beiden Ernährungsformen festgestellt.

Das Forscherteam in Buffalo legte eine ergänzende Untersuchung vor, derzufolge auch guttrainierte Läufer nach vierwöchiger fettreicher Ernährung (43 Prozent Fette) Leistungsfortschritte erzielten. Wiederum folgte die Empfehlung an Sportler, Leistungsreserven durch «Fettschübe» im Ernährungsplan zu erschließen.

Was soll man von diesen Ergebnissen halten? Wir Läuferinnen und Läufer haben uns inzwischen so an eine

kohlenhydratreiche Nahrung gewöhnt, daß es uns ohnehin schwerfällt, Alternativen überhaupt in Erwägung zu ziehen. Sollte statt der Pasta-Party am Vorabend des Marathons eine Fete mit Wurst- und Schmalzsemmeln steigen? Oder wie wär's mit Steak und Pommes frites, alternativ Eisbein? «Auf gar keinen Fall», meint der Sportwissenschaftler Dr. William Sherman von der Ohio State University. «So beeindruckend die Ergebnisse der Buffalo-Versuchsreihen auch sind, beide Studien sind vom Ansatz her mit einem entscheidenden Mangel behaftet, der die Resultate stark in Zweifel stellt: Die Abfolge der Diäten war willkürlich festgelegt, die Sportler wußten jeweils genau, wann welche Nahrungszusammensetzung aus welchem Grund gewählt wurde und was die Untersuchungsleiter bei den Leistungstests als Ergebnis erwarteten.» Eine Ansicht, die übrigens von vielen Fachleuten geteilt wird.

Zumindest manche Läufer im hohen Leistungsbereich scheinen von einer Erhöhung des Fettgehalts ihrer Nahrung profitieren zu können. Das stützen auch neue Forschungsergebnisse, die nicht nur die Verbesserung einiger Leistungsparameter bei Läufern mit Umfängen im Bereich von 60 bis 70 Wochenkilometern, sondern auch eine Stärkung der Immunabwehr und höhere Werte des «guten» HDL-Cholesterins nachweisen.

Dr. Tim Noakes, der Versuchsleiter der Kapstadt-Studie, räumte ein, man sollte auf die «Kohlenhydratmast» an den letzten drei Tagen vor einem Wettkampf keinesfalls verzichten. Aber eine gelegentliche Umstellung der Nahrungszusammensetzung zugunsten des Fettanteils könne durchaus positive Wirkung auf die Fähigkeit des Organismus zur Fettverwertung haben.

Nach wie vor hält allerdings die überwiegende Mehrheit der Leistungsphysiologen und Ernährungswissenschaftler, gestützt auf eine Vielzahl von Untersuchungen, an der konventionellen Empfehlung fest: Leistungsverbesserung durch vorwiegend kohlenhydratreiche (und nicht von Fettkuren begleitete) Ernährung. Dies ist zumindest die Voraussetzung dafür, daß dem Körper ausreichend Kohlenhydrate zur Verfügung stehen, wenn er diese dringend benötigt. Ob die Ergebnisse der Fettstudien-Experimente von Buffalo und Kapstadt generalisierbar sind, kann noch aus einem anderen Grund angezweifelt werden: Das Leistungsniveau der Probanden war nach ihrer «Fettkur» womöglich allein dadurch höher, weil sie insgesamt mehr Kalorien zu sich genommen haben – eine Vermutung, die auch David Pendergast, der Leiter der Buffalo-Studie, einräumt: «In der Tat ist häufig zu beobachten, daß leistungsorientiert

trainierende Läufer Probleme haben, ihren erhöhten Energiebedarf durch Nahrungskalorien aus Kohlenhydraten zu decken. Der mehr als doppelt so hohe Kaloriengehalt von Fetten mag da ein bestehendes Defizit abzubauen helfen.»

Beim Marathon zählen die Kohlenhydrate

Lange Zeit galt es unter Marathon-experten als ausgemachte Sache, daß die Fettverbrennung entscheidend sei für Erfolg oder Mißerfolg auf der klassischen Strecke. Mit langen Trainingsläufen, so die Maxime, sollte der Körper auf die spezifische Marathonbelastung eingestellt werden, um den Fettstoffwechsel zu trainieren. Dahinter steckt die Auffassung, daß die Kohlenhydratreserven, die als Glykogen gespeichert sind, nach rund 75 bis 90 Minuten einen kritischen Tiefpunkt erreichen. Die Folge: Fett ist der Hauptbrennstoff für die Muskeln auf den harten letzten Kilometern eines Marathons. Wenn der Marathonerfolg letztlich von der intensiven Erschließung der Fettreserven abhängt, gehören lange Läufe zum Basistraining für alle, die sich an die berühmten 42,195 Kilometer heranwagen, weil nur so der Fettstoffwechsel verbessert werden könne: Denn mit diesen langen Läufen wird den Muskeln «beigebracht», Kohlenhydrate für die Verbrennung zu sparen, mehr Fette zu verbrennen und somit die Ausdauer zu verbessern.

Dieser Ansatz klingt gut und erscheint logisch; in der Trainingstheorie des Langstreckenlaufs hat er eine lange Tradition und viele Anhänger. Die ganze Sache hat nur einen Haken – die Theorie stimmt nicht. Nicht Fette, sondern Kohlenhydrate sind der entscheidende Faktor, wenn es um Energievorräte beim Marathon geht. Einen Marathon steht erfolgreich durch, wer sein Potential verbessert, Kohlenhydrate zu speichern und zu verwerten. Den Fetten kommt beim Marathon eine geringere Rolle zu als bisher angenommen.

In einer Untersuchung an der University of California in Berkeley wurden sechs überdurchschnittlich gute Läufer getestet, die den Marathon in 2:43 Stunden absolvierten, sowie sechs durchschnittliche Läufer, die für die Strecke 3:30 Stunden benötigten. Untersucht wurde der Anteil von Kohlenhydraten und Fetten bei der Energiebereitstellung während eines Marathons. Das Ergebnis: Fette machten bei den überdurchschnittlichen Läufern höchstens 20 Prozent des Gesamtenergie-

bedarfs aus, bei den durchschnittlichen Marathonläufern höchstens 30 Prozent, und zwar in den ersten drei Stunden des Laufes. Dazu kommt, daß durch die spezifische Versuchsanordnung der Anteil der Fettverbrennung möglicherweise höher war als unter normalen Bedingungen: Da die Läufer am Morgen des Marathons nichts essen und während des Laufes außer Wasser nichts trinken durften, insbesondere also keine kohlenhydratreichen Sportgetränke zu sich nahmen, bewegten sie sich auf einer künstlich verknappten Kohlenhydratebasis. Dadurch erhöhte sich vermutlich die Abhängigkeit des Körpers von Fetten. Vermutlich wäre sonst der Anteil der Kohlenhydrate an der Energiebilanz der Testpersonen noch deutlich höher gewesen.

Wie aber konnten die Läufer mit einem derart geringen Anteil an Fettverbrennung auf solchem Niveau laufen? Die Forscher in Berkeley boten zwei Erklärungen an: Einerseits stieg während des Marathons bei ihren Probanden das Adrenalin- und Noradrenalin-Niveau im Blut stetig an – beides Hormone, die Kohlenhydrate für die Muskeln leichter erreichbar machen. Zum anderen könnte das Laktat, das von nicht beanspruchten Muskeln gebildet wurde, eine zusätzliche Brennstoffquelle für die Beinmuskulatur gewesen sein.

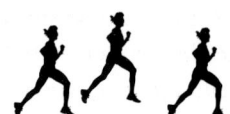

KAPITEL 5

Training und Trainingspläne

Anfängertraining

Wer warum mit dem Laufen beginnt, spielt für das Lauftraining keine Rolle. Was man allgemein als «Kondition» bezeichnet, verbessert sich schon nach nach kurzer Zeit merklich: Der Ruhepuls sinkt, die körperliche Belastbarkeit steigt. Weitere positive Auswirkungen von Ausdauertraining: Man schläft tiefer und fühlt sich den Tag hindurch dynamischer.

Worauf man bei den ersten Laufschritten achten soll

Am besten laufen Sie abseits stark frequentierter Spazierwege. Schon wenige hundert Meter vom Waldparkplatz entfernt begegnet man nur noch selten Spaziergängern. Die ersten Laufschritte fallen am leichtesten in Begleitung. Das hat den Vorteil, daß man sich beim Laufen wunderbar unterhalten kann und somit weniger leicht verkrampft. Die wich-

tigste Regel, übrigens nicht nur für Anfänger: Ein Gespräch sollte (fast) immer möglich sein. Es ist die beste Vergewisserung, daß das Tempo nicht zu hoch ist. Stichwort «innerer Schweinehund»: Eine Verabredung zum gemeinsamen Laufen hilft ungemein, den kühnen Entschluß auch wirklich in die Tat umzusetzen.

Mit dem Lauftraining gewöhnen wir den Körper an zunächst ungewohnte Bewegungs- und Belastungsmuster. Es strengt an, und genau darum geht's, denn hier setzt der Trainingseffekt ein. Am nächsten Tag spürt man vielleicht Muskelkater in den Oberschenkeln oder Waden. Das sollte nicht als Signal mißverstanden werden, die Schuhe wieder an den sprichwörtlichen Nagel zu hängen («ist nichts für mich») – im Gegenteil: Belastung trainiert, stärkt, baut peu à peu Fitness auf.

Der Körper erholt sich an lauffreien Tagen, gewöhnt sich an die Herausforderung, und schon bald kann man sich an ein etwas höheres Level heranwagen. Nach dem gleichen Prinzip funktioniert auch der

Hochleistungssport, lediglich auf anderem Niveau und mit mehr Feinabstimmung. Wer allerdings anfangs zu schnell läuft und seinem Körper zu wenig Zeit zur Erholung gibt, provoziert den gegenteiligen Effekt: Die Leistungsfähigkeit stagniert, Lustlosigkeit kehrt ein.

Beim Laufen lassen sich sehr schnell Fortschritte erkennen. Am ersten Tag sind es vielleicht nur fünf Minuten, die man laufend am Stück zurücklegen kann, aber nach zwei, drei weiteren Versuchen ist man schon bei zehn Minuten. Gerade solche Erfolgserlebnisse machen das Laufen zu einer Lifetime-Sportart, die uns ein Leben lang in Bewegung und in Form halten kann. Laufen ist am Anfang nichts anderes als eine Art Intensiv-Spaziergang auf sportlichem Niveau. Und davor braucht nun wirklich niemand Angst zu haben.

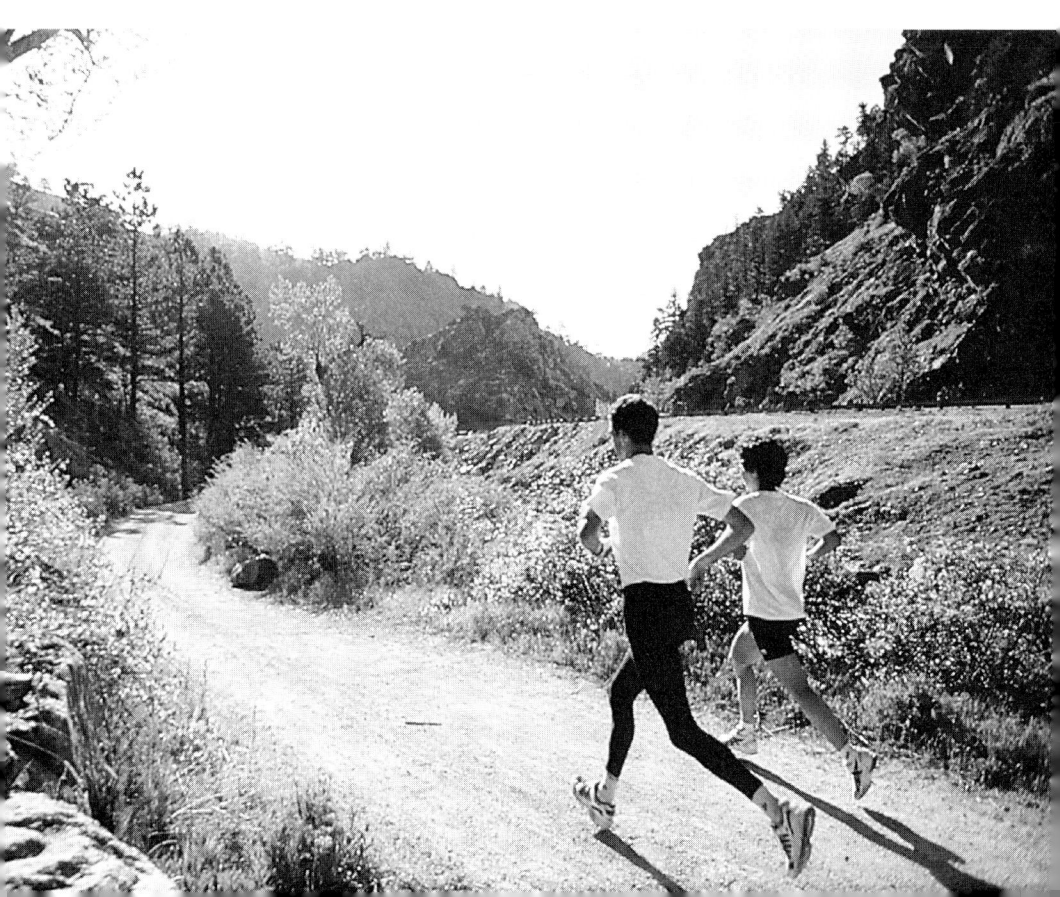

Trainingsplan
7-Wochen-Trainingsprogramm für Laufanfänger

1. Woche
Mo, Sa   6 × 2 min laufen; dazwischen 1:30 min gehen
Mi   4 × 3 min laufen; dazwischen 1:30 min gehen

2. Woche
Mo, Sa   6 × 3 min laufen; dazwischen 1:30 min gehen
Mi   4 × 5 min laufen; dazwischen 2:00 min gehen

3. Woche
Mo, Sa   6 × 4 min laufen; dazwischen 1:30 min gehen
Mi   4 × 6 min laufen; dazwischen 1:30 min gehen

4. Woche
Mo, Sa   4 × 6 min laufen; dazwischen 1:30 min gehen
Mi   3 × 8 min laufen; dazwischen 1:30 min gehen

5. Woche
Mo, Sa   4 × 8 min laufen; dazwischen 1:30 gehen
Mi   2 × 10 min laufen; dazwischen 1:30 gehen

6. Woche
Mo, Sa   3 × 10 min laufen; dazwischen 1:30 min gehen
Mi   2 × 12 min laufen; dazwischen 1:30 min gehen

7. Woche
Mo   2 × 15 min laufen; dazwischen 1 min gehen
Mi   4 × 8 min laufen; dazwischen 1 min gehen
Sa   30 min laufen

Vom Laufanfänger zum Fortgeschrittenen

Im weiteren Trainingsprozeß geht es für Anfänger zunächst darum, die Streckenlänge auszudehnen, und nicht, das Lauftempo zu erhöhen. Achten Sie auf einen zyklischen Trainingsaufbau: Auf eine Steigerung des Laufumfangs folgt in der nächsten Einheit wieder ein Lauf mit geringerem Umfang.

Sind Sie in der Lage, eine Stunde am Stück zu laufen, können Sie damit beginnen, das Tempo beim Laufen zu variieren. Versuchen Sie einmal pro Woche, mit dem Tempo zu

«spielen»: Auf kurze schnelle Passagen folgen langsame, auf längere zügige folgen lockere Abschnitte. Beherrschen Sie ein solches Spiel mit der «Fahrt», dem Tempo (= Fahrtspiel), einmal wöchentlich über eine Stunde, können Sie die nächste Stufe zünden.

Zu diesem leistungsorientierteren Training gehören verschiedene Trainingsformen, die Sie auf Ihre ersten Wettkämpfe vorbereiten. Die häufigsten Trainingsformen sind der Dauerlauf (DL) in verschiedenen Varianten, das Fahrtspiel und schließlich die Tempoläufe.

Hier zwei Trainingswochen als Beispiel:

1. Woche

Mo   40 min lockerer DL

Mi   10 min langsamer DL zum Einlaufen, 8 × 3 min schnell (mit je 2 min
        langsamer Trabpause), 10 min langsamer DL zum Auslaufen

Fr   70 min langsamer DL

So   10 min langsamer DL, 25 min zügiger DL, 10 min langsamer DL

2. Woche

Mo   40 min lockerer DL

Mi   10 min langsamer DL zum Einlaufen, Pyramide: 1 min, 3 min,
        5 min, 5 min, 3 min, 1 min schnell (mit jeweils 1 min, 2 min, 3 min,
        3 min, 2 min langsamer Trabpause), 10 min langsamer DL zum
        Auslaufen.

Fr   70 min langsamer DL

So   10 min langsamer DL, 2 × 12 min zügiger DL (mit 5 min langsamem
        DL in der Pause), 10 min langsamer DL

Gezieltes Training

Was ist eigentlich Training?

Training ist ein planmäßiges, systematisches Vorgehen mit dem Ziel der Leistungssteigerung. Es bewirkt leistungsfördernde Anpassungsprozesse im Organismus aber nur, wenn gewisse Prinzipien eingehalten werden. Die drei wichtigsten sind:

- Wiederholung und Kontinuität
- optimale Gestaltung von Belastung und Erholung
- planvolle Steigerung der Belastung.

Der zeitlich richtige Rhythmus von Belastung und Erholung ist enorm wichtig für die Effektivität des Trainings.

Durch einen Trainingsreiz wird nämlich das biochemische Gleichgewicht des Körpers gestört. Das führt zu einer kurzfristigen Verringerung der Leistungsfähigkeit; in der nachfolgenden Erholungsphase werden die entleerten Energiespeicher aber wieder aufgefüllt (siehe Kap. 4). Als Anpassung auf den Belastungsreiz reagiert der Organismus jetzt mit einer Überreaktion, einer Art Schutzmechanismus vor einer neuerlichen Ermüdung. So wird kurzfristig ein höheres Leistungsniveau erreicht: ein kleiner Leistungssprung. Diesen Vorgang bezeichnet man als Superkompensation. Dieser Zeitraum ist ideal für einen neuerlichen Belastungsreiz, um die beschriebenen Anpassungsvorgänge von neuem in Gang zu setzen. Da das Niveau stetig ansteigt, sollte man unbedingt darauf achten, die Intensität der Belastungen langsam zu steigern, um weiter effektive Trainingsreize anschließen zu können.

Trainingsplanung

Jede Trainingsplanung beginnt mit einer Ist-Sollwert-Analyse, in die alle Rahmenbedingungen des Trainings einbezogen werden. Ausgehend von der momentanen Leistungsfähigkeit gilt es zu überlegen, wohin man gelangen will. Setzen Sie sich realistische Ziele, damit Sie sich immer wieder positiv überraschen können. So wird die Lust an sportlicher Leistung nicht zum Frust über Einbrüche und Rückschläge.

Wie oft in der Woche lassen Beruf und Familie ein Training zu? Zwar können wir als Läufer ohne großen Aufwand von der Haustür weg trainieren, dennoch verschlingt jede Trainingseinheit eine Menge Zeit. Die Trainingshäufigkeit hat einen entscheidenden Einfluß auf die Trainingsgestaltung. Wer zweimal wöchentlich trainiert, sollte sich zunächst darum bemühen, eine dritte Einheit einzubauen, bevor er die Intensität seiner Einheiten verschärft.

Trainingsplan

Wer dreimal wöchentlich trainiert, sollte einmal pro Woche belasten, das heißt, eine intensive Trainingseinheit, einen längeren Dauerlauf und einen ruhigen Dauerlauf machen.

Ab vier Trainingseinheiten pro Woche sind zwei Belastungen sinnvoll; ein langer und ein ruhiger Dauerlauf runden das Wochenpensum ab. Damit ist das Belastungsoptimum erreicht.

Die Regenerationsphasen der Energiespeicher für die Ausdauerleistungen (Kohlenhydrate und Fette) liegen bei zirka 48 Stunden. Nach dem Prinzip der Superkompensation ist eine hohe Belastung maximal jeden dritten Tag zu empfehlen. Mehr als zwei schnelle Trainingseinheiten pro Woche wären zu strapaziös.

Wer in der Woche fünfmal und öfter läuft, kann noch einen weiteren langen Dauerlauf einplanen. Alle weiteren Trainingseinheiten dienen vornehmlich der aktiven Erholung – also: langsam laufen!

Mehr Training heißt nicht automatisch mehr Leistung. Wenn die Regeneration ständig zu kurz kommt, steigt die Verletzungsgefahr. Stellt man im Training fest, daß man sich angeschlagen fühlt und schon für ein normales Dauerlauftempo immer mehr Kraft aufbringen muß, dann sollte man ruhig mal eine Trainingseinheit wegfallen lassen. Weniger ist manchmal mehr. Der Organismus dankt uns den Verzicht mit einem Energieschub, mit mehr Spritzigkeit und Dynamik, oft schon am nächsten Tag.

Trainingsintensität

Im Hochleistungsbereich nutzt man zur Steuerung und Kontrolle der Belastungsintensität eine Vielzahl sportmedizinischer Erkenntnisse. Anhand von Labortests werden den Athleten Geschwindigkeitsbereiche und Herzfrequenzwerte als Anhaltspunkte für die verschiedenen Trainingsformen empfohlen. Wir Otto-Normal-Läuferinnen und -Läufer tragen den wichtigsten Kompaß zur Intensitätskontrolle in uns: unser subjektives Gefühl.

Eine intelligente Trainingsplanung enthält immer einen gewissen Freiraum für flexible Gestaltungsmöglichkeiten im Training. Je mehr wir lernen, auf Belastungsgrenzen und Leistungsschwankungen zu reagieren, desto erfolgreicher wird unser Training langfristig sein.

Jedes Lauftraining führt zu einer muskulären Ermüdung. Um die Muskulatur geschmeidig zu halten, empfiehlt sich nach jedem Training ein 10–15minütiges Stretching zur Dehnung der belasteten Muskelgruppen. Außerdem werden durch die schnellen Trainingseinheiten und die langen Dauerläufe die Energiespeicher entleert. Je rascher diese wieder aufgefüllt werden, um so besser funktioniert das Prinzip der Superkompensation.

Bevor es losgeht

Am besten beginnt man mit einer groben Planung. Wie oft pro Woche

ist Training möglich? An welchem Tag der Woche bietet es sich an, im Training zu belasten? (Daß der Horrortag im Büro nicht noch unbedingt mit der härtesten Trainingsbelastung «gekrönt» werden sollte, versteht sich von selbst.)

Schreiben Sie auf, wie viele Kilometer pro Woche Sie laufen möchten, und versuchen Sie, diesen Umfang in den nächsten vier Wochen kontinuierlich zu steigern. Ab und zu sollte man eine Regenerationswoche mit deutlich weniger Umfang einplanen. Ein Trainingstagebuch erweist sich dabei als nützlich. Halten Sie fest, wo und wie lange Sie gelaufen sind, wie viele Kilometer Sie hinter sich gebracht haben, wie das Wetter war – und wie Sie sich gefühlt haben.

Wer keinen Herzfrequenzmesser verwendet, sollte einen Dauerlauf ruhig einmal unterbrechen und die Herzfrequenz am Handgelenk, am Hals oder am Herz messen. (10 Sekunden den Pulsschlag zählen, dann mit sechs multiplizieren = Herzfrequenz pro Minute). Auch die durchschnittliche Herzfrequenz ist ein interessanter Parameter, den man festhalten sollte.

Und denken Sie immer daran, daß die Erholung für die Leistungssteigerung ebenso wichtig ist wie die Belastung. Arbeiten Sie mit Ihrem Körper, nicht gegen ihn!

Trainingssensibilisierung

In der ersten Aufbauphase sollte man einen persönlichen Trainingsrhythmus gefunden und eine gewisse Routine im Trainingsablauf entwickelt haben. Jetzt sollte man die notwendige Erholungszeit sicher einschätzen können, die Herzfrequenz bei unterschiedlichen Trainingsformen kennen und ein Gefühl für das richtige Tempo bei den verschiedenen Belastungen haben.

Um nun das Niveau auf Wettkampfleistung zu heben, ist es notwendig, den üblichen Trainingsrhythmus zu unterbrechen und neue, ungewohnte Anforderungen einzubauen, um damit den Körper zu sensibilisieren. In den USA spricht man in diesem Zusammenhang von «breaks and kicks»: breaks = Unterbrechungen im stupiden Trainingsallerlei, kicks = neue Leistungsanreize. Der Körper lernt, diese Reize aufzunehmen und in mehr Leistung umzusetzen. Für das Training folgt daraus aber nicht, daß von nun an nur noch «am Anschlag» gelaufen wird, sondern daß jetzt intensivere Belastungseinheiten eingebaut werden können, die den Weg zur Steigerung der Wettkampfleistung einleiten sollen. Zu viele solcher intensiven Reize können aber leicht zu einer Überlastung führen und so einen kontraproduktiven Effekt erzielen.

Regeneration

Nachdem in der Wettkampfvorbereitung in den ersten Trainingswochen der Umfang stetig gesteigert wurde, sollte man sich ab und zu eine Regenerationswoche mit einem geringeren Pensum gönnen. Damit beugt man einem Auspowern des Körpers (tiefe Ermüdung durch Substanzverlust) vor und erholt sich vor der nächsten intensiveren Trainingsperiode. In der Regenerationswoche sollte die Kilometerleistung um zirka 15–20 Prozent reduziert werden. Das kürzere Lauftraining läßt eine ausgedehntere Gymnastik der beanspruchten Muskulatur zu.

Überlastungen vorbeugen

Für die langfristige Trainingsgestaltung ist es wichtig, neben der allmählichen Steigerung von Umfang und Laufgeschwindigkeit darauf zu achten, daß durch einseitige Belastungen hervorgerufenen Beschwerden vorgebeugt wird. Beim Laufen wird hauptsächlich die Beinmuskulatur beansprucht, während die Rumpfmuskulatur vernachlässigt wird, die für die Körperhaltung und die Stabilität der Bewegungsausführung beim Laufen unverzichtbar ist. Deshalb sollte man möglichst frühzeitig mit spezifischen Kräfti-

gungsübungen beginnen, was sich ohne großen Aufwand zu Hause machen läßt.

Der Wettkampf

In der Vorbereitung auf einen Wettkampf dient das Training dem Erreichen einer individuellen Höchstleistung – und zwar nicht irgendwann und irgendwo, sondern an einem ganz bestimmten Tag, dem Wettkampftag.

Von einer relativ langfristigen Vorbereitung kann man bereits bei ca. acht Wochen gezielten Trainings sprechen.

Training bekommt in dieser Phase kurzfristig einen anderen Akzent – die Prioritäten verschieben sich vom konzentrierten Training auf die konzentrierte Wettkampfvorbereitung.

Sensibel auf die Tagesverfassung zu achten, um möglichst streßfrei zu trainieren, ist wichtiger denn je. Wahrscheinlich werden Sie sich in diesen Tagen immer mal wieder mental mit verschiedenen Rennsituationen auseinandersetzen. Kein Problem, solange das Antizipieren des «Tages X» (Wettkampf) nicht in Psychostreß ausartet, wobei ein wenig Aufregung durchaus Teil der Vorfreude ist. Sie können an einer Rennstrategie feilen, Teilziele während des Rennens definieren. Die ersten fünf

Kilometer locker angehen – dann das Tempo verschärfen –, an dem langen Anstieg zurückstecken, um reichlich Power für die letzten drei flachen Kilometer zu haben … So oder ähnlich, je nach Zeitvorgabe und Tagesform, könnte ein Rennplan aussehen.

Erfahrungsgemäß hält sich eine gute Wettkampfform nur etwa fünf Wochen. Danach setzt Substanzverlust ein, das antrainierte Ausdauerniveau sinkt langsam ab. Falls Sie mehrere Wettkämpfe in kurzer zeitlicher Folge absolvieren wollen, ist es ratsam, den für Sie wichtigsten Wettkampf in die erste Hälfte dieser Periode zu legen.

Die Ruhe vor dem Sturm

Die letzte Woche vor dem Rennen ist die wichtigste im gesamten Trainingsprozeß. Nun rückt das Training gänzlich in den Hintergrund. Priorität hat ausschließlich die optimale Wettkampfvorbereitung.

Für Wettkampfneulinge bedeutet das: keine Belastungseinheit, kein langer Dauerlauf, stark reduzierter Umfang bis zwei Tage vor dem Wettkampf. Die letzten beiden Tage sind trainingsfrei. Wer mehr Erfahrung mit Wettkämpfen hat, weiß wahrscheinlich sehr genau, wie die letzten Tage vor einem Rennen auszusehen haben. Dennoch ist aus Gründen der

Superkompensation auch für ambitionierte Läufer ein Abstand von mindestens vier Tagen von der letzten stärkeren Belastung bis zum Wettkampf unbedingt ratsam.

Nach dem letzten Dauerlauf vor dem Rennen helfen zwei bis drei kurze Steigerungsläufe noch, die nötige muskuläre Spannung zu halten.

Der Wettkampftag

Am Wettkampftag sollten Sie folgende Dinge genau planen:
- die letzte Nahrungsaufnahme
- Flüssigkeitsbedarf
- Anfahrt und Anmeldung
- Aufwärmen und Startvorbereitung.

Egal, was Sie am Wettkampftag noch essen, es wird energetisch keinen Einfluß mehr auf Ihre Leistung haben. Wichtig ist, daß Sie nicht schon beim Aufwärmen vor Hunger ein flaues Gefühl im Magen haben. Um die Verdauung nicht zu sehr zu belasten, empfiehlt sich leichte Kost. Beim Frühstück beschränkt man sich am besten auf weißes Brot und Marmelade. Salami und fetter Käse bleiben im Kühlschrank, für das Schlemmen danach.

Beim Mittagstisch – falls das Rennen nachmittags oder abends stattfindet – sind Nudeln oder Kartoffeln, eventuell ein mageres Stück Fleisch,

eine gute Wahl. Fette Saucen gehören natürlich nicht ins Wettkampfmenü. Vor allem aber gilt: Nichts essen, was Sie nicht gewohnt sind!

Die letzte Mahlzeit sollte mindestens drei Stunden vor dem Aufwärmen beendet sein; die Verdauung wird es Ihnen danken. Sollten mehr als fünf Stunden zwischen letzter Mahlzeit und Wettkampf liegen, kann man sich noch eine Banane oder einen Energieriegel genehmigen.

Vor einem Rennen muß man viel trinken, viel mehr, als der Durst uns treibt. Vor allem in der warmen Jahreszeit muß man einer Dehydrierung im Wettkampf vorbeugen. Am besten eignen sich Wasser, Früchtetees oder isotonische Getränke in dünner Konzentration. Greifen Sie vor einem Wettkampf nie zu ungewohnten Getränken!

Direkte Wettkampf-vorbereitung

Viele Rennen werden schon bei der Anfahrt verloren: Reisestreß ist Energieverlust. Schließlich muß man sich am Ort des Geschehens zuerst orientieren, anmelden und möchte vielleicht einen Blick auf die Strecke werfen. Sie können sich um so besser auf das Rennen konzentrieren, je mehr Ruhe und Abgeschiedenheit Sie am Wettkampfort finden.

Das Aufwärmen ist die letzte Vorbereitung vor dem Startschuß. Durch leichte körperliche Aktivität wird die Durchblutung angeregt und der Stoffwechsel auf die bevorstehende Energieleistung vorbereitet. In dieser Phase sollte es Ihnen auch gelingen, Ihre Nervosität in eine positive Antriebskraft umzusetzen – jene Mischung aus Mut, Selbstsicherheit und Entschlossenheit, die einem Flügel verleiht, auch ohne sich mit irgendwelchen «magischen Flüssigkeiten» zu stimulieren.

Das Aufwärmen besteht aus lockerem Einlaufen, Gymnastik und Steigerungsläufen. Das lockere Einlaufen sollte etwa 10 bis 15 Minuten dauern, daran schließt sich ein zehnminütiges Stretching an. Jetzt ist es wichtig, den Körper warm zu halten, am besten mit einer Extraschicht Kleidung. Dagegen führen wärmende Salben nur subjektiv zu einem Wärmegefühl. Durch die verstärkte Hautdurchblutung wird die Muskulatur eher weniger durchblutet und damit schlechter mit Sauerstoff versorgt.

Nach dem Stretching trabt man noch ein wenig auf und ab und absolviert zwei oder drei Steigerungsläufe. Beenden Sie das Aufwärmprogramm spätestens zehn Minuten vor dem Start, damit das durch die Steigerungsläufe entstandene Laktat noch abgebaut werden kann. Ab jetzt geht es nur noch darum, in Bewegung zu

bleiben und seinen Platz im Startgetümmel zu finden.

Mit dem Startschuß geht der Kampf gegen die Uhr und die Gegner los. Erfahrungsgemäß ist es nicht zu vermeiden, mit dem ganzen Läuferpulk in hohem Tempo loszupreschen. Man sollte dann aber so schnell wie möglich den eigenen Rhythmus finden, auch wenn ständig andere Läufer an einem vorbeiziehen. Das wahre Rennen beginnt erst in der zweiten Wettkampfhälfte, und da werden Ihnen einige Überstürmische aus der Startphase wieder «entgegenkommen».

Lassen Sie sich durch Probleme in den ersten Minuten nicht beunruhigen. Der Organismus braucht seine Zeit, bis die Energiebereitstellung auf die Belastung eingestellt ist. Danach spielt sich der Rhythmus wie im Training ein.

Versuchen Sie, auf der ganzen Strecke das Tempo Ihren Möglichkeiten entsprechend hochzuhalten. Es gibt immer wieder Phasen, wo es wie von alleine rollt, und andere, wo man sich ziemlich quälen muß. Optimal ist es, am Schluß noch einmal Kräfte mobilisieren zu können. Wer auf Zeit läuft, weiß: Auf dem Weg zu einer Bestzeit zählt jeder Schritt bis zur Ziellinie.

10-Kilometer-Training

Es gibt gestandene Läuferinnen und Läufer, die an unzähligen 10-km-Läufen teilgenommen haben und trotzdem kein wirklich effektives Trainingskonzept für diese Distanz kennen. Anders als beim Marathontraining, dessen Dreh- und Angelpunkt der regelmäßig durchgeführte lange Dauerlauf ist, müssen bei den 10 Kilometern andere Akzente gesetzt werden. Gefragt ist eine Trainingsform, die Tempo- und Ausdauerbelastung gleichermaßen anspricht.

Mit den theoretischen Grundlagen für ein solches Training beschäftigte sich in der jüngeren Vergangenheit eine Forschergruppe am Human Performance Center der University of Texas Southwestern, wo spezielle Aspekte des menschlichen Leistungsvermögens untersucht werden. Leiter des Forschungsprojekts war ein Mann, der sich in Sachen Lauftraining bestens auskennt: Peter Snell, der dreifache Mittelstrecken-Olympiasieger von 1960 und 1964 aus Neuseeland. Snells Team arbeitete mit erfahrenen Läufern als Probanden, die in zwei Gruppen eingeteilt wurden. Eine Gruppe absolvierte wöchentlich zwei Tempoausdauer-Einheiten, bei denen knapp 30 Minuten lang an der sogenannten Laktatschwelle gelaufen wurde. Das entsprach einem Kilome-

terschnitt, der ungefähr zehn Sekunden langsamer als das 10-km-Wettkampftempo war. Die andere Gruppe führte zweimal in der Woche ein sogenanntes Intervalltraining durch: Wiederholungsläufe im 5-km- und 10-km-Tempo mit einem effektiven Belastungsumfang von jeweils etwa 5000 Meter – zum Beispiel 12 × 400 Meter. Zum Abschluß der Studie wurde ein 10-km-Testlauf angesetzt, bei dem beide Gruppen eine Leistungssteigerung nachweisen konnten, die jedoch für die Intervall-Gruppe weitaus deutlicher ausfiel. Neben einer verbesserten Laufökonomie traten die Vorteile besonders kraß beim Wert für die maximale Sauerstoffaufnahme (VO_2max) zutage: zwölf Prozent Steigerung gegenüber vier Prozent bei der Tempoausdauer-Gruppe. Offensichtlich ist also das Training im Wettkampftempo, und sei es auch nur in Form von kürzeren Intervallen, am besten geeignet, die Tempofähigkeit und -härte zu fördern. Da die Intervalle beim 5-km-Tempo geringfügig schneller sind, dürfte das 10-km-Tempo außerdem nach subjektivem Empfinden leichter erscheinen, was als psychologischer Kick durchaus effizient sein kann. Das Training im aerob-anaeroben Übergangsbereich ist hingegen nicht tempospezifisch genug, da das etwas schnellere Wettkampftempo, das immerhin eine halbe Stunde und länger durchgehalten werden soll, nicht geübt wird.

Die Ergebnisse der Snell-Studie machen wieder einmal deutlich, daß Trainingsintensität der Faktor mit dem nachhaltigsten Einfluß auf das Fitnesslevel ist. Auch unter dem Gesichtspunkt der Zeitökonomie erwies sich das intensitätsorientierte Training als das effektivere: Die Tempoausdauer-Gruppe mußte sich 58 Minuten in der Woche hart belasten, die Intervall-Gruppe nur etwa 30 Minuten.

So funktioniert Intervalltraining

Das Zauberwort beim Leistungsschub heißt Intervalltraining. Hier wechseln sich schnelle Läufe mit langsamen Trab- oder Gehpausen ab: Be- und Entlastung in ausgewogener Mischung. Woldemar Gerschler, damals Trainer des 800-m-Weltrekordlers Rudolf Harbig, und der Kardiologe Hans Reindell entwickelten Ende der 30er Jahre in Freiburg die ersten Ideen zum Intervalltraining, die inzwischen weiterentwickelt wurden und heute als effektivste Trainingsform gelten. Der beste Ort für ein Intervalltraining ist eine Laufbahn: Da ein Intervalltraining auf genau vor-

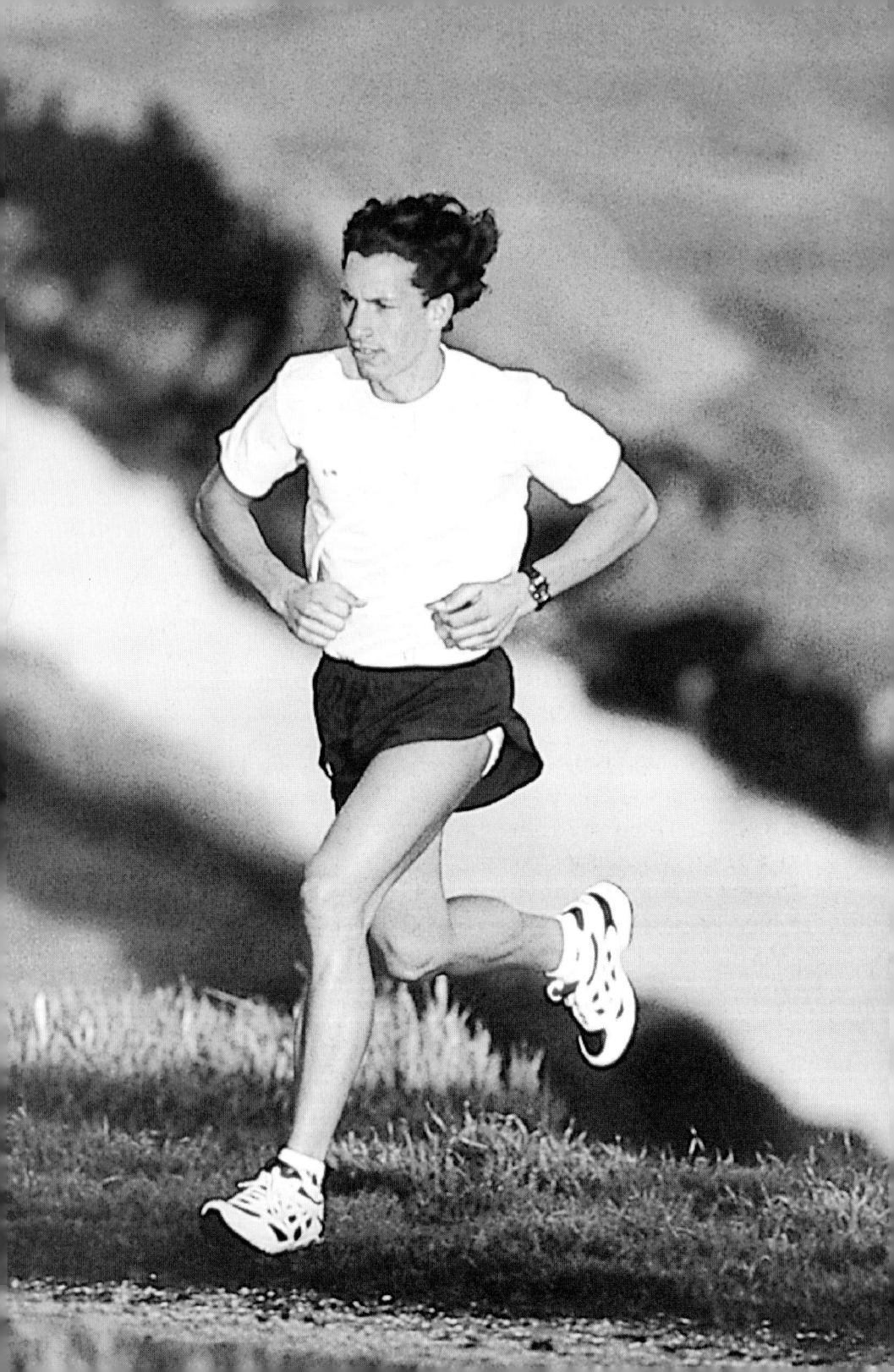

gegebenen Belastungswiederholungen und -pausen aufbaut, ist man auf exakt ausgemessene Strecken angewiesen, und die bietet in der Regel nur eine Laufbahn.

Intervalltraining muß keineswegs monoton sein. Wir zeigen, wie Sie daraus eine abwechslungsreiche Trainingsform machen können.

• Länge der Belastungen

Die Belastungen erstrecken sich von 200 bis 1000 Meter. Längere Wiederholungen (über 1000 Meter) dienen dem Training der aeroben Fähigkeiten bzw. der spezifischen Ausdauerentwicklung, kurze 200- oder 400-m-Intervalle dagegen dem anaeroben Training, also der Schnelligkeit. Um die Leistungsfähigkeit zu steigern, sind beide Trainingsvarianten nötig.

Die gängigste Belastungsdistanz sind die 400 Meter. Wenn Sie mit dem Intervalltraining starten, sollten Sie es zunächst mit Wiederholungen über diese Streckenlänge versuchen. Erst wenn Sie mehr Erfahrung mit dieser Art Training haben, sollten Sie die Distanzen variieren.

• Länge der Belastungspausen

In den Pausen zwischen den Belastungen sollte der Puls auf mindestens 70 Prozent der maximalen Herzfrequenz sinken. Ein Läufer, der während der Belastung einen Puls von 180 Schlägen pro Minute hatte, sollte also in die nächste schnelle Runde erst wieder einsteigen, wenn der Puls sich auf unter 140 Schläge pro Minute beruhigt hat.

Eine einfachere Methode für Anfänger nach dem Prinzip Belastung = Entlastung: Sind Sie zum Beispiel 400 Meter schnell gelaufen, traben Sie danach 400 Meter im langsamen Tempo, bis Sie den nächsten schnellen 400-m-Abschnitt in Angriff nehmen. Auch hier gilt: Je mehr Erfahrung Sie mit dem Intervalltraining gesammelt haben, desto eher dürfen Sie die Pausen abkürzen. Übrigens: Das Tempo der Trabpausen ist extrem langsam; es entspricht etwa dem beim schnellen Gehen.

• Anzahl der Belastungsintervalle

Ein Intervalltraining mit zu wenigen Belastungen führt zu keinerlei Leistungsverbesserung, eines mit zu vielen Wiederholungen zieht einen Leistungseinbruch nach sich. Ein guter Einstieg zum Intervalltraining sind z. B. fünf 400-m-Wiederholungen. Haben Sie das im Griff, steigern Sie auf acht Wiederholungen. Wer sich an 200-m-Intervallen versucht, kann auch mit sieben oder acht Belastungen bei entsprechender Trabpause beginnen. Wer längere Distanzen bevorzugt, etwa 800 Meter, beginnt mit drei Wiederholungen.

• Belastungstempo

Das Tempo in den Intervall-Belastungen ist nicht besonders schnell. Denn es soll ja nicht nur über die ganze Spanne der Wiederholungen gehalten werden; es soll außerdem immer eine kontrollierte Laufbewegung zulassen. Im übrigen ist das anvisierte Wettkampftempo ein wichtiger Gradmesser für die Intensität der Intervalleinheiten. 200-m-Wiederholungen sollten etwa dem 5-km-Wettkampftempo entsprechen, 400-m-Wiederholungen etwas langsamer (1–5 sek) als das 5-km-Renntempo sein, 800- oder 1000-m-Wiederholungen etwa dem 10-km-Renntempo entsprechen. Sie sollten allerdings schon an Rennen über die entsprechenden Distanzen teilgenommen haben, um Ihr Renntempo zu kennen. Verfügen Sie über keinerlei Rennerfahrung als Tempomaßstab, müssen Sie sich auf Ihr Gefühl verlassen und den Grundsatz beherzigen: Die letzte Belastung sollte genauso schnell sein wie die erste. Zum Schluß des Trainings sollten Sie sich ausgelastet, aber nicht «platt» fühlen.

Intervalltraining für drei Leistungsklassen

• Beginnen Sie Ihr Intervalltraining immer mit 10 bis 15 Minuten Warmlaufen im ruhigen Dauerlauftempo.

• Machen Sie drei bis fünf lockere Steigerungsläufe, bevor Sie in die erste Belastung starten.

• Schließen Sie das Training immer mit 10 bis 15 Minuten lockerem Auslaufen und einem leichten Stretchingprogramm ab.

Intervall-Anfänger

Dazu zählen alle mit minimaler Wettkampferfahrung, die noch nie ein Intervalltraining absolviert haben.

1. Woche

Laufen Sie 400 m im 10-km-Renntempo. Gehen Sie anschließend 400 Meter. Wiederholen Sie das Ganze fünfmal.

2.–4. Woche

Steigern Sie die Wiederholung auf zehn Belastungen mit jeweils 400-m-Gehpause.

5. Woche

Reduzieren Sie die Belastungszahl wieder auf fünf, aber traben Sie in den Pausen anstatt zu gehen.

6.–8. Woche

Steigern Sie die Wiederholung auf zehn Belastungen mit jeweils 400-m-Trabpause.

Ab 9. Woche

Steigern Sie das Belastungstempo,

oder verkürzen Sie die Trabpausen auf 200 Meter. Achtung: Das Trabtempo bleibt unbedingt immer ganz langsam.

Ambitionierte Läufer

Hier sind Läuferinnen und Läufer angesprochen, die schon an diversen Wettkämpfen teilgenommen haben und vier- bis fünfmal pro Woche trainieren. Sie sind durchaus in der Lage, verschiedene Intervallvarianten zu verkraften: kurze, schnelle Intervalle, oder längere (langsamere), die die Gesamtstrecke der Intervallbelastung ausbauen.
Beispiele:
- 8 bis 10 × 400 m im 10-km-Renntempo mit 200 m Trabpause
oder
- 10 bis 15 × 200 m im 5-km-Renntempo mit 200 m Trabpause
oder
- 4 bis 8 × 1000 m (etwas langsamer als das 10-km-Renntempo) mit 400 bis 800 m Trabpause.

Leistungssportler

Läufer mit langjähriger Wettkampf- und Intervallerfahrung können zusätzlich zu den oben genannten mit allen Variationen des Intervalltrainings spielen. Vermischen Sie innerhalb eines Intervalltrainings die Distanzen, lassen Sie Ihrer Fantasie freien Lauf. Beispiele:
- Pyramide

200 m, 400 m, 600 m, 800 m, 1000 m, 800 m, 600 m, 400 m, 200 m Belastungen im 5-km-Renntempo mit 200 bis 400 m Trabpausen
- Serie

5 × 600 m schnell, 200 m Trabpause, 200 m schnell, 200 m Trabpause

Bahntraining

Eine Laufbahn ist nicht nur ein unverzichtbares Trainingsterrain für leistungsorientierte Läufer, auch Freizeitjoggern hat sie einiges zu bieten. Es gibt gute Gründe für ein Training auf der Bahn:
- Gleichmäßig gute Bedingungen
Eine Laufbahn ist gut gefedert und flach (Tartanbahnen je nach Alter und Abnutzung sehr gut, Aschenbahnen gut). Keine Löcher, kein Geröll, kein harter Asphalt – kein Problem für Muskeln und Gelenke.
- Optimale Tempokontrolle
Nirgends kann man das Lauftempo exakter kontrollieren als beim Bahntraining. Sie können Ihre Trainingsfortschritte exakt überprüfen. Einmal pro Woche ein und dieselbe Distanz auf der Bahn, und schon wissen Sie, wo Sie stehen.
- Sicherste Laufstrecke
Dies ist nicht zuletzt für Frauen ein wichtiger Faktor. Laufbahnen sind fast immer Teil von Sportanlagen, die recht frequentiert sind und auf de-

nen ein Platzwart über den Sportbetrieb wacht.

Außerdem kann man, falls eine Flutlichtanlage vorhanden ist, in den Genuß kommen, auch abends unbeschwert Sport treiben zu können.

▪ Beste Infrastruktur

Wo eine Laufbahn ist, gibt es meist ausreichend Parkplätze, Umkleideräume und Duschmöglichkeiten.

Fahrtspiel, die Tempo-Alternative

Wem das Intervalltraining zu starr und die Rundenrennerei zu eintönig ist, für den gibt es eine attraktive Tempo-Alternative: das Fahrtspiel, eine Trainingsmethode, die Abwechslung in den Trainingsalltag bringt. Abwechslung heißt das Zauberwort, denn Fahrtspiel und Tempoläufe können sich in einem Wochentrainingsplan gut ergänzen.

Ein Fahrtspiel sollte auf weichem Boden im Wald, möglichst in leicht profiliertem Gelände, auf nicht abgemessenen Strecken durchgeführt werden. Nach einer Aufwärmphase von 15 Minuten wechseln sich verschieden lange Laufabschnitte in unterschiedlichem Lauftempo ab, vom zügigen Dauerlauf bis zum Sprint. Dazwischen wird locker getrabt.

Dem Läufer wird kein genaues Trainingspensum vorgeschrieben. Es funktioniert zwar nicht nach der lasziven Logik des «anything goes», aber es ist sicherlich die lustbetonteste Form, effizient zu trainieren. Der Läufer bestimmt das Tempo und die Länge der einzelnen Belastungsteilstücke selbst. «Dem eigenen Anstrengungsrhythmus gehorchen», umschrieb Gösse Holmers, der Begründer dieser Trainingsmethode, das zugrundeliegende Prinzip.

Ein Fahrtspiel umfaßt kurze Sprints von 50 bis 100 Meter Länge, schnelle Abschnitte von 30 Sekunden bis drei Minuten und zügige Passagen von über drei Minuten Dauer. Ein Lauf in vollem Tempo sollte nie länger als zirka 200 Meter sein und unbedingt mit einer Trabpause bis zur völligen Erholung komplettiert werden. Es ist sinnvoll, während einer Belastung feste topographische Ziele zu wählen, bis zu denen ein angeschlagenes Tempo durchgehalten wird: bis zur nächsten Bank, zum dritten Laternenmast, der nächsten Weggabelung usw. Der Spontaneität der «Fahrtspieler» sind keine Grenzen gesetzt. Manchmal sagt uns die Intuition, das subjektive Laufgefühl, mehr als ein Lauftagebuch, in dem penibel jeder Kilometer und jedes Intervall festgehalten sind.

Auch beim Fahrtspiel sollten Belastung und Erholung im richtigen

Verhältnis stehen. Auf eine harte Tempobelastung muß immer eine ruhige Laufpassage oder Gehpause folgen. Je schneller und länger ein Teilabschnitt war, desto ausgedehnter muß die Trabpause sein. Beim Auslaufen ist unbedingt auf ein betont langsames Tempo zu achten.

In den letzten Jahren setzte sich bei uns der Begriff Fahrtspiel zunehmend für einen Trainingsansatz durch, der das ursprüngliche Fahrtspiel von Gösse Holmers mit der Methode der Tempoläufe kombiniert. Belastungen und Pausen werden wie bei den Tempoläufen in ihrer Dauer und im Tempo exakt vorgegeben, aber das Training wird auf der Straße oder im Wald und nicht auf der Bahn absolviert. Dabei dienen vermessene Strecken nur als Orientierung, um ein vorgeschriebenes Tempo einzuschätzen.

Der Belastungsaufbau solcher Trainingseinheiten ist meist pyramidisch (Beispiel: 3 min, 6 min, 9 min, 6 min, 3 min Belastung mit Trabpausen). Vor allem der Holländer Gerard Nijboer hatte mit dieser Trainingsmethode großen Erfolg. Er gewann 1980 in Moskau olympisches Silber im Marathon, zwei Jahre später wurde er Europameister. Auch Winfried Aufenanger, langjähriger Bundestrainer der deutschen Marathonläufer, favorisiert diese Trainingsmethode seit Jahren.

Der Ursprung des Fahrtspiels

Kaum jemand kennt heute noch die Ideen des großen schwedischen Trainers Gösse Holmers. Nicht einmal sein Name ist den meisten Läufern geläufig. Gemeinsam mit Gösta Olander begründete er die «schwedische Trainingslehre».

1930 entschloß sich Holmers, etwas Neues auszuprobieren. Es war die Zeit der großen finnischen Langstreckenerfolge und somit auch die Zeit von Paavo Nurmis Experimenten mit dem Intervalltraining (kurze, scharfe Tempoläufe auf der Bahn, deren Länge ebenso exakt festgelegt waren wie die anschließenden Pausen).

Holmers lehnte die Auffassung ab, «daß ein Läufer genau abgesteckte Trainingsstrecken in seinem täglichen Training laufen sollte». Er wollte ihnen «mehr Freiheit geben in der Eigengestaltung ihres Trainings, ihnen ermöglichen, mehr Verständnis und Einblick in das Wesen des Trainings zu gewinnen, und sie damit in den Stand versetzen, das Training mehr nach ihrer eigenen Individualität aufzubauen». So entwickelte Holmers die Trainingsmethode, die er Fartlek nannte, «Fahrtspiel».

Für wen ist Fahrtspiel sinnvoll?

Das Fahrtspiel ist eine abwechslungsreiche Trainingsmethode für Läuferinnen und Läufer, die dreimal und mehr pro Woche laufen. Laufanfänger sollten nach dem Prinzip trainieren: erst die Ausdauer verbessern, dann die Schnelligkeit. Nur wer eine Stunde am Stück laufen kann, sollte an ein Fahrtspiel denken.

Wer dreimal pro Woche läuft, sollte dabei einmal «mit der Fahrt spielen». Wer fünf- bis siebenmal pro Woche läuft, kann ruhig zweimal wöchentlich ein Fahrtspiel integrieren. Klassisches Fahrtspiel durch Feld und Wald und Tempoläufe auf der Bahn schließen sich nicht aus. Eine wöchentliche Kombination ist bei genügend Regeneration ideal.

Das Fahrtspiel ist in den letzten Jahren zunehmend in Vergessenheit geraten, obwohl seine Vorzüge nicht von der Hand zu weisen sind:
- Es bringt Abwechslung in den Trainingsalltag. Voraussetzung ist immer ein passendes Trainingsrevier. (Natürlich wäre ein Fahrtspiel auch auf der Straße denkbar, was aber einer Pervertierung der ursprünglichen Idee gleichkäme.)
- Das Fehlen überprüfbarer Trainingsvorgaben verhindert das Scheitern an Trainingszielen und den häufig folgenden Motivationseinbruch.
- Der Muß-Charakter einer Bahntrainingseinheit (nach 3:30 Minuten *muß* ich bei der 1000-m-Marke sein) wird unterlaufen.
- Die Trainingsgestaltung nach eigenem Gefühl und nicht nach vorgeschriebenen Trainingsprogrammen verhindert eher Überlastung.
- Laufen auf weichem Waldboden ohne die einseitige Belastung des Bahntrainings beugt Verletzungen vor.
- Der Läufer lernt im Fahrtspiel seinen Körper besser einzuschätzen als in einem penibel vorgeschriebenen Trainingsprogramm. Der Nachteil: Die Belastungen im Rahmen eines Fahrtspiels sind schwer nachzuvollziehen und bei einer vergleichenden Trainingsauswertung kaum objektivierbar.
- Es ist als «Training ohne Trainer» perfekt für Individualisten und Einzelkämpfer. Aber es ist auch eine Fahrtspiel-Variante für eine Gruppe gleichstarker Läufer denkbar, bei der vor jeder Belastung abgestimmt wird, wie lange und schnell sie sein soll.
- Das Fahrtspiel bereitet mit seinem unkonventionellen Belastungsverlauf besser auf die Unwägbarkeiten von Wettkampfsituationen (Zwischenspurt, plötzliche Tempoverschärfung) vor als ein gleichförmiges Belastungsprogramm.

DL	Dauerlauf
Langsamer Dauerlauf	Puls unter 70–75 Prozent der maximalen Herzfrequenz
Lockerer Dauerlauf	Puls etwa 75–80 Prozent der maximalen Herzfrequenz
Zügiger Dauerlauf	Puls etwa 80–85 Prozent der maximalen Herzfrequenz
Fahrtspiel	Wechselndes Tempo über verschieden lange Teilstücke. Der Läufer bestimmt Tempo und Länge der Belastungen selbst.
Renntempo	Tempo, das Sie bei einem Wettkampf unter Normalbedingungen laufen können
Steigerungen	Lauf über eine Strecke von 80 bis 100 Metern, bei dem das Tempo kontinuierlich vom Trab bis zum Sprint gesteigert wird

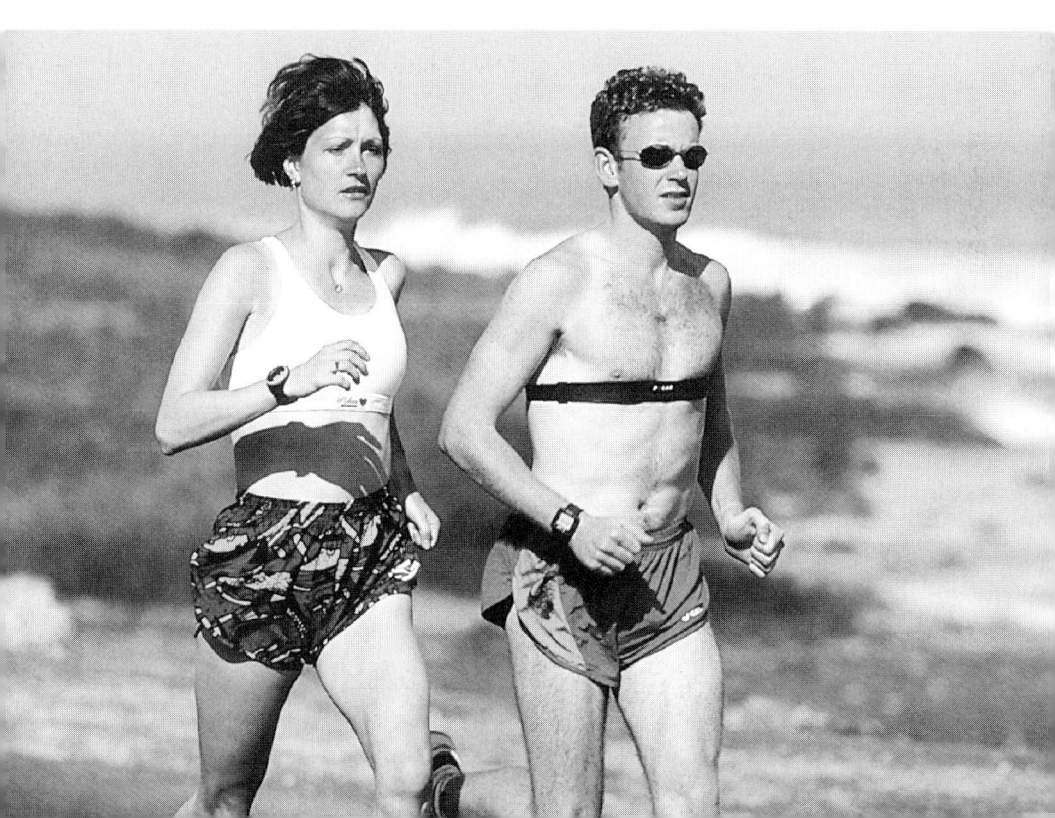

Einsteiger

(3 × Training pro Woche; 10-km-Leistungskategorie:
45 min und darüber)

1. WOCHE

MO	–
DI	–
MI	5 × 5 min Fahrtspiel (2 : 30 min Pause) mit Ein- und Auslaufen
DO	–
FR	–
SA	langsamer DL
SO	ruhiger DL
WOCHEN-UMFANG:	30 km

2. WOCHE

MO	–
DI	–
MI	25 min Tempodauerlauf mit Ein- und Auslaufen
DO	–
FR	–
SA	langsamer DL
SO	ruhiger DL
WOCHEN-UMFANG:	30 km

3. WOCHE

MO	–
DI	–
MI	8-6-4-2 min Fahrtspiel (4-3-2-1 min Pause) mit Ein- und Auslaufen
DO	–
FR	–
SA	langsamer DL
SO	ruhiger DL
WOCHEN-UMFANG:	35 km

4. WOCHE

MO	–
DI	–
MI	25 – 30 min Fahrtspiel (2 : 30 min Pause) mit Ein- und Auslaufen
DO	–
FR	–
SA	langsamer DL
SO	ruhiger DL
WOCHEN-UMFANG:	40 km

5. WOCHE

MO	–
DI	–
MI	ruhiger DL
DO	–
FR	–
SA	langsamer DL
SO	ruhiger DL
WOCHEN-UMFANG:	25 km

6. WOCHE

MO	–
DI	–
MI	8-6-4-2 min Fahrtspiel (4-3-2-1 min Pause) mit Ein- und Auslaufen
DO	–
FR	–
SA	langsamer DL
SO	ruhiger DL
WOCHEN-UMFANG:	35 km

7. WOCHE		
MO	–	
DI	–	
MI	10 × 400 m TL (mit 90 sec Pause) mit Ein- und Auslaufen	
DO	–	
FR	–	
SA	langsamer DL	
SO	ruhiger DL, anschließend 5 Steigerungen	
WOCHEN-UMFANG:	35 km	

8. WOCHE		
MO	–	
DI	–	
MI	ruhiger DL, anschließend 5 Steigerungen	
DO	–	
FR	langsamer DL	
SA	–	
SO	5- oder 10-km-Wettkampf (oder -Testlauf)	
WOCHEN-UMFANG:	30 km	

9. WOCHE		
MO	–	
DI	–	
MI	ruhiger DL	
DO	–	
FR	ruhiger DL	
SA	–	
SO	4 × 5 min Fahrtspiel (2 – 3 min Pause) mit Ein- und Auslaufen	
WOCHEN-UMFANG:	30 km	

10. WOCHE		
	MO	–
	DI	ruhiger DL
	MI	–
	DO	–
	FR	10 × 400 m TL (mit 90 sec Pause) mit Ein- und Auslaufen
	SA	–
	SO	langsamer DL, anschließend 5 Steigerungen
	WOCHEN-UMFANG:	35 km

11. WOCHE		
	MO	–
	DI	–
	MI	4 × 4 min Fahrtspiel (2 min Pause) mit Ein- und Auslaufen
	DO	–
	FR	–
	SA	langsamer DL
	SO	ruhiger DL, anschließend 5 Steigerungen
	WOCHEN-UMFANG:	25 km

12. WOCHE		
	MO	–
	DI	ruhiger DL, anschließend 3 Steigerungen
	MI	–
	DO	langsamer DL
	FR	–
	SA	–
	SO	10-km-Wettkampf
	WOCHEN-UMFANG:	30 km

Engagierte Läufer

(4–5 × Training pro Woche; 10-km-Leistungskategorie: 36–45 min)

1. WOCHE

MO	–
DI	8 × 3 min Fahrtspiel (2 min Pause) mit Ein- und Auslaufen
MI	–
DO	ruhiger DL
FR	–
SA	25–30 min TDL mit Ein- und Auslaufen
SO	langsamer langer DL
WOCHEN-UMFANG:	50 km

2. WOCHE

MO	–
DI	3-6-3-6-3 min Fahrtspiel (2–3 min Pause) mit Ein- und Auslaufen
MI	–
DO	ruhiger DL
FR	–
SA	3 × 10 min Fahrtspiel (3–4 min Pause) mit Ein- und Auslaufen
SO	langsamer langer DL
WOCHEN-UMFANG:	50 km

3. WOCHE

MO	ruhiger DL
DI	8 × 3 min Fahrtspiel (2 min Pause) mit Ein- und Auslaufen
MI	–
DO	langsamer langer DL
FR	–
SA	30 min TDL mit Ein- und Auslaufen
SO	ruhiger DL
WOCHEN-UMFANG:	55 km

4. WOCHE

MO	ruhiger DL
DI	3-6-3-6-3-6-3 min Fahrtspiel (2 – 3 min Pause) mit Ein- und Auslaufen
MI	–
DO	langsamer langer DL
FR	–
SA	3 × 12 min Fahrtspiel (3 – 4 min Pause) mit Ein- und Auslaufen
SO	ruhiger DL
WOCHEN-UMFANG:	60 km

5. WOCHE

MO	–
DI	ruhiger DL
MI	–
DO	ruhiger DL
FR	–
SA	mittlerer DL
SO	langsamer langer DL
WOCHEN-UMFANG:	50 km

6. WOCHE

MO	–
DI	8 × 3 min Fahrtspiel (2 – 3 min Pause) mit Ein- und Auslaufen
MI	–
DO	ruhiger DL
FR	–
SA	3 × 12 min Fahrtspiel (3 – 4 min Pause) mit Ein- und Auslaufen
SO	langsamer langer DL
WOCHEN-UMFANG:	60 km

7. WOCHE	**MO**	ruhiger DL
	DI	10 × 400 m TL (90 sec Pause) mit Ein- und Auslaufen
	MI	–
	DO	langsamer langer DL
	FR	–
	SA	30 min TDL mit Ein- und Auslaufen
	SO	ruhiger DL
	WOCHEN-UMFANG:	60 km

8. WOCHE	**MO**	ruhiger DL
	DI	8 × 500 m TL (90 sec Pause) mit Ein- und Auslaufen
	MI	–
	DO	ruhiger DL, anschließend 10 Steigerungen
	FR	–
	SA	10-km-Wettkampf oder -Testlauf
	SO	langsamer DL
	WOCHEN-UMFANG:	55 km

9. WOCHE	**MO**	–
	DI	ruhiger DL
	MI	ruhiger DL
	DO	–
	FR	10 × 1000 m TL (2 min Pause) mit Ein- und Auslaufen
	SA	ruhiger DL
	SO	langsamer langer DL
	WOCHEN-UMFANG:	60 km

10. WOCHE	**MO**	–
	DI	12 × 400 m TL (90 sec Pause) mit Ein- und Auslaufen
	MI	ruhiger DL
	DO	ruhiger DL
	FR	–
	SA	2 × 4 km TDL (5 min Pause) mit Ein- und Auslaufen
	SO	langsamer langer DL
	WOCHEN-UMFANG:	60 km

11. WOCHE	**MO**	–
	DI	4 × 2000 m TL (2 – 3 min Pause) mit Ein- und Auslaufen
	MI	ruhiger DL
	DO	ruhiger DL
	FR	–
	SA	10-8-6-4-2 min Fahrtspiel (4-3-2-2 min Pause) mit Ein- und Auslaufen
	SO	ruhiger DL
	WOCHEN-UMFANG:	50 km

12. WOCHE	**MO**	–
	DI	5 × 3 min lockeres Fahrtspiel (2 min Pause) mit Ein- und Auslaufen
	MI	–
	DO	ruhiger DL, anschließend 3 – 5 Steigerungen
	FR	–
	SA	–
	SO	10-km-Wettkamf
	WOCHEN-UMFANG:	45 km

Ambitionierte Läufer

(5–6 × Training pro Woche; 10-km-Leistungskategorie: 36 min und darunter)

1. WOCHE

MO	ruhiger DL
DI	8 × 3 min Fahrtspiel (2 min Pause) mit Ein- und Auslaufen
MI	–
DO	langsamer langer DL
FR	–
SA	30 min TDL mit Ein- und Auslaufen
SO	ruhiger DL
WOCHEN- UMFANG:	80 km

2. WOCHE

MO	ruhiger DL
DI	5 × 5 min Fahrtspiel (2 : 30 min Pause) mit Ein- und Auslaufen
MI	–
DO	langsamer langer DL
FR	–
SA	3 × 10 min Fahrtspiel (3–4 min Pause) mit Ein- und Auslaufen
SO	ruhiger DL
WOCHEN- UMFANG:	80 km

3. WOCHE

MO	ruhiger DL
DI	10 × 3 min Fahrtspiel (2 min Pause) mit Ein- und Auslaufen
MI	ruhiger DL
DO	mittlerer DL
FR	–
SA	30 min TDL mit Ein- und Auslaufen
SO	langsamer langer DL
WOCHEN- UMFANG:	90 km

4. WOCHE

MO	ruhiger DL
DI	6 × 5 min Fahrtspiel (2:30 min Pause) mit Ein- und Auslaufen
MI	ruhiger DL
DO	mittlerer DL
FR	–
SA	3 × 12 min Fahrtspiel (3–4 min Pause) mit Ein- und Auslaufen
SO	langsamer langer DL
WOCHEN-UMFANG:	100 km

5. WOCHE

MO	ruhiger DL
DI	ruhiger DL
MI	–
DO	mittlerer DL
FR	–
SA	langsamer langer DL
SO	ruhiger DL
WOCHEN-UMFANG:	80 km

6. WOCHE

MO	ruhiger DL
DI	5 × 5 min Fahrtspiel (2:30 min Pause) mit Ein- und Auslaufen
MI	–
DO	langsamer langer DL
FR	ruhiger DL, anschließend 10 Steigerungen
SA	3 × 12 min Fahrtspiel (3–4 min Pause) mit Ein- und Auslaufen
SO	ruhiger DL
WOCHEN-UMFANG:	100 km

7. WOCHE	**MO**	ruhiger DL
	DI	10 – 12 × 400 m TL (90 sec Pause) mit Ein- und Auslaufen
	MI	ruhiger DL
	DO	mittlerer DL
	FR	–
	SA	30 min TDL mit Ein- und Auslaufen
	SO	langsamer langer DL
	WOCHEN-UMFANG:	100 km

8. WOCHE	**MO**	ruhiger DL
	DI	10 × 500 m TL (90 sec Pause) mit Ein- und Auslaufen
	MI	ruhiger DL
	DO	langsamer DL, anschließend 10 Steigerungen
	FR	–
	SA	5- oder 10-km-Wettkampf (oder -Testlauf)
	SO	langsamer DL
	WOCHEN-UMFANG:	90 km

9. WOCHE	**MO**	ruhiger DL
	DI	ruhiger DL
	MI	–
	DO	ruhiger DL
	FR	10 × 1000 m TL (2 min Pause) mit Ein- und Auslaufen
	SA	ruhiger DL
	SO	langsamer langer DL
	WOCHEN-UMFANG:	90 km

10. WOCHE

MO	ruhiger DL
DI	15 × 400 m TL (90 sec Pause) mit Ein- und Auslaufen
MI	–
DO	langsamer langer DL
FR	ruhiger DL, anschließend 5 Steigerungen
SA	2 × 5 km TDL (5 min Pause) mit Ein- und Auslaufen
SO	ruhiger DL
WOCHEN-	
UMFANG:	100 km

11. WOCHE

MO	ruhiger DL
DI	4 × 2000 m TL (2 – 3 min Pause) mit Ein- und Auslaufen
MI	ruhiger DL
DO	ruhiger DL
FR	10-8-6-4-2 min Fahrtspiel (4-3-2-2 min Pause) mit Ein- und Auslaufen
SA	–
SO	langsamer langer DL
WOCHEN-	
UMFANG:	80 km

12. WOCHE

MO	ruhiger DL
DI	5 × 3 min lockeres Fahrtspiel (2 min Pause) mit Ein- und Auslaufen
MI	ruhiger DL
DO	langsamer DL, anschließend 3 – 5 Steigerungen
FR	–
SA	kurzes Auflockern
SO	10-km-Wettkampf
WOCHEN-	
UMFANG:	80 km

Halbmarathontraining

Ein Halbmarathon ist die ideale Distanz zur Vorbereitung auf einen Marathon. Während ein 10-km-Lauf schon mit relativ wenig Trainingsaufwand zu bewältigen ist, bedarf es beim Halbmarathon schon einer gezielten Vorbereitung, bei der es auf die richtige Mischung von Tempo und Ausdauer ankommt.

Hier treffen sich Marathonläufer und andere, die gerne kürzere Distanzen laufen. Für Marathonläufer ist die halbe Distanz eine ideale «Tempospritze», für 10-km-Läufer ein Ausflug in die Welt der Tempoausdauer.

Vor allem aber ist der Halbmarathon die optimale Vorbereitungsdistanz für alle, die sich einmal an den 42,195 Kilometern messen wollen. Im Frühjahr einen halben und im Herbst einen ganzen Marathon ...

Für Laufanfänger ist ein halber Marathon genauso wenig als Wettkampfdistanz geeignet wie ein ganzer. Nur wer schon mehrere Monate regelmäßig zwei- bis dreimal pro Woche läuft und sich zehn Wochen Zeit für die Vorbereitung nimmt, sollte sich an einen Halbmarathon wagen.

Der Halbmarathon wird in einem Tempo gelaufen, das näher am 10-km- als am Marathon-Renntempo liegt. Während man beim 10-km-Wettkampf zeitweise etwas über der anaeroben Schwelle läuft (der Sauerstoffverbrauch ist höher als die Sauerstoffbereitstellung), läuft man beim Halbmarathon direkt an dieser Schwelle und kommt zwar erschöpft, aber ohne Atemnot ins Ziel.

Halbmarathon-Einsteiger

Sie sind bisher nur Wettkampfdistanzen bis 15 Kilometer gelaufen und wollen problemlos das Ziel erreichen. Realistische Endzeit: 2:00 bis 2:15 Stunden. Der Aufwand liegt bei vier Trainingseinheiten pro Woche. Das bedeutet etwa drei Stunden Training pro Woche. Die wichtigste Einheit ist ein langsamer Lauf, dessen Umfang von Woche zu Woche ausgebaut wird.

Wer unter der Woche Spaß an etwas Abwechslung hat, sollte auf Tempospielereien nicht verzichten. Im Fahrtspiel etwa können in kurzem Wechsel verschiedene Geschwindigkeiten kombiniert werden.

Engagierte Läufer

Sie haben Wettkampf- und eventuell auch schon Marathonerfahrung. Ihr Zeitziel liegt bei 1:25 bis 1:45 Stunden (bei Frauen 1:35 bis 1:50 Stunden). Der Aufwand umfaßt vier bis fünf Trainingseinheiten pro Woche; das sind etwa vier bis fünf Stunden. Zwei Trainingsläufe werden in schär-

ferem Tempo absolviert: Bei den Minutenläufen, die auf der Bahn oder auf Wegen und Straßen absolviert werden können, wird ein deutlich schnelleres Tempo eingeschlagen als das Renntempo beim Halbmarathon. Bei den 20 bis 30 Minuten langen Tempodauerläufen bewegt sich das Tempo ca. 20 Sekunden pro Kilometer über dem Renntempo. Der lange, langsame Lauf am Wochenende ist für diese Läufer kein Problem, was die Zeitlänge angeht; aber mit dem Tempo tun sie sich meist schwer. Nur die wenigsten haben gelernt, wirklich langsam zu laufen.

Ambitionierte Läufer

Ihnen braucht man nicht viel über das richtige Training zu erzählen. Sie verfügen über langjährige Trainings- und Wettkampfpraxis. Das Halbmarathon-Zeitziel liegt unter 1:20 bis 1:25 Stunden (bei Frauen unter 1:35 Stunden). Der Trainingsaufwand beträgt sechs Trainingseinheiten pro Woche bei einem zeitlichen Aufwand von fünf bis sechs Stunden. Dies ist zwar nur etwa eine Stunde mehr als bei den engagierten Läufern, aber Vorsicht: Die Tempoeinheiten sind umfangreicher und bieten geringere Regenerationszeiten zwischen den Belastungen. Wer mit ambitionierten Zielsetzungen trainiert, sollte wissen, daß ein lockerer Lauf locker und ein langsamer Lauf langsam sein

muß. Wer sich mit diesem Training unterfordert fühlt, ersetzt den Ruhetag durch einen lockeren Dauerlauf oder packt zehn Prozent auf den gesamten Kilometerumfang.

Wie schnell wollen Sie laufen?

Laufen Sie den Halbmarathon ohne eine ungefähre Vorstellung von Ihrer Wunsch-Endzeit, kann es leicht passieren, daß Sie viel zu schnell loslaufen und schon nach der ersten Hälfte völlig ausgepumpt am Straßenrand stehen. Und laufen Sie zu langsam los und merken erst auf der Zielgeraden, welche Reserven Sie noch haben, können Sie zwar die Zuschauer mit einem grandiosen Endspurt überzeugen, trauern aber im Ziel den verlorenen Minuten nach.

Ein realistisches Zeitziel läßt sich anhand der Ergebnisse errechnen, die Sie auf anderen Distanzen erzielt haben. Die Frage nach der Berechnung von Zeitzielen auf verschiedenen Laufdistanzen haben sich Läufer und Leistungsphysiologen seit Jahrzehnten gestellt, was zu den verschiedensten Formeln und Tabellen führte.

In den 70er Jahren publizierte der Marathonläufer und Journalist Manfred Steffny die Formel «10-km-Bestzeit mal Faktor 4,666 ist gleich Marathon-Zeit». Am nachvollziehbarsten sind die Berechnungen des Amerika-

ners Pete Riegel. Er fand heraus, daß der Logarithmus der Weltrekordzeiten, bezogen auf den Logarithmus der jeweiligen Laufdistanzen, eine gerade Linie ergab. Das klingt kompliziert, ist es aber nicht. Seine Formel macht es möglich, aufgrund der Weltrekordzeit auf einer Distanz die möglichen Weltrekorde auf anderen Distanzen ziemlich genau hochzurechnen. Das heißt: Bestzeiten auf einer Distanz machen Bestzeiten auf anderen Distanzen vorhersagbar. Für uns, die wir auf ewige Zeiten dem Millionenheer der Nicht-Weltrekordler angehören werden, heißt das zum Beispiel: Spult eine Läuferin die 10 Kilometer in einem Tempo herunter, das 75 Prozent des Weltrekordtempos entspricht, ist Sie dazu auch über 1500 Meter wie über die Marathondistanz in der Lage. (Natürlich gibt es Abweichungen, die u. a. mit dem Faktor Alter zu tun haben.)

Die auf Seite 114 abgedruckte Tabelle «Faustformel für realistische Endzeiten» fußt auf den Untersuchungen Riegels und bietet für jede Leistungsklasse die Möglichkeit, aus der Bestzeit auf einer Distanz ein realistisches Zeitziel für eine andere Strecke zu errechnen. Die Tabelle erlaubt eine Umrechnung in beide Richtungen: von einer kürzeren auf eine längere Distanz und umgekehrt.

Doch es gibt hierbei auch verzerrende Faktoren. Ohne gewissenhaftes Vorbereitungsprogramm mit ausreichend vielen langen Läufen geht auch die beste Rechnung nicht auf. Die Tabelle gibt natürlich nur Ihr Leistungs*vermögen* wieder, nicht aber unbedingt den aktuellen Leistungs*stand*. Wer zum Beispiel ein 10-km-Ergebnis aus der Vorbereitungperiode auf den Halbmarathon zugrunde legt, sollte bedenken, daß er sich ja nicht speziell auf dieses 10-Kilometer-Rennen vorbereitet hat, sondern eben auf einen Halbmarathon. Von der errechneten Halbmarathon-Zeit darf man ruhig ein wenig abziehen.

Faustformel für realistische Endzeiten

So errechnen Sie Ihr realistisches Zeitziel für die Halbmarathon-Distanz: Nehmen wir an, Sie haben in der Vorbereitung an einem 10-Kilometer-Wettkampf teilgenommen und wollen aufgrund dieses Ergebnisses Ihre Halbmarathon-Zielzeit errechnen. Der Multiplikationsfaktor für den Halbmarathon, ausgehend von der 10-km-Strecke, ist 2,223. Damit multiplizieren Sie Ihre 10-km-Bestzeit. Heraus kommt Ihre realistische Halbmarathon-Endzeit.

	5 km	10 km	Halbmarathon	Marathon
5 km	1,000	2,099	4,667	9,798
10 km	0,476	1,000	2,223	4,667
Halbmarathon	0,214	0,450	1,000	2,099
Marathon	0,102	0,214	0,476	1,000

Beispiel 1: Sie haben eine 10-km-Bestzeit von 40 Minuten und wollen daraus die Halbmarathon-Zielzeit errechnen. Sie multiplizieren also Ihre 10-km-Zeit mit dem Faktor 2,223 und erhalten eine realistische Endzeit von etwa 1:29 Stunden. Beispiel 2: Sie haben eine Marathon-Bestzeit von 4 Stunden. Multiplizieren Sie diese Zeit mit dem Halbmarathon-Faktor von 0,476 – und Sie erhalten 1:54 Stunden als Ihre Halbmarathon-Prognose.

Tapering: Auf den Punkt trainieren

Einige Wochen Vorbereitung liegen hinter Ihnen, und schon manches Mal haben Sie die Anmeldung für den Halbmarathon bereut. Sie sind nervös, angespannt, flatterig, so als ginge es zum ersten Rendezvous und nicht über «läppische 21 Komma irgendwas Kilometer». Kein Problem; vor dem ersten großen Wettkampf flattern die Schmetterlinge nicht viel anders als vor einer heißersehnten Begegnung. Wer ohne innere Anspannung und nervöse Vorfreude an der Startlinie steht, wird keine Top-Leistung bringen. Diese Erfahrung haben viele gemacht. Wo der richtige Biß fehlt, ist der Körper nicht aus der Reserve zu locken.

Ihre Nervosität sollte Sie aber nicht dazu verleiten, in den letzten Trainingswochen zuviel Gas zu geben. Abgerechnet wird nicht im Training, sondern am Ende des Halbmarathons. «Tapering» (engl. taper = spitz zulaufen) – frei übersetzt «Training auf den Punkt» – ist das, worauf es in den letzten vierzehn Tagen ankommt. Ein übertrieben hartes Training in der unmittelbaren Vorbereitung ist kontraproduktiv. Der Körper findet keine Zeit, zu rabiate Trainingsbelastungen kurz vor dem Wettkampf noch zu verarbeiten. Die Folge: Sie gehen ausgepowert an den Start und können Ihre Leistungsfähigkeit nicht voll ausschöpfen. Das ist kein Plädoyer, sich auf die faule Haut zu legen; auch dabei verlieren Sie an Form. Richtig ist es, gerade soviel in das Training zu investieren, daß Sie Ihren Leistungsstand halten, aber Ihre Kraft nicht in zu extensivem oder intensivem Training verpulvern. In der vorletzten Woche vor dem

Halbmarathon braucht der Körper zwar weiterhin eine regelmäßige, aber keine erschöpfende Belastung. In der letzten Woche kommt es nur noch darauf an, den Glykogenspiegel in der Muskulatur aufzufüllen und sich zu erholen.

Das Renntempo ist entscheidend

Nicht jeder, der im Training alles richtig gemacht hat, macht auch im Wettkampf alles richtig. Entscheidend ist, das angemessene Renntempo zu finden. Anhand unserer Umrechnungstabelle können Sie problemlos eine Ihrem Leistungsniveau entsprechende Halbmarathon-Zielzeit bestimmen, die Sie Ihrer Renneinteilung zugrunde legen sollten. Meistens empfiehlt sich eine ganz einfache Renntaktik: Teilen Sie die Zielzeit durch die einzelnen Kilometerabschnitte, und versuchen Sie, die errechneten Zeiten gleichmäßig durchzulaufen. Nichts einfacher als das, oder? Von wegen. Schon mit dem Startschuß rennen viele Läufer alle guten Pläne über den Haufen und lassen, animiert durch die Starthektik, ihrer Nervosität freien Lauf. Oft ist man schon auf dem ersten Kilometer dreißig Sekunden schneller als geplant. Das böse Ende kommt dann in der zweiten Streckenhälfte:

Die Kräfte schwinden zusehends, und man wird von denen nach hinten durchgereicht, die sich ihr Rennen richtig eingeteilt haben. Wer zu schnell losläuft, verpulvert schon auf den ersten Kilometern die Kraft, die er für die gesamte Strecke braucht. Das tut auf der zweiten Hälfte nicht nur ziemlich weh, sondern ist auch sehr frustrierend. Auch wer zu früh kommt, den bestraft manchmal das Leben ...

In der Ruhe liegt die Kraft

Deshalb mäßigen Sie Ihren Schritt nach dem Startschuß. Starten Sie das Rennen mit einigen Gehschritten, fallen dann in einen langsamen Trab, und versuchen Sie erst nach 100 Metern, einen Laufschritt zu ziehen. Kontrollieren Sie schon bei der ersten Kilometermarkierung Ihr Tempo. Sind Sie zu schnell, sollten Sie sofort korrigieren. Sind Sie zu langsam, legen Sie vorsichtig, keinesfalls abrupt, einen Zahn zu.

Es gibt nur wenige wissenschaftliche Untersuchungen zum Thema Renntaktik. Fast alle halten ein gleichmäßiges Tempo für das A und O einer klugen Renneinteilung. Zu einem etwas differenzierteren Resultat gelangt eine Studie der Universität Milwaukee. Optimal für ein 10-Mei-

len- oder Halbmarathon-Rennen scheint demnach die 51–49-Einteilung zu sein. Die Erklärung ist simpel: Diejenigen Probanden erreichten die schnellsten Endzeiten, welche die erste Hälfte in 51 Prozent und die zweite in 49 Prozent der angestrebten Endzeit zurückgelegt hatten. Viele aus der 51–49-Gruppe besaßen noch die Kraft für ein starkes Schlußviertel und liefen deutlich schneller als geplant. Die Erklärung klingt plausibel: Wer zu schnell in den Halbmarathon startet, läuft auch schnell über seiner anaeroben Schwelle und bildet schon in der Anfangsphase so viel Milchsäure, daß eine optimale Leistung im Schlußteil unmöglich wird. Mit einem etwas langsameren Tempo als

dem Durchschnittswert der angestrebten Zielzeit sind Sie auf jeden Fall auf der sicheren Seite.

Konkret heißt das: Nehmen wir an, Sie wollen den Halbmarathon in 1:40 h bewältigen, was zwei gleichmäßigen Hälften von 50 Minuten auf 10,5 Kilometer entspricht (4:45 min/km), so würden Sie nach dem 51–49-Schema die erste Hälfte in 51 Minuten (4:50 min/km) anlaufen und dann so forcieren, daß Sie in 49 Minuten (4:40 min/km) den Rest absolvieren. Natürlich müssen es nicht exakt 51 und 49 Prozent sein, Hauptsache, der erste Teil wird langsamer angelaufen als das Zielzeit-Tempo – und keinesfalls schneller.

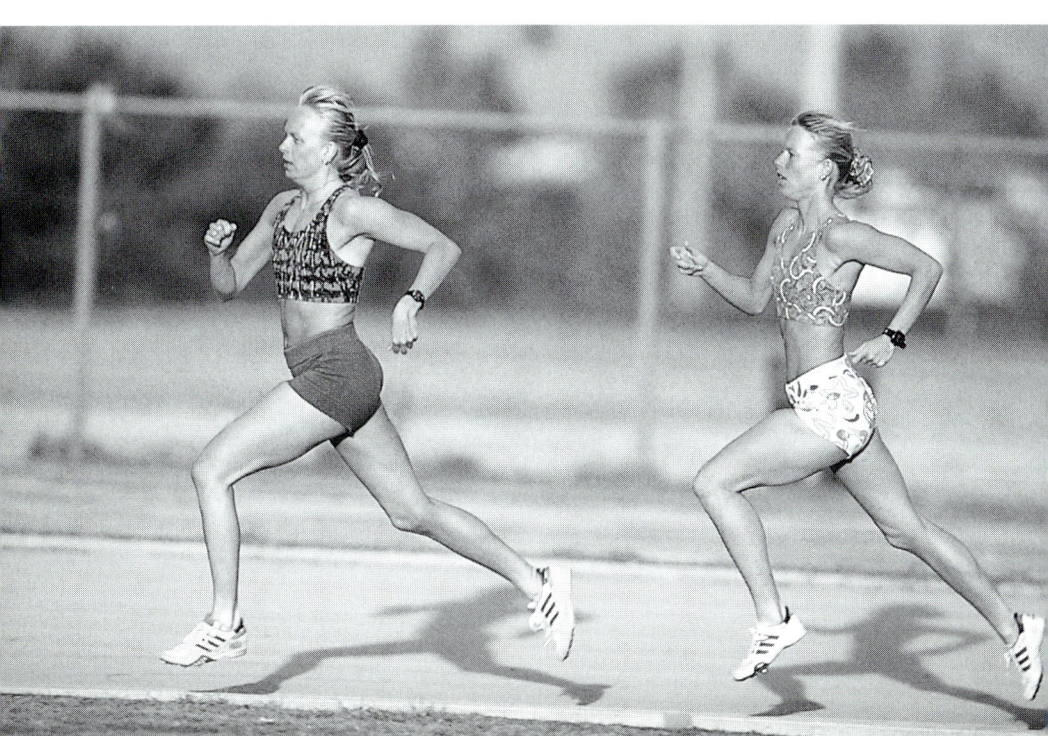

IN 10 WOCHEN ZUM HALBMARATHON

Einsteiger

(4 × Training pro Woche)

DI	30 min	lockerer DL	
DO	35 min	lockerer DL, anschließend 5 Steigerungen	
SA	30 min	zügiger DL	
SO	40 min	langsamer DL	

1. WOCHE

DI	30 min	lockerer DL	
DO	35 min	Fahrtspiel mit Tempowechsel nach Gefühl	
SA	30 min	lockerer DL	
SO	50 min	langsamer DL	

2. WOCHE

DI	30 min	lockerer DL	
DO	40 min	Fahrtspiel mit Tempowechsel nach Gefühl	
SA	30 min	lockerer DL	
SO	55 min	langsamer DL	

3. WOCHE

DI	35 min	lockerer DL	
DO	40 min	Fahrtspiel mit Tempowechsel nach Gefühl	
SA	30 min	lockerer DL	
SO	60 min	langsamer DL	

4. WOCHE

DL = Dauerlauf

5. WOCHE	**DI**	35 min	lockerer DL
	DO	10 min	langsamer DL, dann
		4 × 3 min	schnell (zwischen Belastungen jeweils 3 min Trab-pause), anschließend
		10 min	langsamer DL
	FR	20 min	lockerer DL
	SO		10-km-Wettkampf oder Testlauf über dieselbe Distanz

6. WOCHE	**DI**	30 min	langsamer DL
	DO	10 min	langsamer DL, dann
		5 × 3 min	schnell (zwischen Belastungen jeweils 3 min Trab-pause), anschließend
		10 min	langsamer DL
	SA	30 min	lockerer DL
	SO	70 min	langsamer DL

7. WOCHE	**DI**	35 min	lockerer DL
	DO	45 min	Fahrtspiel mit Tempowechsel nach Gefühl
	FR	20 min	langsamer DL, anschließend 5 Steigerungen
	SO		10-km-Wettkampf oder Testlauf über dieselbe Distanz

8. WOCHE	**DI**	35 min	langsamer DL
	DO	10 min	langsamer DL, dann
		5 × 4 min	schnell (zwischen Belastungen jeweils 4 min Trab-pause), anschließend
		10 min	langsamer DL
	SA	30 min	lockerer DL
	SO	90 min	langsamer DL

9. WOCHE	DI	30 min	lockerer DL
	DO	10 min	langsamer DL, dann
		4 × 5 min	schnell (zwischen Belastungen jeweils 4 min Trab-pause), anschließend
		10 min	langsamer DL
	SA	30 min	lockerer DL
	SO	70 min	langsamer DL

10. WOCHE	DI	30 min	lockerer DL
	MI	5 min	langsamer DL, dann
			3 km im angestrebten Halbmarathon-Renntempo,
		5 min	langsamer DL
	SA	10 min	langsamer DL, anschließend 5 Steigerungen
	SO		Halbmarathon-Wettkampf

Engagierte Läufer

(5 × Training pro Woche)

1. WOCHE	MO	35 min	lockerer DL
	MI	45 min	Fahrtspiel mit Tempowechsel nach Gefühl
	DO	35 min	lockerer DL
	SA	40 min	lockerer DL, anschließend 5 Steigerungen
	SO	60 min	langsamer DL

2. WOCHE	MO	40 min	lockerer DL
	MI	45 min	Fahrtspiel mit Tempowechsel nach Gefühl
	DO	40 min	lockerer DL
	SA	10 min	langsamer DL, dann
		20 min	schnell (ca. 20 sek/km langsamer als angestrebtes Halbmarathon-Renntempo), anschließend
		10 min	langsamer DL
	SO	60 min	langsamer DL

3. WOCHE	**MO**	35 min	lockerer DL
	MI	10 min	langsamer DL, dann
		5 × 3 min	schnell (zwischen den Belastungen jeweils 2 min Trabpause), anschließend
		10 min	langsamer DL
	DO	40 min	lockerer DL
	SA	10 min	langsamer DL, dann
		20 min	schnell (ca. 20 sek/km langsamer als angestrebtes Halbmarathon-Tempo), anschließend
		10 min	langsamer DL
	SO	65 min	langsamer DL

4. WOCHE	**MO**	40 min	lockerer DL
	MI	10 min	langsamer DL, dann
		4 × 6 min	schnell (zwischen den Belastungen jeweils 4 min Trabpause), anschließend
		10 min	langsamer DL
	DO	35 min	lockerer DL
	SA	10 min	langsamer DL, dann
		30 min	schnell (ca. 20 sek/km langsamer als angestrebtes Halbmarathon-Tempo), anschließend
		10 min	langsamer DL
	SO	70 min	langsamer DL

56, *50*, *251* (handschriftliche Notizen)

5. WOCHE	**MO**	40 min	lockerer DL
	MI	10 min	langsamer DL, dann
		4 × 4 min	schnell (zwischen Belastungen jeweils 3 min Trabpause), anschließend
		10 min	langsamer DL
	DO	30 min	langsamer DL
	SA	30 min	lockerer DL, anschließend 5 Steigerungen
	SO		10-km-Rennen oder Testlauf über dieselbe Distanz

45, *145* (handschriftliche Notizen)

6. WOCHE	MO	30 min	langsamer DL
	MI	10 min	langsamer DL, dann
		2 × 10 min	schnell (zwischen Belastungen jeweils 5 min Trabpause), anschließend
		10 min	langsamer DL
	DO	40 min	lockerer DL
	SA	10 min	langsamer DL, dann
		30 min	schnell (ca. 20 sek / km langsamer als angestrebtes Halbmarathon-Tempo), anschließend
		10 min	langsamer DL
	SO	70 min	langsamer DL

45
50
275

7. WOCHE	MO	40 min	lockerer DL
	MI	10 min	langsamer DL, dann
		15 × 1 min	schnell (zwischen Belastungen jeweils 1 min Trabpause), anschließend
		10 min	langsamer DL
	DO	30 min	langsamer DL
	SA	30 min	lockerer DL, anschließend 5 Steigerungen
	SO		10-km-Wettkampf oder Testlauf über dieselbe Distanz

50
150

8. WOCHE	MO	35 min	lockerer DL
	MI	35 min	lockerer DL
	DO	10 min	langsamer DL, dann
		4 × 5 min	schnell (zwischen Belastungen jeweils 3 min Trabpause), anschließend
		10 min	langsamer DL
	SA	35 min	lockerer DL
	SO	80 min	langsamer DL

50
235

9. WOCHE	**MO**	35 min	lockerer DL
	MI	10 min	langsamer DL, dann
		2 × 10 min	schnell (zwischen Belastungen jeweils 5 min Trabpause), anschließend
		10 min	langsamer DL
	DO	35 min	lockerer DL
	SA	10 min	langsamer DL, dann
		25 min	schnell (ca. 20 sek / km langsamer als angestrebtes Halbmarathon-Tempo), anschließend
		10 min	langsamer DL
	SO	60 min	langsamer DL

10. WOCHE	**DI**	20 min	lockerer DL
	MI	10 min	langsamer DL, dann
		4 × 3 min	schnell (zwischen Belastungen jeweils 2 min Trabpause), anschließend
		10 min	langsamer DL
	DO	30 min	lockerer DL
	SA	20 min	langsamer DL
	SO		Halbmarathon-Wettkampf

Ambitionierte Läufer
(6 × Training pro Woche)

1. WOCHE	**MO**	35 min	lockerer DL, anschließend 5 Steigerungen
	DI	10 min	langsamer DL, dann
		5 × 4 min	(oder 5 × 1000 m) schnell (zwischen den Belastungen jeweils 2 min Trabpause), anschließend
		10 min	langsamer DL
	MI	40 min	lockerer DL
	DO	Ruhetag	
	FR	40 min	zügiger DL
	SA	40 min	lockerer DL
	SO	70 min	langsamer DL

MO	35 min	lockerer DL
DI	10 min	langsamer DL, dann
	7 × 4 min	(oder 7 × 1000 m) schnell (zwischen den Belastungen jeweils 2 min Trabpause), anschließend
	10 min	langsamer DL
MI	40 min	lockerer DL
DO		Ruhetag
FR	10 min	langsamer DL, dann
	20 min	schnell (ca. 10–15 sek/km langsamer als angestrebtes Halbmarathon-Tempo), anschließend
	10 min	langsamer DL
SA	40 min	lockerer DL
SO	70 min	langsamer DL

MO	40 min	lockerer DL
DI	10 min	langsamer DL, dann
	3 × 7 min	(oder 3 × 2000 m) schnell (zwischen den Belastungen jeweils 4 min Trabpause), anschließend
	10 min	langsamer DL
MI	40 min	lockerer DL
DO		Ruhetag
FR	10 min	langsamer DL, dann
	30 min	schnell (ca. 10–15 sek/km langsamer als angestrebtes Halbmarathon-Tempo), anschließend
	10 min	langsamer DL
SA	40 min	lockerer DL
SO	75 min	langsamer DL

4. WOCHE	**MO**	35 min	lockerer DL
	DI	10 min	langsamer DL, dann
		4 × 7 min	(oder 4 × 2000 m) schnell (zwischen den Belastungen jeweils 4 min Trabpause), anschließend
		10 min	langsamer DL
	MI	40 min	lockerer DL
	DO		Ruhetag
	FR	50 min	Fahrtspiel mit Tempowechsel nach Gefühl
	SA	40 min	lockerer DL
	SO	80 min	langsamer DL
5. WOCHE	**MO**	35 min	lockerer DL
	DI	50 min	lockerer DL
	MI	10 min	langsamer DL, dann
		15 × 1 min	schnell (zwischen Belastungen jeweils 1 min Trabpause), anschließend
		10 min	langsamer DL
	DO		Ruhetag
	FR	45 min	lockerer DL
	SA	40 min	lockerer Dl, anschließend 5 Steigerungen
	SO		10-km-Rennen oder Testlauf über dieselbe Distanz
6. WOCHE	**MO**	40 min	langsamer DL
	DI	50 min	lockerer DL
	MI	10 min	langsamer DL, dann
		3 × 9 min	(oder 3 × 2500 m) schnell (zwischen Belastungen jeweils 4 min Trabpause), anschließend
		10 min	langsamer DL
	DO		Ruhetag
	FR	40 min	lockerer DL
	SA	10 min	langsamer DL, dann
		35 min	schnell (ca. 10–15 sek/km langsamer als angestrebtes Halbmarathon-Tempo), anschließend
		10 min	langsamer DL
	SO	90 min	langsamer DL

7. WOCHE	**MO**	35 min	lockerer DL
	DI	50 min	lockerer DL
	MI	10 min	langsamer DL, dann
			6 km im angestrebten Halbmarathon-Tempo, anschließend
		10 min	langsamer DL
	DO		Ruhetag
	FR	45 min	lockerer DL
	SA	40 min	lockerer Dl, anschließend 5 Steigerungen
	SO		10-km-Rennen oder Testlauf über dieselbe Distanz

8. WOCHE	**MO**	40 min	langsamer DL
	DI	50 min	langsamer DL
	MI	10 min	langsamer DL, dann
		4 × 7 min	(oder 4 × 2000 m) schnell (zwischen Belastungen jeweils 3 min Trabpause), anschließend
		10 min	langsamer DL
	DO		Ruhetag
	FR	40 min	lockerer DL
	SA	45 min	Fahrtspiel mit Tempowechsel nach Gefühl
	SO	100 min	langsamer DL

9. WOCHE	**MO**	40 min	lockerer DL
	DI	10 min	langsamer DL, dann
		3 × 9 min	(oder 3 × 2500 m) schnell (zwischen Belastungen jeweils 4 min Trabpause), anschließend
		10 min	langsamer DL
	MI	45 min	lockerer DL
	DO		Ruhetag
	FR	10 min	langsamer DL, dann
		30 min	schnell (ca. 10–15 sek/km langsamer als angestrebtes Halbmarathon-Tempo), anschließend
		10 min	langsamer DL
	SA	40 min	lockerer DL
	SO	60 min	langsamer DL

MO	35 min	lockerer DL	
DI		Ruhetag	
MI	10 min	langsamer DL, dann	
		3 km im angestrebten Halbmarathon-Tempo, anschließend	
	5 min	langsamer DL	
DO		Ruhetag	
FR	25 min	lockerer DL	
SA	20 min	langsamer DL, anschließend 5 Steigerungen	
SO		Halbmarathon-Wettkampf	

(Seitenleiste: 10. WOCHE)

Marathontraining

Läßt sich ein Marathon mit nur drei Trainingseinheiten pro Woche überhaupt schaffen? Keine Bange: Es funktioniert, das können Sie selbst beweisen. Aber sicherlich ist die Strecke problemloser und schneller zu bewältigen, wenn Sie fünfmal oder mehr pro Woche trainieren.

Zwölf Wochen reichen zur Marathonvorbereitung aus, wenn Sie kein Laufanfänger sind und schon über einen Zeitraum von mindestens zwei Jahren regelmäßig trainieren. Natürlich wäre es vermessen, mit drei Einheiten pro Woche einen Marathon in zweieinhalb Stunden laufen zu wollen – das ist sowieso einer kleinen Minorität vorbehalten, in diesen Leistungsbereich vorzudringen. Aber manch einer ist als Minimalist (drei Läufe in der Woche) schneller als andere mit sieben. Alter, Geschlecht, Körperkonstitution und der allgemeine Leistungsstand spielen hier eine Rolle – und nicht zuletzt das Talent.

Dreimal pro Woche

Wer dreimal pro Woche trainiert, schafft die Marathondistanz, nicht mehr und nicht weniger. Das sind in der Regel Läuferinnen und Läufer, die einen kräfteraubenden Beruf ausüben, Familie haben oder einfach nicht scharf auf übermäßig zeitintensives Training sind. Ankommen ist alles, die Endzeit ist praktisch egal.

Das wichtigste ist ein langsamer, langer Lauf am Wochenende. Einmal wöchentlich sollte ein Fahrtspiel eingebaut werden. Hierbei werden im Training auch Tempobereiche angesprochen, die dem Marathon-Renn-

tempo entsprechen und sogar darunter liegen. Das Fahrtspiel kann man auf jeder beliebigen Trainingsstrecke absolvieren. Wer unter der Woche in der Mittagspause oder abends nach der Arbeit trainiert, hat meist keine Zeit, abgemessene Strecken oder eine Laufbahn zu suchen.

Fünfmal pro Woche

Wer fünfmal pro Woche trainiert, ist auf dem Weg zum Leistungssportler. Der zeitliche Aufwand ist zwar neben Beruf und Familie noch überschaubar, aber das Training ist bei vielen zum Dreh- und Angelpunkt ihrer Freizeitgestaltung geworden. Ein dermaßen intensives Training ermöglicht es erfahrenen Läufern, einen Marathon nicht nur auf Durchhalten und Ankommen zu laufen, sondern auf Tempo.

Dieses Training sollte alle Faktoren berücksichtigen, die eine effiziente Marathonvorbereitung ausmachen: Tempoläufe, lange Läufe und die verschiedenen Formen des Dauerlaufs. Die entscheidenden Trainingseinheiten sind einerseits die langen, langsamen Läufe und andererseits die Tempoläufe und das Fahrtspiel. Diese Einheiten sind ein Muß, variieren kann man bei den Dauerläufen. Wer sich nicht ausgelastet fühlt, macht eben einige Dauer-

laufkilometer mehr; wer sich müde fühlt, sollte hier kürzertreten. Ständige Müdigkeit kann allerdings ein Indiz dafür sein, daß der Organismus überfordert ist: Man sollte ernsthaft überlegen, ob der Zeitpunkt für einen Tempo-Marathon günstig gewählt ist.

Siebenmal pro Woche

Wer täglich auf die Piste geht, will es wissen. Solche Sportler trainieren schon seit mindestens zwei Jahren, sind in guter körperlicher Verfassung, verletzungsfrei und hoch motiviert. Wenn der Beruf es zuläßt und die Familie bzw. Freund oder Freundin mitspielen und das zeitaufwendige Hobby, das leicht zur Obsession werden kann, tolerieren, ist der Spielraum für ein tägliches Training gegeben. Man kann seine Möglichkeiten mit diesem Training voll ausschöpfen. Neben einer starken Physis braucht man aber auch viel Disziplin und Willenskraft, um Tag für Tag, bei jedem Wetter und in jeder Verfassung, zu trainieren. Gerade im Winterhalbjahr kann es einige Überwindung kosten, auch bei Schnee und Kälte unverdrossen loszulaufen.

Jede Trainingswoche hat in der Regel drei Eckpfeiler: Tempoläufe, einen Lauf im Marathon-Renntempo und einen langen, langsamen Lauf –

drei verschiedene Belastungen, die Woche für Woche zu verkraften sind. Als wichtigste Grundregel gilt: Auf ein belastendes Training muß immer ein regeneratives Training folgen.

Marathon – einige elementare Regeln

Intensives Marathontraining bedeutet für viele einen enormen Zuwachs ihres Leistungsvermögens, vor allem ihrer Ausdauerleistung. Dies geht einher mit einem gesteigerten Trainingsaufwand. Wer gesundheitliche Probleme hat (Erkältung, Zerrung, Gelenkschmerzen), sollte nicht stur am Plan kleben. Nehmen Sie sich genügend Zeit, gesund zu werden, bevor Sie wieder auf Kurs gehen. Im Zweifelsfall werden die Ambitionen nach unten korrigiert. Auch ein Marathon läßt sich verschieben. Der nächste kommt bestimmt, die Auswahl ist reichlich.

Nach fünf Trainingswochen sollte schon eine gute Grundlage für einen Marathon geschaffen sein. Die höheren Kilometerumfänge, die intensiven und vor allem die langen Laufeinheiten haben bei manchem die Muskulatur «umstrukturiert», das Körpergewicht reduziert. Man fühlt sich fitter als je zuvor – und doch fühlen Sie sich abends müde, ausgelaugt, erschöpft. Und Sie fragen

sich: Was habe ich falsch gemacht? Bin ich mit dem Pensum überfordert?

Keine Angst, mit diesen bohrenden Zweifeln sind Sie nicht alleine. Selbst Weltklasseläufern geht es oft so. Sie haben vielleicht nur einige der elementaren Regeln eines Marathontrainings vernachlässigt.

Wer mehr trainiert, muß mehr essen

Für jeden Kilometer, den man während des Marathontrainings mehr läuft als sonst, benötigt man etwa 60 Kalorien extra. Wer 60 statt 40 Kilometer läuft, braucht pro Woche 1200 Kalorien mehr. Sie müssen also täglich zirka 170 Kalorien zusätzlich zu sich nehmen. Diese Extra-Kalorien sollten Sie sich unmittelbar nach dem Training zuführen, auf jeden Fall aber in den folgenden zwei Stunden: In diesem Zeitraum lagert die Muskulatur die meisten Kohlenhydrate ein. Natürlich sollte die Ernährung kohlenhydratreich und fettarm sein. Bei Ausdauersportarten gilt allgemein die Regel: 60 bis 70 Prozent des Energiebedarfs sind durch Kohlenhydrate abzudecken, etwa 25 Prozent durch Fett und 10 bis 15 Prozent durch Eiweiß.

Wer mehr trainiert, muß mehr trinken

Nur wenige wissen, daß unser Körper auch in der kalten Jahreszeit wäh-

rend eines anstrengenden Trainings dehydrieren kann. Regelmäßiges, ausreichendes Trinken während und nach dem Training ist also auch im Winter und Frühjahr unerläßlich. Zwar fließt der Schweiß bei niedrigen Temperaturen nicht in Strömen, aber eine Trainingssteigerung bedeutet mehr körperliche Belastung und also auch mehr Flüssigkeitsverlust, egal ob bei Sommerhitze oder Winterkälte. Wenn Sie Ihre Trinkgewohnheiten während des Marathontrainings nicht verändern und nicht wesentlich mehr Flüssigkeit zu sich nehmen, riskieren Sie, daß der Körper dehydriert.

Trinken Sie jede Stunde ein Glas Wasser, egal, ob Sie bei der Arbeit oder zu Hause sind. Trinken Sie während der Mahlzeiten und nach dem Training besonders viel. Vergessen Sie nicht, daß Kaffee und Tee den Körper ebenso entwässern wie Alkohol.

Wer mehr trainiert, muß mehr schlafen

Wer zu wenig schläft, gibt dem Körper nicht genügend Zeit zu regenerieren, entzieht ihm Frische und Kraft. Es gilt die Faustregel: Für jede zusätzlichen zehn Trainingskilometer pro Woche, brauchen Sie 15 Minuten mehr Schlaf pro Nacht. Wer statt 40 nun 60 Kilometer wöchentlich läuft, sollte eine halbe Stunde mehr schlafen. Der Schlaf vor Mitternacht, weiß der Volksmund, ist der wirkungsvollste. Und, leichter gesagt als getan: Wer es sich leisten kann, sollte während des Marathontrainings Streß möglichst ausweichen, früh ins Bett gehen und an Wochenenden einen Mittagsschlaf einlegen. Schlaf, Ruhe, Entspannung – gibt es schönere Dinge, die man in den Dienst der «großen Sache» stellen kann …?

Wer mehr trainiert, muß sein Immunsystem besonders schützen

Während einer intensiven Trainingsphase unterliegen Marathonläufer einem erhöhten Infektionsrisiko. Die weißen Blutkörperchen sind einige Stunden nach einem längeren Trainingslauf in vermindertem Maße in der Lage, aggressive Viren abzuwehren. Deshalb sind Ausdauersportler deutlich anfälliger für Erkältungskrankheiten als normal aktive Menschen. Ein wenig Zucker kann den weißen Blutkörperchen auf die Sprünge helfen. Ein paar Schluck eines Sportgetränks mit hohem Glukoseanteil (bis zu 25 Prozent) können überaus wirksam sein. Versuchen Sie deshalb, vor allem bei Ihren langen Trainingsläufen, eine Flasche mit einem Sportgetränk mitzunehmen, und trinken Sie alle zehn Minuten drei bis vier Schluck.

Eine Erkältung kann einem rasch einen Strich durch die Rechnung machen. 500 Milligramm Vitamin C täglich vermindern das Erkältungsrisiko um die Hälfte. Auch ausreichend Schlaf hilft, das Immunsystem zu schützen. Meiden Sie verrauchte Räume; Rauch schadet Ihren Atemwegen. Erkälteten Freunden, Bekannten und Verwandten sollte man soweit wie möglich aus dem Weg gehen. Waschen Sie Ihre Hände während der «Schnupfenzeit» regelmäßig nach dem Kontakt mit anderen Menschen. Registrieren Sie aufmerksam erste Anzeichen einer Erkältung, und reduzieren Sie sofort das Training.

Der lange Lauf

Auf den langen Lauf kann kein Marathonläufer verzichten. «Sind die langen Läufe am Wochenende wirklich nötig? Und wie lang ist lang?» Sie sind, und lang ist lang. Diese Trainingseinheit kostet nicht nur viel Zeit, sondern meist auch viel Überwindung. Stundenlang im langsamen Tempo durch den Wald traben, muß das sein? Ja! Der lange Lauf ist die effektivste Möglichkeit, die Muskelausdauer zu trainieren, also die Fähigkeit der Muskeln zu schulen, über einen langen Zeitraum submaximal zu kontrahieren. Und was genauso wichtig ist: Er trainiert die Glykogen- und vor allem die Fettverbrennung.

Wie lang soll der lange Lauf denn nun sein?

- Gradmesser ist das individuelle Leistungsvermögen. Wer erst mit dem Marathontraining beginnt, für den gilt: Grundlage ist die Zeitdauer der längsten Laufeinheit, die man in den zurückliegenden drei Wochen absolviert hat. Mehr als 10 bis 15 Prozent länger sollte der erste lange Lauf nicht sein. Und mehr sollte man auch nicht von Woche zu Woche draufpacken. Daran halten wir uns auch in unseren Trainingsvorschlägen.

- Beim längsten langen Lauf sollten Sie keinesfalls länger als bei Ihrem Marathon auf den Beinen sein. Nur für Spitzenläufer trifft das nicht zu. Wer den Marathon in 2:10 Stunden rennt, ist auch schon mal 2:30 Stunden im Training unterwegs. Für alle gilt: Viel länger als drei Stunden sollte der lange Lauf nicht sein, egal, ob Sie den Marathon in 2:10 oder in 5 Stunden laufen.

- Die Körperstatur entscheidet. Der Körper von Eliteathleten, die meist nicht viel mehr als 65 Kilogramm wiegen, müssen Schritt für Schritt sehr viel geringere Kräfte auffangen als der eines durchschnittlichen 4-Stunden-Läufers mit 75 bis 85 Kilogramm Körpergewicht. Ist man also kein superschnelles Fliegengewicht,

bedeutet jeder lange Lauf eine beträchtliche Belastung für Muskulatur, Fußgelenke, Knie, Sehnen, Bänder. Je länger Sie laufen, desto größer wird die Belastung. Ein Ruhetag kann da einer Überlastung vorbeugen.

▪ Die stetige Ausdehnung des langen Laufs sollte nicht über mehr als drei Wochen gehen. Alle vier Wochen steht ein kürzerer «Langer» auf dem Programm – man gönnt sich ja sonst nichts. Ein langer Lauf pro Woche reicht.

▪ Man braucht nicht mehr als sieben lange Läufe in der direkten Vorbereitung auf den Marathon, aber weniger sollten es auch nicht sein. Der letzte lange Lauf sollte ca. zwei Wochen vor dem Marathon-Tag auf dem Programm stehen. Danach gilt es, den Trainingsumfang insgesamt zu verringern, sinnvoll zu regenerieren und Kraft zu tanken.

▪ Das wichtigste: Der lange Lauf kann nicht langsam genug sein. Bei keiner anderen Trainingseinheit ist es wichtiger, im Wohlfühltempo zu laufen, als bei dieser. Der Puls sollte rund 70 Prozent der maximalen Herzfrequenz betragen. «Bei den Tempo-Angaben überholen mich beim langen Lauf ja fast die Fußgänger», meckert mancher. Ganz so langsam ist es zwar nicht, aber wer beim langen Lauf mit dem Tempo übertreibt, verschleudert sinnlos seine Reserven.

Vorsicht mit Tempotabellen!

Tempotabellen teilen einen Marathon in Zwischenzeiten auf. Sie suggerieren einen absolut geradlinigen Weg zum Zeit-Ziel, berücksichtigen aber weder die Besonderheiten einer Marathon-Strecke noch die individuellen Stärken und Schwächen eines Läufers. Viele Marathonstarter legen die zweite Hälfte langsamer zurück als die erste. Wer sich an einer herkömmlichen Tempotabelle orientiert, läuft schon bald seiner Wunschzeit hinterher.

Ausgangspunkt sollte eine aufgrund von Trainings- und Wettkampfergebnissen realistische Zielzeit sein. Teilen Sie diese in Zwischenzeiten ein, in die zu erwartende Zeiteinbußen (Startgedränge, Anstiege, Gegenwind, Hitze etc.) eingerechnet sind. Wer schon einmal auf der zweiten Hälfte eines Marathons jämmerlich eingebrochen ist, sollte ruhig ab Kilometer 30 15 Sekunden pro Kilometer mehr einrechnen.

Ein Tip: Notieren Sie sich die angestrebten Zwischenzeiten mit einem wasserfesten Stift auf Unterarm oder Handrücken.

Vorsicht vor Übertraining

Läufer jeder Leistungsklasse können im Training überziehen und Opfer

von Übertraining werden. Darunter versteht man bei Sportlern Phänomene wie chronische Müdigkeit und Depressionen, Schlafstörungen und ein stark geschwächtes Immunsystem. Der finnische Wissenschaftler Heikki Rusko entwickelte einen einfachen Test:

▪ Legen Sie sich zehn Minuten ruhig und entspannt hin. Stehen Sie dann langsam auf, und warten Sie exakt zwölf Sekunden, bevor Sie Ihren Puls sechs Sekunden lang messen. Schreiben Sie die Pulszahl auf.

▪ Messen Sie exakt neunzig Sekunden, nachdem Sie aufgestanden sind, noch einmal Ihren Puls, diesmal über einen Zeitraum von dreißig Sekunden. Notieren Sie sich wieder die Zahl der Schläge.

▪ Multiplizieren Sie nun die erste Zahl mit zehn und die zweite mit zwei. Dann erhalten Sie jeweils einen Wert, der die Herzfrequenz pro Minute angibt.

▪ Machen Sie diesen Test jeden Tag zur selben Tageszeit.

Sind Sie übertrainiert oder laufen Gefahr, zuviel zu trainieren, wird sich über einen längeren Zeitraum ein Anstieg der Herzfrequenz im Test beobachten lassen. Bleibt die Herzfrequenz gleich oder sinkt sie, besteht kein Anlaß, das Training zu verändern.

Rusko stellte im Test bei übertrainierten Läufern fest, daß deren Herzfrequenz nach vier Wochen zehn bis fünfzehn Schläge höher war als zuvor. Der Anstieg der Herzfrequenz zeigte sich vor allem in der zweiten täglichen Messung (30 Sekunden). In diesem Fall sollte man die Notbremse ziehen, das heißt: spürbare Reduzierung des Trainings oder Trainingspause.

42 Tips für 42 Kilometer

Vor dem Start

1. Sie haben zwölf Wochen gut trainiert, aber auf einmal droht Ihnen eine Verletzung oder Krankheit einen Strich durch die Rechnung zu machen. Was nun: die Segel streichen oder trotzdem beim Marathon an den Start gehen? Überlassen Sie dem Sportarzt die Entscheidung. Scheuen Sie sich nicht, Ihren Start zu verschieben. Attraktive Marathons sind (fast) so zahlreich wie Sand am Meer.

2. Die Tage vor dem Wettkampf sind nicht die Zeit für Experimente. Das betrifft die Ernährung genauso wie den Lebenswandel. Finger weg von Getränken und Nahrungsmitteln, die nicht schon vorher erfolgreich ausprobiert wurden.

3. Ernähren Sie sich in der letzten Woche vor dem Marathon besonders kohlenhydratreich. Der Anteil der Kohlenhydrate sollte in dieser Phase

70 Prozent der Gesamtenergiebilanz betragen. Eine Ernährungstabelle hilft, die Mahlzeiten in der richtigen Dosierung von Kohlenhydraten, Eiweiß und Fett zusammenzustellen.

4. Achten Sie auf Ihre Füße, denn die müssen Sie schließlich 42 Kilometer weit tragen. Schneiden Sie Ihre Fußnägel. Schützen Sie kritische Stellen durch ein gutklebendes Pflaster oder Hirschtalg gegen Reibung beziehungsweise Blasen.

5. Tragen Sie beim Marathon keine neuen Schuhe. Die Wettkampfschuhe sollten ein-, aber nicht abgelaufen sein. Das gleiche gilt für Ihre Marathonsocken, die ruhig schon am Tag vor dem Wettkampf getragen werden dürfen.

6. Setzen Sie sich ein realistisches Zeitziel. (Wie Sie von Ihren kürzeren Distanzen auf eine Marathon-Endzeit hochrechnen können, zeigt Ihnen die «Faustformel für eine realistische Endzeit» auf Seite 114.)

Bedenken Sie dabei unbedingt das Streckenprofil und eventuelle Klima- und Zeitunterschiede. Der Boston-Marathon etwa unterscheidet sich ziemlich stark von dem in Berlin.

7. Marathonmessen sind interessant, sollten aber in den Tagen vor dem Marathon nicht zu unserem zweiten Zuhause werden. Sie sind wichtig, um uns auf den Marathon einzustellen, Freunde zu treffen und nicht zuletzt nach (meist textilen)

Schnäppchen zu jagen. Aber Vorsicht: Stundenlanges Herumstehen und -laufen ermüdet die Muskulatur. Gleiches gilt übrigens für Stadtbesichtigungen.

8. Seien Sie beim Marathon auf jedes Wetter vorbereitet. Ein Netzhemd für warme Tage, ein angenehmes T-Shirt für einen kühleren Tag sowie Mütze und Handschuhe für kalte Witterung. Ein Plastikumhang (im Zweifelsfall auch eine Mülltüte) sorgt bei Regen dafür, daß Sie den Start einigermaßen trocken erleben. Ebenso wie die Treter sollte auch der Rest des Equipments auf Marathontauglichkeit getestet sein.

9. Pasta-Parties im Vorfeld eines Marathons sind in. Achten Sie darauf, nicht zu spät zu viel zu essen. Lieber am späten Nachmittag der erste Partygast sein als am Abend der letzte. Mit vollem Magen schläft sich's schlechter.

10. Um gut «gewässert» an den Start zu gehen, sollten Sie am Vortag des Rennens viel trinken. Vier Liter Flüssigkeit sind bei wärmeren Temperaturen das Minimum. Das strapaziert zwar die Blase, beugt aber dem Leistungseinbruch durch Dehydration vor. Sie sind ausreichend hydriert, wenn der Urin hell oder farblos ist. Stilles Wasser aus der Flasche ist der beste Durstlöscher und ist auch besonders magenverträglich.

11. Legen Sie sich am Vorabend des

Marathons all Ihre Laufutensilien zurecht. Befestigen Sie die Startnummer am Trikot. Marathonveranstaltungen, bei denen Start- und Zielort nicht identisch sind, garantieren in der Regel den Transport Ihrer Bekleidung zum Zielpunkt. Vergessen Sie also nicht, den mit Ihrer Startnummer gekennzeichneten Kleiderbeutel abzugeben.

12. Kleben Sie die Brustwarzen vor dem Lauf mit einem Stück Pflaster ab, um schmerzhaftes Aufscheuern zu vermeiden. Von Schweiß oder Regen durchtränkte Textilien können die Warzen blutig scheuern.

13. Schlaflose Nächte vor einem Marathon können vorkommen – kein Grund zur Beunruhigung. Wichtiger als die letzte Nacht vor dem «Tag X» ist die vorletzte. Der Körper ist durch das stark reduzierte Training der letzten Tage ausgeruht genug und braucht nicht mehr soviel Schlaf wie in den harten Trainingsphasen.

14. Die meisten Marathonläufe werden morgens gestartet. Stehen Sie mindestens drei bis vier Stunden vorher auf; der Körper braucht Zeit, um in Schwung zu kommen. Wer die letzten Stunden vor dem Marathon verschläft, kommt auch die ersten Kilometer des Rennens nicht in die Gänge.

15. Gehen Sie vor dem Frühstück ein wenig an die frische Luft, um fünf Minuten locker auf und ab zu traben.

Das bringt den Kreislauf rechtzeitig in Schwung, lockert die Muskulatur und stimmt Sie auf das Rennwetter ein.

16. Frühstücken Sie am Morgen des Wettkampfs, auch wenn Sie überhaupt keinen Appetit haben. Wer vor dem Rennen nichts ißt, geht mit nicht optimal gefüllten Glykogenspeichern an den Start.

17. Ein Marathon will mit Körper und Kopf vorbereitet sein. Dazu gehört, sich ein genaues Bild von allem zu machen, was für das Rennen wichtig ist: Streckenplan und -profil, verkehrstechnische Anbindung des Startorts (Bus, Taxi, zu Fuß?) usw.

18. Suchen Sie am Wettkampftag rechtzeitig eine Toilette auf. Endloses Schlangestehen verursacht unnötige Hektik und steigert die Nervosität vor dem Start. Aber ein Allheilmittel gibt es nicht: Blase und Darm stellen gerne ihre Unberechenbarkeit unter Beweis. Unser Rat: Beim Menschlich-Allzumenschlichen cool bleiben. Ein Marathon ist 42 Kilometer lang und wird nicht in den angespannten letzten Minuten vor dem Start entschieden.

19. Wärmen Sie vor dem Start die Muskulatur durch lockeres Traben und leichtes Stretching auf, und halten Sie sie warm und trocken. Die Einreibungen mit Ölen oder Salben sind überflüssig und mehr Ritual als wirkungsvolle Unterstützung, denn

durchblutet wird dabei vor allem die Haut, nicht die Muskeln.

20. Begeben Sie sich rechtzeitig in den Startbereich, um dem üblichen hektischen Schieben und Drängeln und der Hektik in den letzten Minuten vor dem Start zu entgehen.

21. Überprüfen Sie rechtzeitig vor dem Startschuß den Sitz von Socken und Schuhen. Achten Sie auf die Schnürung – doppelt geschnürt hält besser.

Während des Marathons

22. Bleiben Sie nach dem Startschuß ruhig. Es gibt keinen Grund, sich in dem engen Startbereich mit den Mitläufern zu behakeln.

23. Denken Sie beim Startschuß daran, Ihre Uhr einzustoppen. Mit der Uhr am Handgelenk ist man unabhängig von der Zeitmessung entlang der Strecke. Nicht immer gehen die offiziellen Uhren an den Zwischenmarken richtig, manchmal funktionieren sie gar nicht oder sind schlecht einsehbar.

24. Je nach Größe einer Veranstaltung entzerrt sich das Feld nach wenigen Metern oder erst nach einigen Kilometern. Widerstehen Sie der Versuchung, bei freier Bahn das Tempo übermäßig zu forcieren. Es ist wichtig, das eigene Tempo zu finden.

25. Überprüfen Sie das Tempo auf dem ersten Teil der Strecke gewissenhaft, Kilometer für Kilometer. Es ist

ein Fehler, am Start verlorengegangene Zeit auf Gedeih und Verderb auf den ersten fünf Kilometern wieder herausholen zu wollen. Das rächt sich spätestens ab Kilometer 35.

26. Schon mit den ersten Schritten fühlen Sie sich bärenstark. Schön für Sie, aber kein Grund, alle Vorsätze über Bord zu werfen. Halten Sie sich auf der ersten Streckenhälfte exakt an das anvisierte Tempo. Nur wer sich bei Kilometer 30 immer noch unterfordert fühlt, darf die Marschtabelle korrigieren. Und ab Kilometer 35 können wir guten Gewissens sagen: Was interessiert mich die Ziel-Zeit von heute morgen – freie Fahrt voraus!

27. Beginnen Sie frühzeitig zu trinken, egal ob es schneit, stürmt oder die Sonne scheint. Der Körper benötigt nicht nur bei Hitzemarathons viel Flüssigkeit. Körperliche Arbeit strengt auch im Winter an. Trinken Sie nur das, wovon Sie wissen, daß Ihr Magen es verträgt. Alle fünf Kilometer mindestens sollten Sie etwas trinken, auch wenn Sie keinen Durst verspüren. Lassen Sie sich Zeit beim Trinken, nehmen Sie kleine Schlucke. Besser eine Gehpause einlegen als zu wenig trinken oder sich zu verschlucken. Dabei verkrampft man leicht und braucht Zeit, wieder seinen Rhythmus zu finden.

28. Bei vielen Marathonläufen markiert eine farbige Linie den

schnellsten Weg ins Ziel. Versuchen Sie nicht, dieser Ideallinie zu folgen. Es lohnt nicht, den Mitläufern in die Beine zu laufen, nur um einige Zentimeter zu gewinnen.

29. Spüren Sie Schmerzen in der Muskulatur, dann bleiben Sie stehen, um vorsichtig zu massieren und zu stretchen. Versuchen Sie, anschließend zunächst langsam wieder zu gehen und dann erst zu traben. Bei einem plötzlichen stechenden Muskelschmerz kann es ratsam sein, die nächste medizinische Versorgungsstelle anzusteuern.

30. Keine Angst, Seitenstechen ist nicht der Anfang vom Ende eines Marathonlaufes. Verlangsamen Sie das Tempo, drücken Sie die Hand in die schmerzhafte Stelle, und lassen sie beim Ausatmen wieder los. Sticht es Sie in der linken Seite, versuchen Sie einen Atemrhythmus zu finden, bei dem Sie immer laut und heftig ausatmen, wenn der linke Fuß den Boden berührt, und rechts umgekehrt. Im Extremfall helfen Gehpausen, bei denen Sie ruhig und rhythmisch durchatmen.

31. Versuchen Sie, positiv zu denken. Selbst schwierigsten Situationen läßt sich etwas Positives abgewinnen. Don't panic, take it easy! Regen ab Kilometer 10: «Das erfrischt.» Seitenstechen bei Kilometer 20: «Die kommen und gehen.» Muskelschmerzen ab Kilometer 35: «Super! Gut 80 Prozent der Strecke liegen schon hinter mir.»

32. Starten Sie, das Ziel vor Augen, ruhig noch einmal durch, aber genießen Sie den Zieleinlauf. Er ist das Tüpfelchen auf dem Marathon-i.

Nach dem Marathon

33. Gehen Sie nach dem Zieleinlauf lieber noch ein paar Schritte, als sich sofort zu setzen. Dehnen Sie die Muskulatur vorsichtig, aber achten Sie dabei auf Schmerzen (Krampfgefahr).

34. Versuchen Sie, schnellstmöglich an Ihren Kleiderbeutel zu kommen. Falls Sie nicht direkt im Zielbereich duschen können (oder wollen), ziehen Sie die nassen Laufklamotten aus und trockene Kleidung an. Gönnen Sie Ihren Füßen ein wenig frische Luft, bevor Sie andere Schuhe anziehen.

35. Bei vielen Marathonläufen werden im Zielbereich Massagen angeboten – ein Luxus, den Sie sich bei verspannter Muskulatur unbedingt gönnen sollten. Der Andrang ist meist groß, die Wartezeit kann man mit einer leichten Selbstmassage überbrücken.

36. Laut einer beim London-Marathon 1994 erstellten Studie verlieren Marathonläufer ca. 170 Gramm Fett, 315 Gramm Kohlenhydrate und, wenn sie nicht ausreichend getrunken hatten, bis zu drei Litern Wasser. Sie sollten schon im Zielbereich da-

mit beginnen, die Energiespeicher wieder aufzufüllen. Essen Sie vor allem reife Bananen und andere Früchte, und trinken Sie, soviel Sie mögen.

37. Gönnen Sie sich zu Hause ein heißes Bad. Entspannende Badezusätze bewirken zwar keine Wunder, steigern aber das Wohlgefühl und riechen gut.

38. Traben Sie, falls möglich, am Tag nach dem Marathon einige Minuten. Das transportiert die Milchsäure aus den strapazierten Muskeln und hilft, einen schweren Muskelkater zu vermeiden.

39. Nehmen Sie sich nach dem Marathon ausreichend Zeit zur Regeneration. Ruhen Sie sich nach Herzenslust aus, und gönnen Sie sich eine einwöchige Laufpause.

40. Wer es partout nicht lassen kann, sollte alternative Trainingsformen wählen: Schwimmen oder Radfahren zum Beispiel, aber auf niedrigem Level. In Regenerationsphasen ist weniger mehr.

41. Eine Faustformel für das Nach-Marathon-Training: Pro Wettkampfkilometer ein halber Tag stark reduziertes Training. In der zweiten bis vierten Woche nach dem Marathon sollte das Training auf zwanzig bis dreißig Prozent des üblichen Umfangs beschränkt werden.

42. Lassen Sie zwischen zwei Marathonläufen mindestens drei Monate Zeit verstreichen. Natürlich gibt es Läufer, die sich dutzendfach im Jahr die volle Dosis Marathon verpassen. Aber wer von uns zählt schon zu dieser seltenen Spezies?

1. WOCHE

MO	16 km ruhiger DL
DI	Tempoläufe im 10-km-Renntempo:
	3 km Einlaufen, 7 × 1000 m (Trabpause 2:30 min), 3 km Auslaufen
MI	18 km langsamer DL
DO	15 km lockerer DL
FR	3 km Einlaufen, 2 × 5 km im Marathon-Renntempo (dazwischen 5 min Trabpause), 3 km Auslaufen
SA	15 km lockerer DL, anschließend 5 Steigerungen
SO	25 – 28 km langsamer DL
WOCHEN-UMFANG:	ca. 130 km

2. WOCHE

MO	16 km ruhiger DL
DI	Tempoläufe im 10-km-Renntempo:
	3 km Einlaufen, 4 × 2000 m (Trabpause 3:30 min), 3 km Auslaufen
MI	18 km langsamer DL
DO	15 km lockerer DL
FR	3 km Einlaufen, 8 km im Marathon-Renntempo, 3 km Auslaufen
SA	15 km lockerer DL
SO	28 km langsamer DL, anschließend 5 Steigerungen
WOCHEN-UMFANG:	ca. 130 km

3. WOCHE

MO	16 km ruhiger DL
DI	18 km lockerer DL
MI	Tempoläufe im 10-km-Renntempo:
	3 km Einlaufen, 15 × 400 m (Trabpause 200 m), 3 km Auslaufen
DO	22 – 25 km langsamer DL, anschließend 5 Steigerungen
FR	15 km lockerer DL
SA	15 km lockerer DL, anschließend 5 Steigerungen
SO	10-km-Wettkampf (oder Testlauf über dieselbe Distanz)
WOCHEN-UMFANG:	ca. 130 km

4. WOCHE

MO	16 km langsamer DL
DI	Tempoläufe im Halbmarathon-Renntempo:
	3 km Einlaufen, 3 × 3000 m (Trabpause 4 min), 3 km Auslaufen
MI	16 km langsamer DL
DO	16 km lockerer DL
FR	3 km Einlaufen, 2 × 6 km im Marathon-Renntempo (5 min Trabpause), 3 km Auslaufen
SA	15 km ruhiger DL
SO	32 km langsamer DL
WOCHEN-UMFANG:	ca. 135 km

5. WOCHE

MO	16 km ruhiger DL
DI	Tempoläufe im Halbmarathon-Renntempo:
	3 km Einlaufen, 1000 m, 2000 m, 1000 m, 2000 m, 1000 m, 2000 m (mit 2:30 min, 3:30 min, 2:30 min, 3:30 min, 2:30 min Trabpause)
MI	16 km langsamer DL
DO	16 km lockerer DL
FR	3 km Einlaufen, 10 km im Marathon-Renntempo, 3 km Auslaufen
SA	16 km lockerer DL
SO	32 km langsamer DL
WOCHEN-UMFANG:	ca. 130 km

6. WOCHE

MO	16 km ruhiger DL
DI	16 km ruhiger DL
MI	Tempoläufe im 10-km-Renntempo:
	3 km Einlaufen, 10 × 1000 m (Trabpause 3 min), 3km Auslaufen
DO	16 km langsamer DL
FR	3 km Einlaufen, 12 km im Marathon-Renntempo, 3 km Auslaufen
SA	14 km langsamer DL, anschließend 5 Steigerungen
SO	32 km langsamer DL (die letzten 3 km im Marathon-Renntempo)
WOCHEN-UMFANG:	ca. 130 km

7. WOCHE

MO	14 km ruhiger DL
DI	Tempoläufe im 10-km-Renntempo:
	3 km Einlaufen, 4–5 × 2000 m (Trabpause 3 min),
	3 km Auslaufen
MI	18 km lockerer DL
DO	15 km lockerer DL
FR	2 km Einlaufen, 14 km im Marathon-Renntempo, 2 km Auslaufen
SA	14 km ruhiger DL
SO	30 km langsamer DL, anschließend 5 Steigerungen
WOCHEN-	
UMFANG:	ca. 130 km

8. WOCHE

MO	14 km ruhiger DL
DI	Tempoläufe im Halbmarathon-Renntempo:
	3 km Einlaufen, 4 × 3000 m (Trabpause 4 min),
	3 km Auslaufen
MI	16 km ruhiger DL
DO	12 km ruhiger DL
FR	3 km Einlaufen, 15 km im Marathon-Renntempo,
	3 km Auslaufen
SA	12 km langsamer DL
SO	35 km langsamer DL (die letzten 3 km im Marathon-Renntempo)
WOCHEN-	
UMFANG:	ca. 130 km

9. WOCHE

MO	16 km ruhiger DL
DI	Tempoläufe im 10-km-Renntempo:
	3 km Einlaufen, 15 × 400 m (Trabpause 1 : 30 min), 3 km Auslaufen
MI	25 km langsam (sehr langsam!)
DO	14 km ruhiger DL
FR	18 km lockerer DL
SA	12 km lockerer DL, anschließend 5 Steigerungen
SO	10-km-Wettkampf (mit Ein- und Auslaufen)
WOCHEN-	
UMFANG:	ca. 125 km

10. WOCHE		
	MO	16 km ruhiger DL
	DI	16 km ruhiger DL
	MI	Tempoläufe im 10-km-Renntempo:
		3 km Einlaufen, 10 × 1000 m (Trabpause 3 min), 3km Auslaufen
	DO	10 km lockerer DL
	FR	3 km Einlaufen, 15 km im Marathon-Renntempo, 3 km Auslaufen
	SA	15 km ruhiger DL
	SO	35 km langsamer DL
	WOCHEN-UMFANG:	ca. 125 km

11. WOCHE		
	MO	10 km ruhiger DL
	DI	10 km lockerer DL
	MI	Tempoläufe im 10-km-Renntempo:
		3 km Einlaufen, 1000 m, 2000 m, 3000 m, 2000 m, 1000 m (Trabpause 3 min, 3 min, 5 min, 3 min), 3 km Auslaufen
	DO	Ruhetag
	FR	22 km langsamer DL
	SA	10 km langsamer DL
	SO	10 km lockerer DL
	WOCHEN-UMFANG:	ca. 80 km

12. WOCHE		
	MO	8 km lockerer DL
	DI	2 km Einlaufen, 6 km im Marathon-Renntempo, 2 km Auslaufen
	MI	Ruhetag
	DO	6 km langsamer DL, anschließend 5 Steigerungen
	FR	Ruhetag
	SA	4 km langsamer DL, anschließend 5 Steigerungen
	SO	Marathon-Wettkampf

MARATHON IN 2:45 STUNDEN

1. WOCHE

MO	16 km ruhiger DL
DI	Tempoläufe im 10-km-Renntempo: 3 km Einlaufen, 7 × 1000 m (Trabpause 3 min), 3 km Auslaufen
MI	16 km lockerer DL
DO	16 km lockerer DL
FR	Minutenläufe im Wald (etwa Halbmarathon-Renntempo): 2 km Einlaufen, Belastungen: 10 min, 8 min, 6 min, 4 min, 6 min (mit 5 min, 4 min, 3 min, 2 min Trabpause), 3 km Auslaufen
SA	12 km ruhiger DL, anschließend 6 Steigerungen
SO	30 km langsamer DL
WOCHEN-UMFANG:	ca. 125 km

2. WOCHE

MO	16 km ruhiger DL
DI	Tempoläufe im 10-km-Renntempo: 3 km Einlaufen, 1000 m, 2000 m, 1000 m, 2000 m, 1000 m (Trabpause 3 min, 5 min, 3 min, 5 min), 3 km Auslaufen
MI	16 km ruhiger DL
DO	16 km ruhiger DL
FR	Minutenläufe im Wald (etwa Halbmarathon-Renntempo): 2 km Einlaufen, Belastungen: 3 min, 6 min, 9 min, 6 min, 3 min (mit 2 min, 3 min, 4 min, 2 min Trabpause), 3 km Auslaufen
SA	12 km langsamer DL
SO	32 km langsamer DL
WOCHEN-UMFANG:	ca. 125 km

3. WOCHE

MO	16 km ruhiger DL
DI	16 km ruhiger DL
MI	Tempoläufe im 10-km-Renntempo: 3 km Einlaufen, 10 × 400 m (Trabpause 1 min), 3 km Auslaufen
DO	14 km
FR	10 km lockerer DL
SA	12 km lockerer DL, anschließend 5 Steigerungen
SO	10-km-Wettkampf mit 4 km Einlaufen und 8 km Auslaufen
WOCHEN-UMFANG:	ca. 110 km

4. WOCHE	**MO**	16 km ruhiger DL
	DI	16 km ruhiger DL
	MI	Tempoläufe im 10-km-Renntempo:
		3 km Einlaufen, 3 × 2000 m (Trabpause 3 min), 3 km Auslaufen
	DO	16 km ruhiger DL
	FR	16 km zügiger DL
	SA	12 km ruhiger DL, anschließend 6 Steigerungen
	SO	34 km langsamer DL
	WOCHEN-	
	UMFANG:	ca. 125 km

5. WOCHE	**MO**	16 km ruhiger DL
	DI	Tempoläufe im 10-km-Renntempo:
		3 km Einlaufen, 10 × 1000 m (Trabpause 3 min), 3 km Auslaufen
	MI	16 km ruhiger DL
	DO	16 km langsamer DL
	FR	3 km Einlaufen, 10 km im Marathon-Renntempo, 3 km Auslaufen
	SA	14 km langsamer DL, anschließend 5 Steigerungen
	SO	30 km langsamer DL (letzte 3 km im Marathon-Renntempo)
	WOCHEN-	
	UMFANG:	ca. 130 km

6. WOCHE	**MO**	14 km ruhiger DL
	DI	Tempoläufe im 10-km-Renntempo:
		3 km Einlaufen, 4 × 2000 m (Trabpause 3 min), 3 km Auslaufen
	MI	18 km lockerer DL
	DO	15 km lockerer DL
	FR	2 km Einlaufen, 2 × 7 km im Marathon-Renntempo
		(10 min Trabpause), 2 km Auslaufen
	SA	14 km ruhiger DL
	SO	34 km langsamer DL, anschließend 5 Steigerungen
	WOCHEN-	
	UMFANG:	ca. 130 km

7. WOCHE	**MO**	14 km ruhiger DL
	DI	Tempoläufe im Halbmarathon-Renntempo
		3 km Einlaufen, 4 × 3000 m (Trabpause 4 min), 3km Auslaufen
	MI	16 km ruhiger DL
	DO	12 km ruhiger DL
	FR	3 km Einlaufen, 10 km im Marathon-Renntempo,
		3 km Auslaufen
	SA	12 km langsamer DL
	SO	35 km langsamer DL
	WOCHEN-	
	UMFANG:	ca. 130 km

8. WOCHE	**MO**	16 km ruhiger DL
	DI	16 km ruhiger DL
	MI	Tempoläufe im 10-km-Renntempo:
		3 km Einlaufen, 10 × 1000 m (Trabpause 3 min), 3 km Auslaufen
	DO	10 km lockerer DL
	FR	3 km Einlaufen, 12 km im Marathon-Renntempo, 3 km Auslaufen
	SA	16 km ruhiger DL
	SO	38 km langsamer DL
	WOCHEN-	
	UMFANG:	ca. 130 km

9. WOCHE	**MO**	16 km ruhiger DL
	DI	Tempoläufe im 10-km-Renntempo:
		3 km Einlaufen, 15 × 400 m (Trabpause 1:30 min), 3 km Auslaufen
	MI	25 km langsam (sehr langsam!)
	DO	14 km ruhiger DL
	FR	18 km lockerer DL
	SA	12 km lockerer DL, anschließend 5 Steigerungen
	SO	10-km-Wettkampf (mit Ein- und Auslaufen)
	WOCHEN-	
	UMFANG:	ca. 125 km

10. WOCHE	**MO**	10 km langsamer DL
	DI	10 km ruhiger DL
	MI	3 km Einlaufen, 12 km Fahrtspiel (wechselndes Tempo nach Gefühl), 3 km Auslaufen
	DO	14 km lockerer DL
	FR	3 km Einlaufen, 14 km im Marathon-Renntempo, 3 km Auslaufen
	SA	10 km ruhiger DL
	SO	32 km langsamer DL
	WOCHEN-UMFANG:	ca. 115 km

11. WOCHE	**MO**	10 km ruhiger DL
	DI	10 km ruhiger DL
	MI	Tempoläufe im 10-km-Renntempo: 3 km Einlaufen, 1000 m, 2000 m, 3000 m, 2000 m, 1000 m (Trabpause 3 min, 3 min, 5 min, 3 min), 3 km Auslaufen
	DO	Ruhetag
	FR	22 km langsamer DL
	SA	10 km langsamer DL
	SO	10 km lockerer DL
	WOCHEN-UMFANG:	ca. 80 km

12. WOCHE	**MO**	8 km lockerer DL
	DI	2 km Einlaufen, 6 km im Marathon-Renntempo, 2 km Auslaufen
	MI	Ruhetag
	DO	6 km langsamer DL, anschließend 5 Steigerungen
	FR	Ruhetag
	SA	4 km langsamer DL, anschließend 5 Steigerungen
	SO	Marathon-Wettkampf

MARATHON IN 3:00 STUNDEN

1. WOCHE	**MO**	8 km ruhiger DL
	DI	12 km lockerer DL
	MI	10 km ruhiger DL, anschließend 5 Steigerungen
	DO	Tempoläufe im 10-km-Renntempo: 3 km Einlaufen, 1 × 3 km (6 min Trabpause), 4 × 1 km (3 min Trabpause), 3 km Auslaufen
	FR	8 km ruhiger DL
	SA	Ruhetag
	SO	25 km langsamer DL (vorsichtig beginnen!)
	WOCHEN- **UMFANG:**	ca. 80 km

2. WOCHE	**MO**	10 km ruhiger DL
	DI	10 km ruhiger DL
	MI	Tempoläufe im 10-km-Renntempo: 3 km Einlaufen, 10 × 800 m (Trabpause 2:30 min), 3 km Auslaufen
	DO	12 km ruhiger DL
	FR	Ruhetag
	SA	10 km lockerer DL, anschließend 5 Steigerungen
	SO	10-km- (oder 15-km-)Wettkampf (oder Testlauf über dieselbe Distanz), mit Ein- und Auslaufen
	WOCHEN- **UMFANG:**	ca. 80 km

3. WOCHE	**MO**	10 km ruhiger DL
	DI	8 km ruhiger DL
	MI	15 km lockerer DL
	DO	Ruhetag
	FR	12 – 15 km Fahrtspiel (wechselndes Tempo nach Gefühl)
	SA	10 km ruhiger DL
	SO	30 km langsamer DL
	WOCHEN- **UMFANG:**	ca. 85 km

MO	8 km ruhiger DL
DI	Tempoläufe im Halbmarathon-Renntempo:
	2 km Einlaufen, 4 × 3 km (Trabpause 5 min), 2 km Auslaufen
MI	Ruhetag
DO	8 km lockerer DL
FR	3 km Einlaufen, 8 km im geplanten Marathon-Renntempo, 3 km Auslaufen
SA	10 km ruhiger DL
SO	32 - 35 km langsamer DL
WOCHEN-UMFANG:	ca. 95 km

MO	10 km ruhiger DL
DI	Tempoläufe im 10-km-Renntempo:
	3 km Einlaufen, 15 × 400 m (Trabpause 200 m), 3 km Auslaufen
MI	10 km ruhiger DL
DO	Ruhetag
FR	3 km Einlaufen, 10 km im geplanten Marathon-Renntempo, 3 km Auslaufen
SA	12 km ruhiger DL
SO	30 km langsamer DL, anschließend 5 Steigerungen
WOCHEN-UMFANG:	ca. 95 km

MO	8 km ruhiger DL
DI	10 km ruhiger DL
MI	Tempoläufe im 10-km-Renntempo:
	3 km Einlaufen, 5 × 1000 m (Trabpause 3 min), 3km Auslaufen
DO	8 km langsamer DL
FR	Ruhetag
SA	5 km langsamer DL, anschließend 5 Steigerungen
SO	Halbmarathon-Wettkampf (oder Testlauf über dieselbe Distanz), mit Ein- und Auslaufen
WOCHEN-UMFANG:	ca. 70 km

7. WOCHE

MO	8 km ruhiger DL
DI	10 km ruhiger DL
MI	Ruhetag
DO	15 km lockerer DL
FR	12–15 km Fahrtspiel (wechselndes Tempo nach Gefühl)
SA	10 km ruhiger DL
SO	30 km langsamer DL
WOCHEN-UMFANG:	ca. 90 km

8. WOCHE

MO	8 km ruhiger DL
DI	Tempoläufe im 10-km-Renntempo: 3 km Einlaufen, 10 × 1000 m (Trabpause 2:30 min), 3 km Auslaufen
MI	8 km ruhiger DL
DO	Ruhetag
FR	3 km Einlaufen, 10 km im Marathon-Renntempo, 3 km Auslaufen
SA	10 km langsamer DL
SO	35–38 km langsamer DL
WOCHEN-UMFANG:	ca. 100 km

9. WOCHE

MO	10 km ruhiger DL
DI	15 km ruhiger DL
MI	Tempoläufe im 10-km-Renntempo: 3 km Einlaufen, 5 × 2000 m (Trabpause 3 min), 3km Auslaufen
DO	10 km lockerer DL
FR	3 km Einlaufen, 12 km im Marathon-Renntempo, 3 km Auslaufen
SA	Ruhetag
SO	35 km langsamer DL
WOCHEN-UMFANG:	ca. 100 km

10. WOCHE	**MO**	10 km ruhiger DL
	DI	Tempoläufe im 10-km-Renntempo:
		3 km Einlaufen, 12 × 400 m (Trabpause 1 : 30 min), 3 km Auslaufen
	MI	20–25 km langsam (sehr langsam!)
	DO	Ruhetag
	FR	12 km lockerer DL
	SA	12 km lockerer DL, anschließend 5 Steigerungen
	SO	10-km-Wettkampf (mit Ein- und Auslaufen)
	WOCHEN-UMFANG:	ca. 100 km

11. WOCHE	**MO**	8 km ruhiger DL
	DI	8 km lockerer DL
	MI	Tempoläufe im 10-km-Renntempo:
		3 km Einlaufen, 1000 m, 2000 m, 3000 m, 2000 m, 1000 m (Trabpause 3 min, 3 min, 5 min, 3 min), 3 km Auslaufen
	DO	Ruhetag
	FR	25 km langsamer DL
	SA	8 km langsamer DL
	SO	10 km lockerer DL
	WOCHEN-UMFANG:	ca. 85 km

12. WOCHE	**MO**	10 km lockerer DL
	DI	2 km Einlaufen, 5 km im Marathon-Renntempo, 2 km Auslaufen
	MI	Ruhetag
	DO	6 km langsamer DL, anschließend 5 Steigerungen
	FR	Ruhetag
	SA	4 km langsamer DL, anschließend 5 Steigerungen
	SO	Marathon-Wettkampf

1. WOCHE	MO	8 km ruhiger DL
	DI	Tempoläufe im Gelände: 2 km Einlaufen, 3 × 10 min (etwa im Halbmarathon-Renntempo, mit einer Trabpause von je 4 min), 2 km Auslaufen
	MI	6 km ruhiger DL
	DO	10 km lockerer DL, anschließend 5 Steigerungen
	FR	Ruhetag
	SA	2 km langsamer DL, 5 km zügiger DL, 2 km langsamer DL
	SO	25 km langsamer DL
	WOCHEN-UMFANG:	ca. 70 km
2. WOCHE	MO	8 km ruhiger DL
	DI	10 km ruhiger DL, bei guter Verfassung am Schluß das Tempo steigern
	MI	Tempoläufe: 2 km Einlaufen, 6 × 1000 m (im 10-km-Renntempo, mit einer Trabpause von je 3 min), 2 km Auslaufen
	DO	10 km lockerer DL
	FR	8 km ruhiger DL
	SA	Ruhetag oder 5 km ruhiger DL
	SO	Halbmarathon-Wettkampf (oder Testlauf über dieselbe Distanz), mit Ein- und Auslaufen
	WOCHEN-UMFANG:	ca. 65 km
3. WOCHE	MO	8 km ruhiger DL
	DI	8 km ruhiger DL
	MI	10 km ruhiger DL
	DO	Ruhetag
	FR	12 km Fahrtspiel (wechselndes Tempo nach Gefühl)
	SA	8 km ruhiger DL
	SO	28–30 km langsamer DL
	WOCHEN-UMFANG:	ca. 75 km

4. WOCHE	**MO**	8 km ruhiger DL
	DI	Tempoläufe: 3 km Einlaufen, 10 × 400 m (im 10-km-Renntempo, mit einer Trabpause von je 200 m), 3 km Auslaufen
	MI	Ruhetag
	DO	10 km ruhiger DL
	FR	2 km Einlaufen, 8 km im geplanten Marathon-Renntempo, 2 km Auslaufen
	SA	Ruhetag
	SO	30 -32 km langsamer DL
	WOCHEN-UMFANG:	ca. 75 km

5. WOCHE	**MO**	8 km ruhiger DL
	DI	Tempoläufe: 2 km Einlaufen, 3 × 2000 m (im 10-km-Renntempo, mit einer Trabpause von je 4 min), 2 km Auslaufen
	MI	Ruhetag
	DO	10 km lockerer DL
	FR	2 km Einlaufen, 10 km im geplanten Marathon-Renntempo, 2 km Auslaufen
	SA	Ruhetag
	SO	30 km langsamer DL
	WOCHEN-UMFANG:	ca. 75 km

6. WOCHE	**MO**	8 km ruhiger DL
	DI	8 km ruhiger DL
	MI	Tempoläufe im 10-km-Renntempo: 2 km Einlaufen, 4 × 1000 m (im 10-km-Renntempo, mit einer Trabpause von je 3 min), 2 km Auslaufen
	DO	8 km ruhiger DL
	FR	Ruhetag
	SA	4 km langsamer DL, anschließend 5 Steigerungen
	SO	Halbmarathon-Wettkampf (oder Testlauf über dieselbe Distanz), mit Ein- und Auslaufen
	WOCHEN-UMFANG:	ca. 65 km

7. WOCHE

MO	Ruhetag
DI	8 km ruhiger DL
MI	10 km ruhiger DL
DO	Ruhetag
FR	12 km Fahrtspiel (wechselndes Tempo nach Gefühl)
SA	8 km ruhiger DL
SO	32 km langsamer DL
WOCHEN-UMFANG:	ca. 70 km

8. WOCHE

MO	8 km ruhiger DL
DI	Tempoläufe: 3 km Einlaufen, 10 × 1000 (im 10-km-Renntempo, mit einer Trabpause von je 3 min), 3 km Auslaufen
MI	Ruhetag
DO	8 km ruhiger DL
FR	2 km Einlaufen, 10 km im Marathon-Renntempo, 2 km Auslaufen
SA	Ruhetag
SO	35 km langsamer DL
WOCHEN-UMFANG:	ca. 80 km

9. WOCHE

MO	Ruhetag
DI	8 km ruhiger DL
MI	Tempoläufe: 3 km Einlaufen, 5 × 2000 m (im 10-km-Renntempo, mit einer Trabpause von je 4 min), 3 km Auslaufen
DO	10 km ruhiger DL
FR	Ruhetag
SA	35–40 km langsamer DL
SO	6–8 km ruhiger DL
WOCHEN-UMFANG:	ca. 80 km

<table>
<tr><td rowspan="9">10. WOCHE</td><td>MO</td><td>10 km ruhiger DL</td></tr>
<tr><td>DI</td><td>Tempoläufe:
3 km Einlaufen, 10 × 400 m (im 10-km-Renntempo, mit einer Trabpause von je 200 m), 3 km Auslaufen</td></tr>
<tr><td>MI</td><td>10 km ruhiger DL</td></tr>
<tr><td>DO</td><td>25 km langsamer DL</td></tr>
<tr><td>FR</td><td>Ruhetag</td></tr>
<tr><td>SA</td><td>5 km langsamer DL, anschließend 5 Steigerungen</td></tr>
<tr><td>SO</td><td>10-km-Wettkampf (mit Ein- und Auslaufen)</td></tr>
<tr><td>WOCHEN-
UMFANG:</td><td>ca. 80 km</td></tr>
</table>

<table>
<tr><td rowspan="8">11. WOCHE</td><td>MO</td><td>8 km ruhiger DL</td></tr>
<tr><td>DI</td><td>Ruhetag</td></tr>
<tr><td>MI</td><td>Tempoläufe:
2 km Einlaufen, 3 × 3 km (im Halbmarathon-Renntempo, mit einer Trabpause von je 3 min), 2 km Auslaufen</td></tr>
<tr><td>DO</td><td>Ruhetag</td></tr>
<tr><td>FR</td><td>25 – 28 km langsam (sehr langsam!)</td></tr>
<tr><td>SA</td><td>8 km ruhiger DL</td></tr>
<tr><td>SO</td><td>Ruhetag</td></tr>
<tr><td>WOCHEN-
UMFANG:</td><td>ca. 70 km</td></tr>
</table>

<table>
<tr><td rowspan="7">12. WOCHE</td><td>MO</td><td>6 km lockerer DL</td></tr>
<tr><td>DI</td><td>2 km Einlaufen, 5 km im Marathon-Renntempo, 2 km Auslaufen</td></tr>
<tr><td>MI</td><td>8 km langsamer DL (oder Ruhetag)</td></tr>
<tr><td>DO</td><td>6 km langsamer DL</td></tr>
<tr><td>FR</td><td>Ruhetag</td></tr>
<tr><td>SA</td><td>4 km langsamer DL, anschließend 5 Steigerungen</td></tr>
<tr><td>SO</td><td>Marathon-Wettkampf</td></tr>
</table>

1. WOCHE		
	MO	Ruhetag
	DI	12 km lockerer DL
	MI	12 km Fahrtspiel (wechselndes Tempo nach Gefühl)
	DO	Ruhetag
	FR	12 km lockerer DL
	SA	Ruhetag
	SO	22–25 km langsamer DL
	WOCHEN-UMFANG:	ca. 55–60 km

2. WOCHE		
	MO	Ruhetag
	DI	10 km lockerer DL
	MI	12 km Fahrtspiel (wechselndes Tempo nach Gefühl)
	DO	Ruhetag
	FR	8 km lockerer DL
	SA	Ruhetag
	SO	10-km-Wettkampf (mit jeweils 2 km Ein- und Auslaufen)
	WOCHEN-UMFANG:	ca. 45 km

3. WOCHE		
	MO	Ruhetag
	DI	12 km langsamer DL
	MI	Ruhetag
	DO	8 km lockerer DL, anschließend 5 Steigerungen
	FR	12 km Fahrtspiel (wechselndes Tempo nach Gefühl)
	SA	Ruhetag
	SO	25 km langsamer DL
	WOCHEN-UMFANG:	ca. 55–60 km

4. WOCHE	**MO**	Ruhetag
	DI	12 km lockerer DL
	MI	Ruhetag
	DO	2 km Einlaufen, 8 km im geplanten Marathon-Renntempo, 2 km Auslaufen
	FR	8–10 km lockerer DL
	SA	Ruhetag
	SO	25–28 km langsamer DL
	WOCHEN-UMFANG:	ca. 60 km

5. WOCHE	**MO**	Ruhetag
	DI	12 km lockerer DL
	MI	Ruhetag
	DO	10 × 4 min schneller DL (Trabpause 1 min), mit jeweils 2 km Ein- und Auslaufen
	FR	10 km lockerer DL
	SA	Ruhetag
	SO	30 km langsamer DL
	WOCHEN-UMFANG:	ca. 60 km

6. WOCHE	**MO**	Ruhetag
	DI	8 km lockerer DL
	MI	2 km Einlaufen, 10 km im geplanten Marathon-Renntempo, 2 km Auslaufen
	DO	Ruhetag
	FR	10–12 km lockerer DL
	SA	Ruhetag
	SO	32 km langsamer DL
	WOCHEN-UMFANG:	ca. 65 km

7. WOCHE		
	MO	Ruhetag
	DI	8 km lockerer DL
	MI	5 × 4 min schneller DL (Trabpause 2 min), mit jeweils 2 km Ein- und Auslaufen
	DO	Ruhetag
	FR	6 km langsamer DL, anschließend 5 Steigerungen
	SA	Ruhetag
	SO	Halbmarathon-Wettkampf
	WOCHEN- UMFANG:	ca. 45 – 50 km

8. WOCHE		
	MO	Ruhetag
	DI	8 km lockerer DL
	MI	8 km lockerer DL
	DO	Ruhetag
	FR	12 km Fahrtspiel (wechselndes Tempo nach Gefühl)
	SA	Ruhetag
	SO	32 – 35 km langsamer DL
	WOCHEN- UMFANG:	ca. 60 – 65 km

9. WOCHE		
	MO	Ruhetag
	DI	12 km lockerer DL
	MI	Ruhetag
	DO	2 km Einlaufen, 5 × 6 min schneller DL (Trabpause 4 min), 2 km Auslaufen
	FR	8 km lockerer DL
	SA	Ruhetag
	SO	35 km langsamer DL
	WOCHEN- UMFANG:	ca. 65 km

<table>
<tr><td rowspan="9">10. WOCHE</td><td>MO</td><td>Ruhetag</td></tr>
<tr><td>DI</td><td>2 km Einlaufen, Pyramide: 3 min, 6 min, 9 min, 6 min, 3 min
schneller DL (Trabpause 3 min, 5 min, 7 min, 5 min), 2 km Auslaufen</td></tr>
<tr><td>MI</td><td>Ruhetag</td></tr>
<tr><td>DO</td><td>20 km langsamer DL</td></tr>
<tr><td>FR</td><td>Ruhetag</td></tr>
<tr><td>SA</td><td>8 km lockerer DL, anschließend 3 Steigerungen</td></tr>
<tr><td>SO</td><td>10-km-Wettkampf, mit Ein- und Auslaufen</td></tr>
<tr><td>WOCHEN-
UMFANG:</td><td>ca. 60 km</td></tr>
</table>

<table>
<tr><td rowspan="8">11. WOCHE</td><td>MO</td><td>Ruhetag</td></tr>
<tr><td>DI</td><td>6 km langsamer DL</td></tr>
<tr><td>MI</td><td>10 km Fahrtspiel (wechselndes Tempo nach Gefühl)</td></tr>
<tr><td>DO</td><td>Ruhetag</td></tr>
<tr><td>FR</td><td>20–25 km langsamer DL</td></tr>
<tr><td>SA</td><td>Ruhetag</td></tr>
<tr><td>SO</td><td>6 km langsamer DL</td></tr>
<tr><td>WOCHEN-
UMFANG:</td><td>ca. 40–45 km</td></tr>
</table>

<table>
<tr><td rowspan="7">12. WOCHE</td><td>MO</td><td>Ruhetag</td></tr>
<tr><td>DI</td><td>2 km Einlaufen, 3 km im Marathon-Renntempo, 2 km Auslaufen</td></tr>
<tr><td>MI</td><td>Ruhetag</td></tr>
<tr><td>DO</td><td>6 km langsamer DL, anschließend 5 Steigerungen</td></tr>
<tr><td>FR</td><td>Ruhetag</td></tr>
<tr><td>SA</td><td>4 km langsamer DL, anschließend 3 Steigerungen</td></tr>
<tr><td>SO</td><td>Marathon</td></tr>
</table>

1. WOCHE

MO	Ruhetag
DI	8 km lockerer DL, am Schluß steigern
MI	10 km Fahrtspiel (wechselndes Tempo nach Gefühl)
DO	Ruhetag
FR	10 km ruhiger DL
SA	Ruhetag
SO	14 km langsamer DL

WOCHEN-UMFANG: ca. 42 km

2. WOCHE

MO	Ruhetag
DI	10 km lockerer DL
MI	10 km, zwischendurch Sprints über 100–200 m (nach jedem Sprint langsames Traben bis zur vollständigen Erholung)
DO	Ruhetag
FR	6 km lockerer DL
SA	Ruhetag
SO	10-km-Wettkampf (oder Testlauf über die gleiche Distanz) mit Ein- und Auslaufen

WOCHEN-UMFANG: ca. 40 km

3. WOCHE

MO	8 km ruhiger DL
DI	Ruhetag
MI	8 km ruhiger DL
DO	Ruhetag
FR	8 km Fahrtspiel (wechselndes Tempo nach Gefühl)
SA	Ruhetag
SO	25 km langsamer DL (sehr vorsichtig beginnen!)

WOCHEN-UMFANG: ca. 50 km

MO	8 km ruhiger DL
DI	Ruhetag
MI	2 km Einlaufen, 10 × 1 : 30 min schneller DL (Trabpause 1 min),
	2 km Auslaufen
DO	Ruhetag
FR	2 km Einlaufen, 8 km im geplanten Marathon-Renntempo,
	2 km Auslaufen
SA	Ruhetag
SO	25 – 28 km langsamer DL

4. WOCHE

WOCHEN-
UMFANG: ca. 55 km

MO	8 km ruhiger DL
DI	Ruhetag
MI	2 km Einlaufen, 12 × 1 min schneller DL (Trabpause 1 min),
	2 km Auslaufen
DO	Ruhetag
FR	2 km Einlaufen, 10 km im geplanten Marathon-Renntempo,
	2 km Auslaufen
SA	Ruhetag
SO	30 km langsamer DL

5. WOCHE

WOCHEN-
UMFANG: ca. 50 km

MO	Ruhetag
DI	8 km ruhiger DL
MI	2 km Einlaufen, 5 × 3 min schneller DL (Trabpause 3 min),
	2 km Auslaufen
DO	4 km ruhiger DL
FR	Ruhetag
SA	4 km ruhiger DL, anschließend 5 Steigerungen
SO	Halbmarathon-Wettkampf (oder Testlauf über dieselbe Distanz)
	mit Ein- und Auslaufen

6. WOCHE

WOCHEN-
UMFANG: ca. 50 km

7. WOCHE

MO	Ruhetag
DI	8 km ruhiger DL
MI	Ruhetag
DO	10 km Fahrtspiel (wechselndes Tempo nach Gefühl)
FR	Ruhetag
SA	8 km ruhiger DL
SO	30 km langsamer DL
WOCHEN-UMFANG:	ca. 55 km

8. WOCHE

MO	Ruhetag
DI	8 km ruhiger DL
MI	2 km Einlaufen, 10 × 3 min schneller DL (Trabpause 3 min), 2 km Auslaufen
DO	Ruhetag
FR	8 km lockerer DL
SA	Ruhetag
SO	32 km langsamer DL
WOCHEN-UMFANG:	ca. 60 km

9. WOCHE

MO	Ruhetag
DI	8 km ruhiger DL
MI	2 km Einlaufen, 5 × 6 min schneller DL (Trabpause 5 min), 2 km Auslaufen
DO	Ruhetag
FR	8 km lockerer DL
SA	32 km langsamer DL
SO	Ruhetag
WOCHEN-UMFANG:	ca. 65 km

10. WOCHE	**MO**	Ruhetag
	DI	2 km Einlaufen, 3 min, 6 min, 9 min, 6 min, 3 min schneller DL (Trabpause 3 min, 5 min, 7 min, 5 min), 2 km Auslaufen
	MI	Ruhetag
	DO	20 km langsamer DL
	FR	Ruhetag
	SA	8 km ruhiger DL
	SO	10-km-Wettkampf (mit Ein- und Auslaufen)
	WOCHEN-UMFANG:	ca. 55 km

11. WOCHE	**MO**	Ruhetag
	DI	6 km langsamer DL
	MI	10 km Fahrtspiel (wechselndes Tempo nach Gefühl)
	DO	Ruhetag
	FR	20–25 km langsamer DL
	SA	Ruhetag
	SO	6 km langsamer DL
	WOCHEN-UMFANG:	ca. 50 km

12. WOCHE	**MO**	Ruhetag
	DI	2 km Einlaufen, 3 km im Marathon-Renntempo, 2 km Auslaufen
	MI	Ruhetag
	DO	6 km lockerer DL, anschließend 5 Steigerungen
	FR	Ruhetag
	SA	4 km langsamer DL, anschließend 5 Steigerungen
	SO	Marathon-Wettkampf

MARATHON: EINFACH NUR ANKOMMEN ...

1. WOCHE

MO	Ruhetag
DI	Ruhetag
MI	10 km Fahrtspiel (wechselndes Tempo nach Gefühl)
DO	Ruhetag
FR	10 km ruhiger DL
SA	Ruhetag
SO	20 km langsamer DL (mit max. 2 Gehpausen à 2 – 3 min alle 5 km)
WOCHEN-UMFANG:	ca. 40 km

2. WOCHE

MO	Ruhetag
DI	Ruhetag
MI	12 km, zwischendurch Sprints über 100 – 200 m (nach jedem Sprint langsames Traben bis zur vollständigen Erholung)
DO	Ruhetag
FR	12 km lockerer DL
SA	Ruhetag
SO	10-km-Wettkampf (oder Testlauf über die gleiche Distanz), mit Ein- und Auslaufen
WOCHEN-UMFANG:	ca. 40 km

3. WOCHE

MO	Ruhetag
DI	Ruhetag
MI	12 km ruhiger DL
DO	Ruhetag
FR	10 km Fahrtspiel (wechselndes Tempo nach Gefühl)
SA	Ruhetag
SO	22 km langsamer DL (mit max. 2 kurzen Gehpausen alle 5 km)
WOCHEN-UMFANG:	ca. 45 km

MO	Ruhetag
DI	Ruhetag
MI	2 km Einlaufen, 10 × 1:30 min schneller DL (Trabpause 1 min), 2 km Auslaufen
DO	Ruhetag
FR	12 km lockerer DL
SA	Ruhetag
SO	25 km langsamer DL (mit max. 3 – 4 kurzen Gehpausen alle 5 km)
WOCHEN-UMFANG:	ca. 45 km

MO	Ruhetag
DI	Ruhetag
MI	2 km Einlaufen, 10 × 2 min schneller DL (Trabpause 1 min), 2 km Auslaufen
DO	Ruhetag
FR	10 km ruhiger DL
SA	Ruhetag
SO	28 km langsamer DL (mit max. 3 – 4 kurzen Gehpausen alle 5 km)
WOCHEN-UMFANG:	ca. 45 km

MO	Ruhetag
DI	Ruhetag
MI	2 km Einlaufen, 5 × 3 min schneller DL (Trabpause 3 min), 2 km Auslaufen
DO	Ruhetag
FR	Ruhetag
SA	3 – 4 km ruhiger DL, anschließend 5 Steigerungen
SO	Halbmarathon-Wettkampf (oder Testlauf über dieselbe Distanz), mit Ein- und Auslaufen
WOCHEN-UMFANG:	ca. 45 km

7. WOCHE	**MO**	Ruhetag
	DI	Ruhetag
	MI	8 km Fahrtspiel (wechselndes Tempo nach Gefühl)
	DO	Ruhetag
	FR	8 km ruhiger DL
	SA	Ruhetag
	SO	30 km langsamer DL (mit max. 4–5 kurzen Gehpausen alle 5 km)
	WOCHEN-UMFANG:	ca. 55 km

8. WOCHE	**MO**	Ruhetag
	DI	Ruhetag
	MI	1 km Einlaufen, 7 × 3 min schneller DL (Trabpause 3 min), 1 km Auslaufen
	DO	Ruhetag
	FR	6 km lockerer DL
	SA	Ruhetag
	SO	30 km langsamer DL (mit max. 4–5 kurzen Gehpausen alle 5 km)
	WOCHEN-UMFANG:	ca. 45 km

9. WOCHE	**MO**	Ruhetag
	DI	Ruhetag
	MI	2 km Einlaufen, 4 × 6 min schneller DL (Trabpause 5 min), 2 km Auslaufen
	DO	Ruhetag
	FR	6 km lockerer DL
	SA	32 km langsamer DL
	SO	Ruhetag
	WOCHEN-UMFANG:	ca. 55 km

MO	Ruhetag	
DI	2 km Einlaufen, 3 min, 5 min, 7 min, 5 min, 3 min schneller DL (Trabpause 3 min, 3 min, 4 min, 3 min), 2 km Auslaufen	
MI	Ruhetag	
DO	Ruhetag	
FR	Ruhetag	
SA	4 km ruhiger DL	
SO	10-km-Wettkampf (mit Ein- und Auslaufen)	
WOCHEN- UMFANG:	ca. 45 km	

10. WOCHE

MO	Ruhetag
DI	Ruhetag
MI	6 km Fahrtspiel (wechselndes Tempo nach Gefühl)
DO	Ruhetag
FR	20 km langsamer DL (mit max. 2 – 3 Gehpausen alle 5 km)
SA	Ruhetag
SO	6 km langsamer DL
WOCHEN- UMFANG:	ca. 40 km

11. WOCHE

MO	Ruhetag
DI	2 km Einlaufen, 3 km zügiger DL, 2 km Auslaufen
MI	Ruhetag
DO	Ruhetag
FR	Ruhetag
SA	4 km langsamer DL, anschließend 3 Steigerungen
SO	Marathon-Wettkampf

12. WOCHE

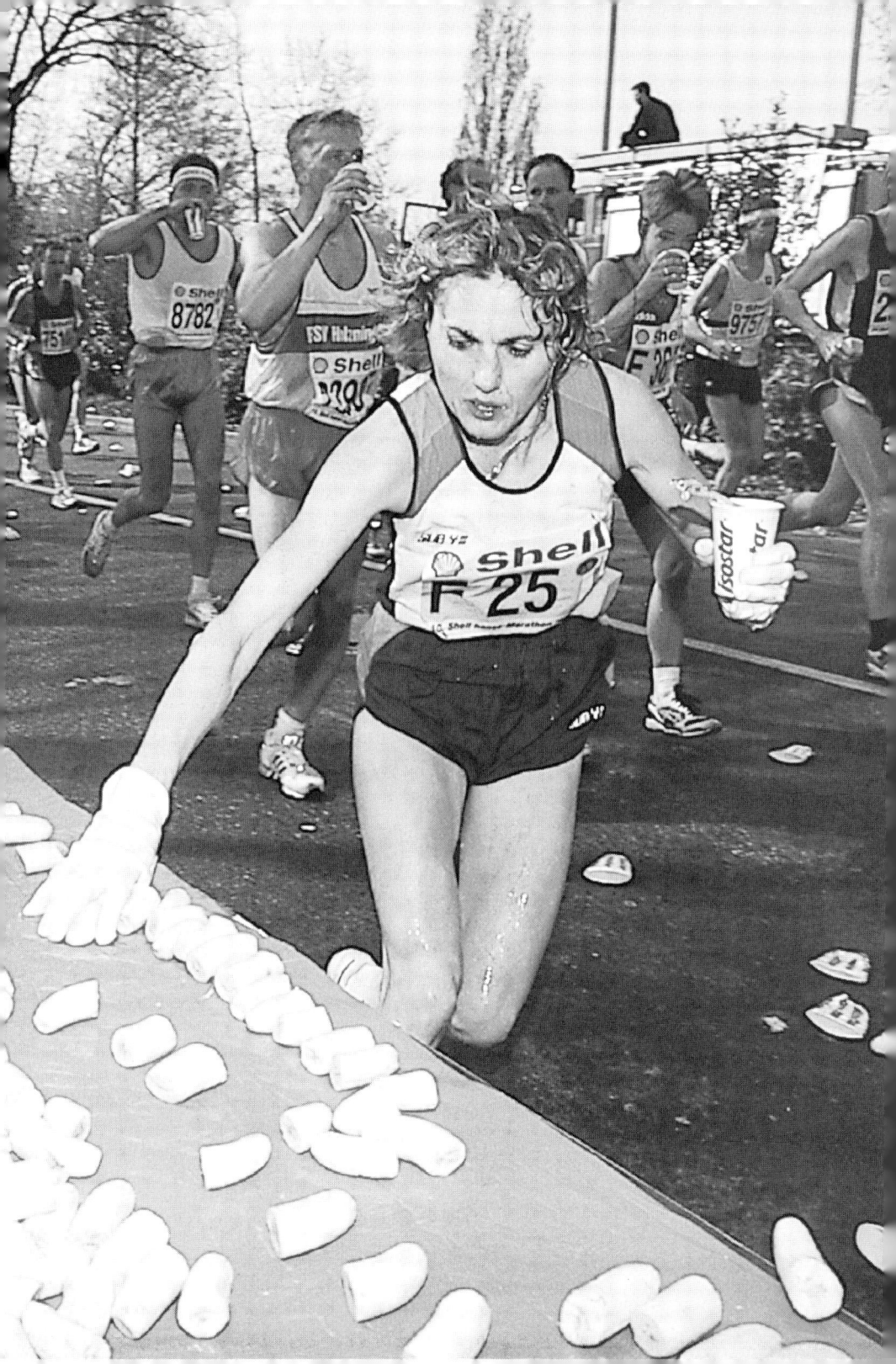

KAPITEL 6

Fit durch gesunde Ernährung

Daß falsche Ernährung zu Übergewicht, Mangelerkrankungen, Herz-Kreislauf-Defekten und einer schwachen Immunabwehr führt, ist bekannt. Aber auch zahllose Ausdauersportler, die es gewohnt sind, ihre Körper zu fordern und auf Signale des Körpers zu hören, tappen in Ernährungsfragen im Dunkeln. Kaum ein Thema wird in der RUNNER'S WORLD und anderen Lauf- und Fitnesszeitschriften so ausgiebig thematisiert wie die leidige Frage des Wie-ernähre-ich-mich-richtig.

Im folgenden werden deshalb die zentralen Bausteine unserer Nahrung (Kohlenhydrate, Fett, Eiweiß, Vitamine, Mineralstoffe, Wasser etc.) beschrieben und Ernährungstips für Läufer und andere Ausdauersportler gegeben, damit sie wissen, worauf es in Training und Wettkampf ankommt.

Kohlenhydrate

Ohne Energie keine Bewegung – ohne Treibstoff keine Energie. «Carbo loading» nennt der sportive Amerikaner den Vorgang: Treibstoff tanken. Der Energiestoffwechsel ist ein Verbrennungsvorgang, bei dem Stoffwechselprodukte abgebaut und in Energie umgewandelt werden. Kohlenhydrate und Fette sind unsere wichtigsten Treibstoffe. Kohlenhydrate sind so etwas wie das «Muskelbenzin» des Körpers. Sie lassen sich von den Muskelzellen am leichtesten aufnehmen. Verarbeitete Kohlenhydrate gelangen als Glukose ins Blut oder werden als Glykogen in den Muskeln und der Leber gespeichert. Bei intensiver Belastung werden zuerst und hauptsächlich Kohlenhydrate verbrannt. Fette dagegen werden vor allem bei lang andauernder und weniger harter Belastung verbrannt, etwa bei langen langsamen Läufen. Extrem unterschiedlich ist bei beiden Energieträgern aber das Speichervolumen: Ein guttrainierter,

70 Kilogramm schwerer Läufer kann rund 1800 kcal (= Kalorien pro Kilo) in Form von Glukose oder Glykogen speichern; davon sind in der Muskulatur rund 300 Gramm und in der Leber 100 Gramm gespeichert, weitere 40 Gramm befinden sich als Glukose im Blut. Dagegen sind die Reserven an gespeichertem Fett enorm: 60 000 bis 100 000 kcal Fett macht nicht immer lustig, aber Fett ist wichtig – auch fürs Laufen.

Bei mehr als 90 bis 120 Minuten Ausdauersport, z. B. bei einem Marathon (von einem Triathlon ganz zu schweigen), werden die Kohlenhydratspeicher des Körpers nahezu vollständig entleert. Wer erschöpfte Glykogenspeicher nicht rechtzeitig mit zusätzlichen Kohlenhydraten füttert, wird einen Leistungseinbruch erleben, da nun fast ausschließlich Fett als Energieträger zur Verfügung steht. Deckt der Körper zu Beginn einer sportlichen Belastung seinen Energiebedarf zu rund drei Vierteln aus Glykogen und einem Viertel über den Fettstoffwechsel, kehrt sich das Verhältnis später um. (Aber ohne ein Minimum an Glykogen würde die Fettverbrennung nicht mehr funktionieren.)

Wenn sehr schnell Energie benötigt wird, können im Muskel gespeicherte Kohlenhydrate zum Teil ohne Sauerstoff für die Energiegewinnung genutzt werden (= anaerobe Glyko-

lyse). Als Endprodukt entsteht *Laktat* (Milchsäure). Weil dieser Stoff schneller produziert wird, als er aus dem Muskel abtransportiert werden kann, übersäuert der Muskel. Die Folge: schnellere Übermüdung, eventuell auch Muskelkrämpfe. Systematisches Training kann die Laktatbildung einschränken, indem der Körper daran gewöhnt wird, in höherem Maße Energie mit Hilfe von Sauerstoff zu gewinnen. Denn das Entleeren und Auftanken der Körperzellen ist optimierbar. Die Vergrößerung der Speicherkapazität von Glykogen ist möglich durch eine Kombination von bewußt kohlenhydratreicher Ernährung und regelmäßigem Training, das die Glykogenreserven in der Arbeitsmuskulatur aufbraucht und den regenerativen Enzymhaushalt anregt.

Ballaststoffe Nicht immer gilt: nomen est omen. Die Ballaststoffe stellen im bunten Korb unserer Basisnährstoffe alles andere als unnützen Ballast dar. Bei ihnen handelt es sich um alle pflanzlichen Bestandteile, die von den Verdauungsenzymen nicht «aufgeknackt» und abgebaut werden können. In der älteren Ernährungslehre galten nur Kohlenhydrate, Fette und Eiweiße als wertvoll, der Rest als «Ballast». Heute wäre es sinnvoller, sie als Faserstoffe zu bezeichnen. Früher nahmen die Menschen acht- bis

zehnmal so viele Ballaststoffe zu sich, vor allem Kartoffeln und Hülsenfrüchte.

Ob wasserlösliche Ballaststoffe wie Pektin oder wasserunlösliche wie Zellulose: Für den Körper sind beide von hoher Bedeutung. Die Vorteile einer ballaststoffreichen Ernährung:
- Wir bleiben länger satt. Der Blutzuckerspiegel steigt langsamer und kontinuierlich an. Dadurch wird ein bekannter Effekt vermieden: Blutzuckerspitzen einerseits, rasche Unterzuckerung andererseits.
- Durch ihre Faserstruktur wirken Ballaststoffe wie ein Schwamm, das heißt sie binden Schadstoffe und transportieren sie aus dem Körper.
- Nahrungsmittel mit unlöslichen Ballaststoffen müssen länger und intensiver gekaut werden; das ist gut für die Zahnerhaltung und die Vorverdauung im Magen.
- Insbesondere Obst, Gemüse, Getreide und Hülsenfrüchte sind reich an Vitaminen und Mineralien.

Ausdauersportler sollten aber folgendes beachten: 1. Der Körper muß sich erst langsam an faserreiche Kost gewöhnen. Kurz vor einem Saisonhöhepunkt sollte man generell von rigorosen Eingriffen in die gewohnte Ernährung absehen. 2. Zwischen einer ballaststoffreichen Hauptmahlzeit und dem Training sollten mindestens fünf Stunden liegen.

Ballaststoffreiche Lebensmittel

- Getreide: Weizenkleie, Vollkornbrot, Knäckebrot, Pumpernickel, Haferflocken, Müsli
- Hülsenfrüchte: Bohnen, Linsen, Kichererbsen
- Kartoffeln, Pilze, Avocados
- Obst: Apfel, Trockenobst, Banane, Birne, Beeren (Brom-, Heidel-, Erd-, Himbeeren etc.), Datteln, Kiwi, Zitronen
- Nüsse und Samen: Erdnüsse, Mandeln, Haselnüsse, Walnüsse, Kokosnuß, Leinsamen, Mohn, Pistazien.

Den Grundbedarf an 30 bis 50 Gramm Faserstoffen deckt man z. B. so:

3 Scheiben Vollkornbrot (150 g) + 2 Scheiben Knäckebrot (20 g) + 3 Kartoffeln 250 g) + 2 große Möhren (200 g) + 1 großer Apfel (150 g).

Fett

Schlank sein gehört zum guten Ton. Schlank sein erhöht den Marktwert in der beinharten Konkurrenz um einen Platz an der Sonne, im Beruf wie in der Liebe. Fett loszuwerden ist für viele zu einer wahren Zwangsvorstellung geworden; Ausdauersportler sind da keine Ausnahme. Um kaum ein Ernährungsthema ranken sich so viele Mythen, sind so krude Mißverständnisse im Umlauf.

In Fetten sind doppelt so viele Kalorien verborgen wie in der gleichen Menge an Kohlenhydraten oder Eiweiß – richtig. Weniger Fett heißt also weniger Gewicht, eine schlankere Figur – falsch. Zumindest nicht zwingend. In den USA sank der Fettanteil an der täglichen Kalorienzufuhr in den vergangenen zehn Jahren von 38 auf 34 Prozent; dennoch gilt nach wie vor jeder dritte aus «God's own country» als übergewichtig. Fettarme Ernährung allein läßt kein Wohlstandsbäuchlein abschmelzen. Die Wahrheit ist wie meist banal: Nur eine negative Kalorienbilanz ist ein Garant fürs Abnehmen. Wer ständig mehr Kalorien zu sich nimmt, als er oder sie verbraucht, wird sich auch zukünftig in seinen Problemzonen weiter abrunden, ganz gleich, wie hoch der Fettanteil an den täglichen Leckereien ist. Frei nach Gertrude Stein: Eine Kalorie ist eine Kalorie ist eine Kalorie. Und eine Kalorie zuviel ist eine Kalorie zuviel ist eine Kalorie zuviel.

Nicht die Energiequelle ist entscheidend für die Veränderung des Körpergewichts, sondern der Gesamtenergieumsatz – und der ist bei einem schnelleren Lauf derselben Dauer höher als bei langsamem Joggen. Analog werden selbst bei einem lockeren Dauerlauf (bei 65 Prozent der VO_2max, der maximalen Sauerstoffaufnahme) mehr Fettkalorien verwertet als bei intensivem Walking, wo kaum die Schwelle von 25 Prozent der VO_2max überschritten werden dürfte. Nicht gleichmäßig niedrige Intensitäten, sondern gelegentliche Belastungsspitzen aktivieren die Fettverbrennung.

Anders als Kohlenhydrate, die als wirksamste Energiequelle überwiegend sofort Energie für Muskeln und Gehirn bereitstellen, sind Fettkalorien nicht für den sofortigen Verbrauch vorgesehen. Wie viele Fettkalorien im Fettgewebe eingelagert werden, hängt von der Energiebilanz ab, vom Verhältnis der aufgenommenen zu den verbrauchten Kalorien.

Abnehmen ist ein Kinderspiel – sabotieren Sie einfach Ihre Energiebilanz! Essen Sie ein bißchen weniger, als Sie (bilanztechnisch) essen «müßten». So simpel ist das. Man muß ja nicht gleich, Auge in Auge mit der duftenden Weihnachtsgans, in den Askesetrip einsteigen…

Cholesterin Hand aufs Herz – wer kennt schon seine Blutfettwerte? Ein zu hoher Cholesterinspiegel ist in den Industriegesellschaften nach wie vor die Todesursache Nr. 1, verantwortlich für Arteriosklerose und Auslöser schwerer Herzerkrankungen. Liegt keine angeborene Fettstoffwechselstörung vor, ist eine Gefäßkrankheit von einer Reihe von Risikofaktoren abhängig, u. a. Bluthochdruck, Dia-

betes, Rauchen, Streß, Bewegungsmangel und Übergewicht.

Cholesterin ist lebensnotwendig: als Grundbaustein für Zellen und Gewebe, für die Bildung von Sexualhormonen, von Vitamin D und Gallensäure. Für diese essentiellen Funktionen würde das körpereigene Cholesterin ausreichen. Aber schlechte Ernährungsgewohnheiten bringen den Cholesterinspiegel leicht ins Kippen: Wir mästen uns mit zu vielen gesättigten Fettsäuren und Cholesterin aus tierischen Lebensmitteln.

Liegt der Wert höher als 200 mg Cholesterin pro 100 ml Blut, sollte ärztlicherseits das Verhältnis von «gutem» (HDL) und «schlechtem» Cholesterin (LDL) geprüft werden. HDL enthält Eiweiß in hoher Konzentration: Es schützt die Gefäße, indem es überschüssiges Cholesterin zur Leber transportiert, wo es weiterverarbeitet oder ausgeschieden wird. LDL enthält wenig Eiweiß, aber viel Fett: Cholesterin, das der Körper nicht verwerten oder abbauen kann, bleibt im Blut und lagert sich an den Innenwänden der Gefäße ab, so daß sich der Gefäßdurchmesser verringert. Folge: Gefahr von Arteriosklerose.

Was tun? 1. Leben Sie cholesterinbewußt: Pro Tag sollte die Marke von 300 mg Cholesterin (= ein Eigelb oder 120 Gramm Butter oder 80 Gramm Kalbsleber) nicht überschritten werden. Innereien sind wahre Cholesterinbomben (Hirn, Leber, Bries, Niere). Zur Erinnerung: Pflanzliche Lebensmittel sind cholesterinfrei, also auch pflanzliche Fette wie Distel-, Sonnenblumen- oder Olivenöl. 2. Regelmäßiges Lauftraining erhöht den Anteil von «gutem» HDL-Cholesterin.

Eiweiß/Protein

Protein ist im wahrsten Sinn des Wortes der Stoff, aus dem wir gemacht sind: Muskeln und Blutgefäße, Sehnen und Bänder, Haut und Haare. Proteine sind aber auch Hormone und Enzyme (langkettige Eiweißverbindungen, die eine Vielzahl lebensnotwendiger biochemischer Prozesse steuern, vom Fett- und Kohlenhydratstoffwechsel bis zur Blutgerinnung). Menschen, die sich wenig bewegen, benötigen rund 0,4 Gramm Eiweiß am Tag. Einen erhöhten Eiweißbedarf vermutet man meist nur bei Leuten, die sich gezielt Muskelmasse antrainieren wollen. Aber auch Läuferinnen und Läufer mit beträchtlichem Trainingsaufwand sollten in Phasen höchster Trainingsbelastung auf ihre Proteinversorgung achten.

Kennen Sie diese Situation? Sie bereiten sich systematisch auf einen

großen Herbstmarathon vor, fühlen sich stark, sind gut in der Zeit und voller Vorfreude – und wie aus dem Nichts werden Sie plötzlich von Grippesymptomen angefallen, fühlen sich schlapp, ausgelaugt, schnupfig, gereizt, deprimiert. Die Erklärung für dieses Debakel kann auch ein Proteindefizit sein. Natürlich sind Kohlenhydrate der vorrangige Brennstoff beim Laufen. Aber bei einer Erhöhung der Intensität und des Kilometerumfangs greift der Körper auch auf Muskeleiweiß zurück. Wird in der Ernährung der erhöhte Proteinbedarf nicht berücksichtigt, stellen sich schnell die genannten Symptome ein. Denn Proteine erfüllen im Körper zentrale Funktionen – vom Aufbau von Muskelmasse über die Bildung von Hormonen zur Regulierung des Stoffwechsels bis hin zur Stärkung der Immunabwehr.

Bei Dauerbelastungen zerlegt der Organismus kleine Mengen Muskelprotein in sogenannte vierkettige Aminosäuren (VKAS). Dadurch verändert sich der Spiegel von Aminosäuren im Blut, von dem u. a. die Produktion von Serotonin im Gehirn gesteuert wird, einer Substanz, die unsere Stimmung, das subjektive Wohlbefinden beeinflußt. Genau dieser Zusammenhang liegt dem bekannten «Übertrainingssyndrom» zugrunde: plötzlicher Einbruch von Reizbarkeit, Lustlosigkeit, Schlaf-störungen nach einer Phase schwerster Trainingsbelastung.

Ernsthaft trainierende Ausdauersportler benötigen rund 50 Prozent mehr Proteine als Gelegenheitssportler. Dies entspricht täglich etwas mehr als einem Gramm Protein je Kilogramm Körpergewicht. Diese Menge sollte vorzugsweise aus qualitativ hochwertigen Quellen bezogen werden.

Vegetarische Ernährung Fleischverzicht alleine macht nicht gesünder, es kommt auf den ganzen Lebensstil an. Vegetarier erkranken seltener an Herzkrankheiten und leiden deutlich weniger an Fettleibigkeit, weil sie sich in der Regel nicht nur vitamin- und ballaststoffreicher, sondern auch weniger fettreich ernähren. Außerdem achten sie generell mehr auf sich als Fleischesser: Sie konsumieren weniger Alkohol, Tabak und Medikamente – und sie bewegen sich deutlich mehr. Viele Sportler im Hochleistungsbereich essen vegetarisch – mehr oder minder. Während Ovo-Lakto-Vegetarier auch Milchprodukte und Eier in ihren Ernährungsplan aufnehmen, verzehren Veganer aus Prinzip keinerlei tierische Lebensmittel (inkl. Honig) und können deshalb ihren Basisbedarf an Proteinen und bestimmten Spurenelementen nur mit Mühe decken.

Vitamine

Anders als die im stillen wirkenden Enzyme sind sie die ewigen Medienstars: Vitamine. Man sieht sie nicht, man schmeckt sie kaum, und doch sind sie lebenswichtig. Vitamine sind organische Verbindungen, nicht energieliefernde essentielle Nährstoffe, die an einer Vielzahl von Stoffwechselprozessen beteiligt sind. Sie sind schon in winzigen Mengen wirksam. Sie werden nach ihren physiologisch-biochemischen Eigenschaften in fettlösliche und wasserlösliche Vitamine eingeteilt.

Sportler haben einen Mehrbedarf an bestimmten Vitaminen, insbesondere an denen des B-Komplexes (B1, B2, B6, B12), die für den Kohlenhydratstoffwechsel und damit die Energieversorgung elementar sind, und den Antioxidantien Vitamin C, E und Beta-Carotin. Natürlich gibt es immer wieder Tage, an denen wir uns vitaminarm ernähren; kein Problem, solange die Wochenbilanz stimmt. Bei Megadosierungen bestimmter Vitamine können unangenehme Nebenwirkungen (Hypervitaminosen) auftreten.

Auch hier gilt: Das A und O einer soliden Vitaminversorgung ist eine ausgewogene Ernährung. Dazu gehört auch die schonende Lagerung und Zubereitung vitaminreicher Lebensmittel.

Auf Multivitaminpräparate sollte, gemäß den Zufuhrempfehlungen der Deutschen Gesellschaft für Ernährung, nur im Falle einer zeitweise einseitigen und unregelmäßigen Ernährung zurückgegriffen werden.

Phytochemika Chemische Verbindungen, die in den meisten Obst-, Gemüse - und Getreidesorten enthalten sind und diesen ihre spezifische Farbe und Geruch verleihen – und darüber hinaus das gewisse Etwas verleihen. Über die Nahrung in unseren Körper gelangt, stärken die rund 500 Phytochemika unser Immunsystem und die Widerstandsfähigkeit gegen Krankheiten; neben der Krebsprophylaxe sind sie auch für die Herzgesundheit bedeutsam. Nur naturbelassene Früchte oder Gemüse bieten das volle Spektrum nützlicher Wirkungen, nicht aber technisch isolierte phytochemische Substanzen: «Phytopillen» nützen wenig.

Hier ein Überblick über wertvolle Obst- und Gemüsesorten und der darin enthaltenen essentiellen Phytochemika: Kohl (Indole), Sellerie (3-n-Butylphtalid), Leinsamen (Liguin), Paprika (Capsaicin), Grünkohl (Zeaxanthin, Sulforafan), Zitrone (Monoterpen), Zwiebel (Allylsulfid).

	Vitamin	Funktion/Wirkung	Besonders ergiebige Vitaminquellen
fettlöslich	A (Retinol)	Beteiligung am Sehvorgang. Wichtig für Haut und Schleimhäute	Leber, grünes und gelbes Gemüse, Milch, Margarine, Butter
	D (Calciferol)	Wichtig im Calcium- und Phosphatstoffwechsel, beeinflußt die Mineralisierung der Knochen	Hering, Lachs, Aal, Makrelen, Leber
	E (Tocopherol)	Schützt ungesättigte Fettsäuren und Vitamin A im Körper vor Oxidation	Pflanzliche Öle und Fette, Erbsen, Grünkohl
	K	Wichtig für die Blutgerinnung	u.a. Leber, Milch, Tomaten
wasserlöslich	B₁ (Thiamin)	Wichtig im Kohlenhydratstoffwechsel, für das Nervensystem	u.a. Vollkornbrot, Kartoffeln, Hülsenfrüchte, Leber
	B₂ (Riboflavin)	Beteiligt am Fett-, Kohlenhydrat-, Proteinstoffwechsel	u.a. Milch, Käse, Geflügelfleisch, Leber, Vollkornbrot
	Niacin	Wichtig für am Energieumsatz beteiligte Enzyme in den Zellen, Herzfunktion und Nervensystem	Vollkornbrot, Erbsen, Rind-, Schweine-, Geflügelfleisch, Seefisch, Lachs
	B₆ (Pyridoxin)	Wichtig im Proteinstoffwechsel und für das Nervensystem	u.a. Leber, Sardinen, Makrelen, Weizenkeime, Sojabohnen, Kartoffeln, Vollkornbrot
	Folsäure	Wichtig für die Zellteilung und Zellneubildung, besonders rote und weiße Blutzellen	u.a. Weizenkeime, Sojabohnen, Geflügel-, Schweineleber, Weißkohl, Rosenkohl
	Panthotensäure	Wichtig beim Aufbau von Fetten, Kohlenhydraten u. Aminosäuren sowie beim Aufbau von Fettsäuren und bestimmten Hormonen	Leber, Broccoli, Blumenkohl, Kalb-, Rindfleisch, Truthahn, Milch, Vollkornbrot, Wassermelone
	Biotin	Wichtig bei der Synthese von Kohlenhydraten und Fettsäuren	Milch, Innereien (Schweineleber, -nieren), Sojabohnen
	B₁₂ (Cobalamine)	Verhindert bestimmte Formen der Anämie	Leber, Hering, Seelachs, Rindfleisch, Eier, Milch, Speisequark
	C (Ascorbin)	Verbesserte die Eisenaufnahme aus der Nahrung, wichtig für Bindegewebe und Knochen	Kartoffeln, Paprika, Blumenkohl, Tomaten, Broccoli, Zitrusfrüchte, Erdbeeren

nach den Empfehlungen der Deutschen Gesellschaft für Ernährung (DGE), Frankfurt/Main 1985.

Freie Radikale und Antioxidantien
Antioxidantien sind Substanzen, die unseren Körper vor der schädlichen Wirkung sogenannter freier Radikale schützen. Freie Radikale sind zwar keine verwegenen Überbleibsel der 68er Revolte, aber Subversive sind sie allemal: Atomgruppierungen, die der Körper produziert, wenn Brennstoff zur Energiegewinnung verbraucht wird. Als Moleküle, die ein oder mehrere ungepaarte Elektronen aufweisen, sind sie äußerst reaktionsfreudig und aggressiv. Sie greifen andere Verbindungen an, um ihnen ein Elektron zu entreißen, das heißt, sie oxidieren sie. So entsteht ein neues «hungriges» Radikal – der Beginn einer Kettenreaktion.

Einerseits sind freie Radikale für die Stabilität unseres Immunsystems lebenswichtig (Bekämpfung von Bakterien, frühzeitige Eliminierung von Tumorzellen). Werden andererseits aber zu viele Radikale produziert, können sie in Verbindung mit anderen chemischen Strukturen im Körper oxidieren und schwerste Zell- und Gewebsschäden hervorrufen. Dieser «oxidative Streß» kann im schlimmsten Fall, über eine Schädigung der Erbsubstanz (DNA), die Entstehung von Krebs begünstigen.

Freie Radikale werden nicht nur bei körperlicher Anstrengung vermehrt gebildet. Auch äußere Einflüsse wie Luftschadstoffe, Ozon, Zigarettenrauch, Schwermetalle, organische Lösungsmittel, Medikamente, starkes Sonnenlicht oder radioaktive Strahlen wirken entweder selbst als Radikale oder tragen zu deren vermehrter Bildung bei.

Ein antioxidatives System verhindert, daß unser Körper der Radikalbildung schutzlos ausgeliefert ist. Die körpereigene antioxidative Abwehr setzt sich aus verschiedenen Faktoren zusammen. Bestimmte Enzyme sorgen für die chemische Umwandlung freier Radikale in weniger aggressive Stoffe. Auch eine ganze Palette von Nährstoffen ist von großer Bedeutung: Mineralstoffe und Spurenelemente wie Zink, Mangan, Kupfer, Selen, vor allem aber Vitamin E (Schutz der Zellmembrane), Vitamin C und Beta-Carotin. Auch ein oder zwei Gläschen Rotwein, den flavonoidhaltigen Inhaltsstoffen sei Dank, dürfen wir als Sportler uns gerne einmal genehmigen.

Bester Schutz gegen freie Radikale ist eine ausgewogene Ernährung mit einem hohen Anteil antioxidativ wirksamer Inhaltsstoffe (siehe Kasten S. 176). Anders als vom amerikanischen Arzt und Aerobic-Guru Dr. Kenneth Cooper propagiert, gilt bei den Antioxidantien keinesfalls die Maxime «Viel hilft viel». Eine zu hohe Dosierung wirkt prooxidativ, schadet also dem gefährdeten Organismus.

VITAMIN E	Nüsse (u. a. Wal- und Haselnüsse), Pflanzenöl (u. a. Weizenkeimöl), grünes Gemüse, Getreide, Eier
VITAMIN C	Zitrusfrüchte, Broccoli, Kohl, Kartoffeln, Paprika
BETA-CAROTIN	Pfirsiche, Aprikosen, Karotten, grünes Gemüse
FLAVONOIDE	Vollkornprodukte, Gemüse, Früchte, Tee, Rotwein

Für die Funktion antioxidativer Enzyme wichtige Mineralstoff- und Spurenelemente

KUPFER	Meeresfrüchte, Innereien, Nüsse, Kartoffeln, Vollkorn
SELEN	Getreide, Samen, Meeresfrüchte, Fleisch, Leber, Milchprodukte
ZINK	Weizenkeimlinge und weitere Getreideprodukte, Hülsenfrüchte, mageres Fleisch, Meeresfrüchte, Käse
MANGAN	Hülsenfrüchte, Nüsse, Vollkorn, Tee, Kaffee

Mineralstoffe und Spurenelemente

«Sie werden es kaum glauben, und man sieht es Ihnen gewiß nicht an, doch zum Teil sind Sie bereits fünf Milliarden Jahre alt. Genauer gesagt, handelt es sich bei diesem ‹Teil› um die etwa fünf Prozent Ihrer Körpermasse, die aus 22 verschiedenen Mineralstoffen aufgebaut sind. Jedes einzelne Atom dieser Mineralien existierte bereits in Gesteinsformationen, aus denen die Erde in ihrer Entstehungsphase vor rund fünf Milliarden Jahren bestand.» (Dr. Liz Applegate) Nach ihrem mengenmäßigen Vorkommen werden die Mineralstoffe in Mengenelemente und Spurenelemente eingeteilt. Von Mengenelementen spricht man bei einem Vorkommen von über 50 mg pro Kilogramm Körpergewicht: Natrium, Kalium, Calcium, Magnesium, Chlor und Phosphor. Spurenelemente sind im Körper mit weniger als 50 mg pro Kilogramm Körpergewicht, das heißt nur in Spuren vorhanden: Eisen, Fluor, Zink, Kupfer, Selen, Zinn, Jod, Mangan, Silizium, Nickel, Molybdän, Chrom, Kobalt, Vanadium. Körperliches Training beschleunigt die Ausscheidung von Mineralien über Schweiß und Urin.

Die wichtigsten Aufgaben der Mineralstoffe im Organismus: 1. Aufbau von Knochen- und Zahnsubstanz. 2. Biokatalysatoren für zahlreiche Stoffwechselvorgänge. 3. Schaffung be-

stimmter Löslichkeitsbedingungen in den Körperflüssigkeiten. 4. Ermöglichen von Reizbildung und Reizbeantwortung. 5. Aufrechterhaltung bestimmter Druckverhältnisse (osmotischer Druck) in Blut und anderen Körperflüssigkeiten.

Mineralien und Spurenelemente haben grundsätzlich keine leistungsfördernde Wirkung. Wenn aber ein Mangel an diesen Nährstoffen besteht, ist ein Leistungseinbruch nicht weit. Mineralstoff- und Wasserhaushalt hängen eng zusammen, weil die Konzentration an gelösten Mineralstoffen (= Elektrolyte) die Regulation des Wasserhaushalts wesentlich beeinflußt.

Eine Übersicht über Mineralstoffe, die für Sportler von großer Bedeutung sind:

Magnesium kommt in 300 verschiedenen Enzymen in unserem Stoffwechsel vor. Es ist wichtig für den Energiestoffwechsel, für biologische Aufbauprozesse (Knochen) und die Muskelkontraktion: Magnesium fördert die Reizübertragung von den Nerven auf die Muskeln und wirkt Muskelkrämpfen entgegen. Magnesiummangel verursacht Ermüdung und verminderte aerobe Leistungsfähigkeit.

Der empfohlene Mittelwert dieses Mikronährstoffs beträgt für Männer ungefähr 350, für Frauen 300 mg täg-

lich. Zu den magnesiumreichen Nahrungsmitteln zählen dunkelgrünes Blattgemüse, Nüsse und Vollkornprodukte. Da mit dem Schweiß auch Magnesium verlorengeht, vertrauen viele ambitionierte Sportler auf zusätzliche Magnesiumpräparate. Im algemeinen reicht aber eine durchdachte, abwechslungsreiche Ernährung aus. Ein Zuviel an Magnesium im Körper kann zu Durchfall führen, die Calciumaufnahme blockieren und den Stoffwechsel beeinträchtigen.

Chrom Während die meisten Mineralien bei Stoffwechselprozessen als Hilfsstoffe für Enzyme wirken, kommt dem Chrom eine Hilfsfunktion für das Hormon Insulin bei der Stabilisierung des Blutzuckerspiegels zu. Um auf die empfohlene Menge von 50 bis 200 mg Chrom zu kommen, kann man auch zu einem Mix folgender Lebensmittel greifen (anstatt zu Ergänzungspräparaten): gekochte Erbsen, Getreide, Weizenkeime, Nüsse, Bier, Kartoffeln. Wer sich als Sportler gerne an Weißbrot und Süßigkeiten labt, sollte unbedingt mehr Chrom zu sich nehmen.

Zink Obwohl Zink im menschlichen Körper nur in einer Minidosis von zwei Gramm vorkommt, kooperiert es mit mehr als 100 für den Energiestoffwechsel unentbehrlichen Enzy-

men und unterstützt das Immunsystem: Ohne Zink würden Wunden und Verletzungen nicht heilen. Ein zu niedriger Zinkspiegel dürfte einer der Gründe für die Infektanfälligkeit von Sportlern unmittelbar nach Wettkämpfen oder harten Trainingseinheiten sein. Der tägliche Mindestbedarf beträgt 15 mg (Männer) bzw. 12 mg (Frauen), was ungefähr einer Portion Austern entspricht. Aber wer hat schon Austern auf seinem täglichen Ernährungsplan? Neben relativ fettreichen Nahrungsmitteln wie Austern, Muscheln, Lammfleisch oder Leber weisen auch fettarme Speisen wie Weizenkeime, Bohnen, Linsen und angereicherte Müslis einen hohen Zinkanteil auf. Zuviel Zink hemmt die Aufnahme von Kupfer, was wiederum der Absorption des für Läufer so wichtigen Eisens abträglich ist.

Eisen Eine ausreichende Menge Eisen im Blut ist die Voraussetzung für den Transport des Sauerstoffs zu den Muskeln. Es bildet einen wichtigen Bestandteil des roten Blutfarbstoffs Hämoglobin, des Myoglobins (ein Muskeleiweiß) und zahlreicher Enzyme. Eisenmangel (mit im Extremfall davon ausgelöster Anämie) macht sich durch Schlappheit, Müdigkeit und eine deutlich eingeschränkte Leistungsfähigkeit bemerkbar. Mehr als die Hälfte aller Läuferinnen – vor

allem Vegetarierinnen und Leistungssportlerinnen mit Menstruationsstörungen – leidet an Eisenmangel.

Mageres rotes Fleisch und dunkles Geflügel sind vorzügliche Eisenquellen, weil der Körper die in ihnen enthaltene Art des Eisens, in Kombination mit einer zusätzlichen Vitamin-C-Zufuhr, am besten aufnehmen kann. Eine brauchbare Alternative für Vegetarier stellen Linsen, Bohnen, Spinat, Haferflocken und Vollkornerzeugnisse dar.

Wasser

Die Muskelarbeit beim Laufen erzeugt viel Wärme. Ohne die Ableitung von rund 70 Prozent dieser Wärme aus dem Körper würde ein unschöner Effekt eintreten: das Blut würde «kochen» und das Muskelgewebe wie Fleisch in einem Topf garen. Die Kühlung erfolgt über den Schweiß, bei dessen Verdunstung an der Hautoberfläche Wärme freigesetzt wird. 120 ml Schweiß verhindern den Anstieg der Körpertemperatur um ein Grad.

Die Menge des Schweißverlustes nimmt proportional zu Leistungsintensität, Umgebungstemperatur und Luftfeuchtigkeit zu (oft bis zu zwei Liter pro Stunde). Die Maxime kann

also nur lauten: Nicht erst trinken, wenn der Durst kommt, sondern vor, während und nach einem Lauf ausreichend Flüssigkeit aufnehmen. Denn Dehydrierung bedeutet Eindickung des Blutes: Das höher belastete Herz kann den im Blut transportierten Sauerstoff und wichtige Nährstoffe nicht mehr schnell genug zu den Arbeitsmuskeln pumpen. Die Atemfrequenz erhöht sich, der Körper macht langsam schlapp, das Lauftempo läßt sich nicht mehr aufrechterhalten.

Allen Unkenrufen zum Trotz ist mineralstoffreiches Wasser das optimale Sportgetränk, wobei auf einen ausreichenden Natriumgehalt geachtet werden sollte: Mit einem Liter Schweiß werden durchschnittlich 1200 mg Natrium ausgeschieden.

Sportgetränke / Rehydrationsgetränke

Die «Durstlöscher» und «Sportgetränke» werben damit, verlorengegangene Mineralstoffe und Spurenelemente zu ersetzen. Eine rasche Rehydration ist für die Aufrechterhaltung des Leistungslevels entscheidend. Wichtig ist, daß das Getrunkene schnellstmöglich resorbiert wird. Die Wasseraufnahme des Körpers findet im Dünndarm statt. Das Getränk ist also nur dann effektiv, wenn es rasch den Magen passiert. Bei einem Kohlenhydratgehalt von mehr als 80 Gramm pro Liter nimmt die Magenentleerungsrate relativ stark ab, was sowohl für Fruchtsäfte wie für colaartige Erfrischungsgetränke gilt. Reines Wasser wird im Dünndarm nur sehr langsam absorbiert. Die Zugabe von Natrium und Glukose, die aktiv durch die Zellen in der Darmwand aufgenommen wird, beschleunigt die Flüssigkeitsaufnahme. (Andere Elektrolyte wie Magnesium, Kalium und Chlorid haben keinen positiven Effekt.)

Neben der Kohlenhydrathaltigkeit von Sportgetränken ist auch ihre sogenannte Osmolalität entscheidend für die Aufnahme gelöster Mineralstoffe ins Blut. Osmolalität ist ein Maß für die Druckverhältnisse zwischen Flüssigkeiten, gemessen in Milliosmol pro Kilogramm (mOsm/kg). Der osmotische Druck einer Flüssigkeit wird bestimmt von der Leichtigkeit, mit der Partikel gelöster Stoffe eine Zellmembran passieren können. Ein Getränk mit einem osmotischen Druck von 300 mOsm ist nahezu identisch mit dem des Blutes. Man spricht hier von Isotonie («isoton = gleich viel). Sportgetränke im isotonischen Bereich weisen eine drei- bis viermal höhere Wasserabsorptionsrate auf als reines Wasser oder Mineralwasser.

Fazit: 1. Limonaden und Fruchtsäfte sind für eine effektive Rehydration ungeeignet. («Energy Drinks» wie Red Bull oder Flying Horse mö-

gen zwar Flügel verleihen und Riesensprünge ermöglichen, als Reydrationsgetränke aber taugen sie überhaupt nicht. Für diesen Zweck wurden sie auch nicht entwickelt. 2. Zwar verbessert reines Wasser die Leistungsfähigkeit im Falle der Dehydration. Aber am effektivsten sind ohne Zweifel ausgewogen zusammengesetzte Sportgetränke: ca. 6 bis 8 Prozent Kohlenhydrate und 400 bis 500 mg Natrium pro Liter.

Stimulanzien

Kaffee Trinken auch Sie gerne ein Tässchen Kaffee vor dem morgendlichen Lauf? Das Coffein im Kaffee ist ein Stimulantium, das die Atem- und Herzfrequenz erhöht, den Blutdruck steigen läßt und die Produktion von Streßhormonen steigert. Kaffee, in normalen Maßen konsumiert (2 bis 4 Tassen pro Tag), hat auf das sportliche Leistungsniveau keinen Einfluß – es sei denn, er ersetzt die normale Flüssigkeitszufuhr den Tag über.

1978 hatte der Leistungsphysiologe Dave Costill behauptet, Coffein könne die Marathonleistung um bis zu zehn Minuten steigern. Dr. Owen Anderson von *Runner's World* (USA) über Costills Argumentation: «Der Stoff stimuliert das Nervensystem und regt die Produktion von Adrenalin an. Das wiederum bringt die Fettzellen dazu, mehr Fett ins Blutsystem zu entlassen. Wenn dieses Fett als Brennstoff zur Verfügung steht, wird der in den Muskeln gespeicherte Kohlenhydratvorrat gespart, der bei Ausdauerleistungen bevorzugte und effizienteste Brennstoff. Dieses ‹Glykogen-Sparprogramm› vermeidet bzw. verschiebt die im Marathon gefürchtete Krise, die gewöhnlich im letzten Viertel des Rennens eintritt.» Der «Kaffeemythos» war geboren. Höhere Dosen mögen Mittelstrecklern nützen, auf keinen Fall aber Marathonläufern. Coffein ist ein Diuretikum, eine harntreibende Substanz. Durch die Anregung der Nierenfunktion wird der Körper entwässert – nichts, was Langstrecklern gefallen kann. Und außerdem können Athleten schon bei sechs Tassen Kaffee Probleme bei der Dopingkontrolle bekommen (Grenzwert: 15 Mikrogramm je ml Urin).

Alkohol Ein Gläschen in Ehren soll man niemandem verwehren? Die gute Nachricht zuerst: Alkohol (Äthanol) in geringen Mengen senkt den Cholesterinspiegel, verringert das Risiko von Herzerkrankungen und soll sogar dem altersbedingten Gedächtnisschwund entgegenwirken. Wer zu viel Alkohol konsumiert, fügt seinem Körper dagegen irreversible Schäden zu.

Über das Blut gelangt der Alkohol zur Leber, wo er verstoffwechselt, also chemisch aufgebrochen wird. (Während die Leber den Blutalkohol entgiftet, werden andere Funktionen zurückgestellt, insbesondere die Fettverarbeitung. Gefahr: Leberverfettung, Funktionseinschränkung der Leber. Wer als Läufer gerne Höherprozentigem zuspricht, sollte wissen, daß dem Körper dabei zwei für sportliche Leistungen elementare Substanzen entzogen werden, Wasser und Nährstoffe (Vitamine und Mineralstoffe, vor allem Zink). Außerdem sind Alkoholika wahre Kalorienbomben.

So weit die guten und die schlechten Nachrichten. Dr. Liz Applegate rät: «Für alle, die keine gesundheitlichen Probleme befürchten müssen, ist Mäßigung das Gebot. Eine weithin akzeptierte Faustregel für gemäßigten Alkoholgenuß besagt: für Männer ein bis zwei Portionen pro Tag; für Frauen maximal eine. Eine Portion entspricht einem Drittel Liter Bier, einem Schoppen Wein oder 0,4 Deziliter Hochprozentigem. Kalkulieren Sie ein, daß der Körper eine Stunde benötigt, um die in einer Portion enthaltene Menge Alkohol abzubauen.»

Kreatin Die Haltungen zu diesem «Wundermittel» könnten konträrer nicht sein. Leichtathleten und Kraft-

sportler schwören auf die Substanz, der deutlich leistungssteigernde Wirkung nachgesagt wird, die aber dennoch auf keiner Dopingliste auftaucht. Ralf Sonn, Aktivensprecher der DLV-Nationalmannschaft, bekannte im April 1998: «Mehr als die Hälfte stützen sich auf Kreatin.» DLV-Präsident Professor Helmut Digel lehnt das, was seine Athleten offensichtlich als «legales Doping» schätzen und konsumieren, rigoros ab. Kreatin erhöht die Sauerstoff-Aufnahmekapazität des Blutes und besitzt eine muskelbildende Wirkung, ohne ein anaboles Steroid zu sein. (Gesundheitliche Schäden durch Kreatin-Einnahme sind bislang nicht aktenkundig.) Ganz abgebrüht dagegen gab sich wieder einmal Prinz Alexandre de Merode als Vorsitzender der Medizinischen Kommission des IOC: «Für uns ist Kreatin kein Doping-, sondern eher ein Nahrungsmittel. Damit ist für uns das Kapitel geschlossen. Mit Kreatin ist es so wie mit Eiern oder Gänseleberpastet: Wenn man zuviel nimmt, wird einem schlecht.»

In unserer Leber wird pro Tag ein Gramm Kreatin aus Aminosäuren neu gebildet. Empfohlen wird die Zufuhr von etwa fünf bis acht Gramm täglich über einen Zeitraum von fünf Tagen, um den Kreatingehalt des Körpers spürbar um rund 30 Prozent zu erhöhen. Darüber hinaus

kann unser Organismus die Substanz nicht speichern. In den Muskelzellen entsteht aus Kreatin der Energieträger Kreatinphosphat, der unerläßlich für die schnelle Energiegewinnung ist. Wer einen 100-m-Lauf zu absolvieren hat, gewinnt durch Kreatin nichts. Wer aber über diese Strecke Vorlauf, Zwischenlauf und Halbfinale bei einem internationalen Meeting innerhalb von Stunden hinter sich bringen muß, weiß, weshalb Kreatin als «Nahrungsmittel» auf seinem Speiseplan steht. Ebenso profitieren Kraftsportler und Ballspieler, die ständig explosive Reißbewegungen oder Antritte «hinlegen» müssen, vom künstlich vergrößerten Kreatinreservoir. Dagegen können Langstreckler getrost auf die begehrte Substanz verzichten: Die Energiebilanz eines Marathons läßt sich durch Kreatin nicht verbessern. Das trifft, Monsieur de Merode, natürlich auch auf Gänseleberpastete zu …

Wettkampfernährung

Ernährung vor dem Wettkampf

1. Ernähren Sie sich kohlenhydratreich: 70 Prozent der Nahrungsmittel sollten Kohlenhydrate sein, um die Glykogenspeicher optimal gefüllt zu halten.

2. Training reduzieren: Die Muskeln brauchen Ruhe und Entspannung, die Glykogenreserven werden geschont.

3. Sparen Sie beim Fett.

4. Wählen Sie ballaststoffreiche Kohlenhydrate. Zu empfehlen sind Vollkornmüsli, Vollkornbrot, Vollkornnudeln, Obst und Gemüse.

5. Die letzte kohlenhydratreiche Mahlzeit sollte am Mittag des Wettkampfvortages eingenommen werden. Am Vorabend reicht ein kleines, leichtes Mahl. (Daß ein Vollstopfen mit Spaghetti Läufern am Wettkampftag den finalen Kick verpaßt, ist ein sich hartnäckig haltendes Gerücht. Es geht um das Tüpfelchen auf dem i, und nicht darum, sich mit Pastaköstlichkeiten kugelrund zu futtern.)

6. Zwei bis vier Stunden vor dem Wettkampf sollten Sie ein kleines, leicht verdauliches Frühstück zu sich nehmen, um den Blutzuckerspiegel stabil zu halten: ein oder zwei Schei-

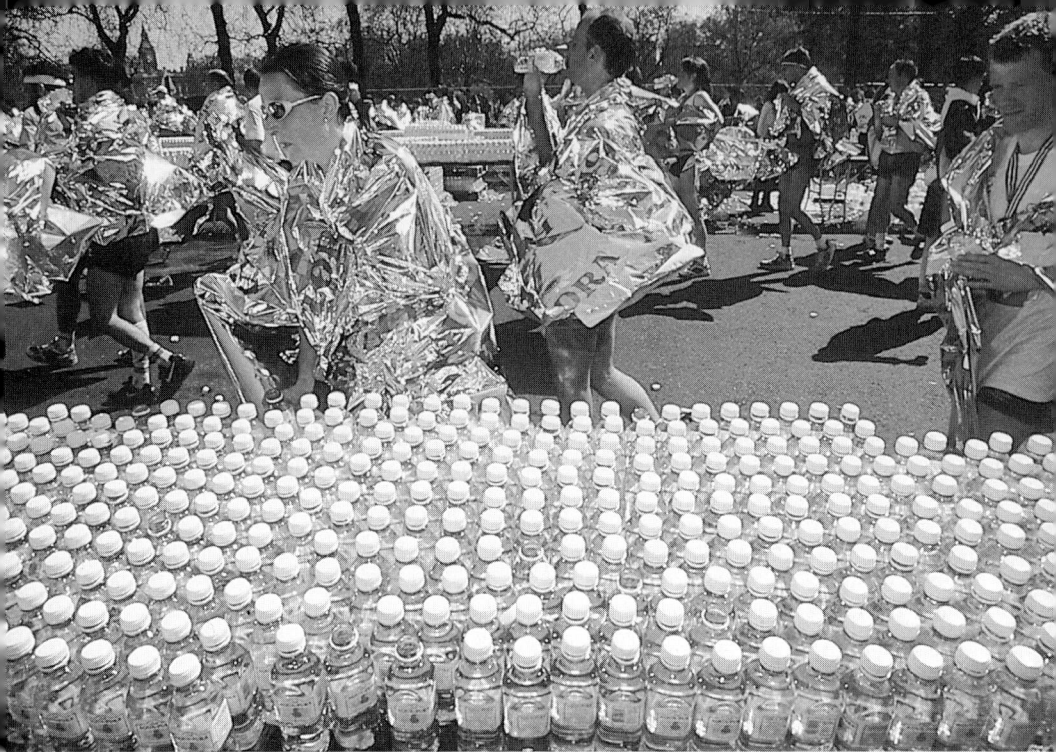

ben Weißbrot mit Honig oder Konfitüre, gesüßter Tee, später vielleicht noch eine Banane.

7. Bis eine halbe Stunde vor dem Startschuß regelmäßig Wasser trinken.

Ernährung im Wettkampf

Die körperliche Leistungsfähigkeit wird bei langen Läufen von zwei Faktoren beeinträchtigt: dem Verlust von Flüssigkeit (Dehydration) und der Verminderung der Glykogenvorräte.

• Arbeitende Muskeln produzieren Hitze, die über die Haut als Schweiß nach außen transportiert wird. Aber jeder Liter Flüssigkeit, den wir verlieren, erhöht unsere Herzfrequenz um acht Schläge pro Minute. Je weniger Wasser in den Körperzellen gespeichert ist, desto härter muß der Körper arbeiten. Um das Herz-Kreislauf-System vor Überforderung zu schützen, muß dem Körper regelmäßig Flüssigkeit zugeführt werden. Denn schon eine geringe Dehydration kann zu schweren Leistungseinbrüchen führen. Faustformel: pro Viertelstunde ein Becher Wasser. Es zahlt sich aus, in Ruhe zu trinken. Was sind schon die paar «verlorenen» Sekunden bei einem Marathon gegenüber dem Debakel eines durch zu

wenig Trinken ausgelösten Totaleinbruchs!

▪ Sportgetränke versprechen neben Flüssigkeit auch noch schnelle Zufuhr von Kohlenhydraten. Aber nicht jeder Magen verträgt sie gleich gut. Amerikanische Studien ergaben, daß ein optimaler Effekt (Flüssigkeit + Energie) dann vorliegt, wenn der Kohlenhydratgehalt nicht mehr als 80 Gramm pro Liter beträgt. Vorsicht, Etikettenschwindel! Nicht jedes Sportgetränk macht seinem Namen Ehre; so sind z. B. Limonaden und unverdünnte Fruchtsäfte für eine effektive Rehydration völlig ungeeignet. Auch bei Energieriegeln, die die höchste Dosis an Kohlenhydraten bieten und mit reichlich Flüssigkeit zugeführt werden sollen, gilt: Unbedingt im Training auf Verträglichkeit testen!

Ernährung nach dem Wettkampf

Nach dem Wettkampf sollten Sie möglichst rasch mit dem «Auftanken» beginnen, um eine zügige Regeneration zu gewährleisten. Mit kohlenhydratreicher Kost kann man nach einem auspowernden Kraftakt den Glykogenspiegel innerhalb von 24 Stunden wieder ausgleichen. Günstig, weil vom Körper schnell aufzunehmen, sind Brot, Rosinen und Müsli. Und trinken Sie, bis Sie keinen Durst mehr verspüren, am besten noch etwas mehr.

Spezialproblem Verdauung

«Ab in die Büsche», lautet immer mal wieder die Maxime, wenn unsere Natur ihr Recht einklagt und partout mit den kleineren und größeren Geschäften nicht mehr warten zu können glaubt, bis wir das Ziel erreicht haben. Gegen Verdauungsdesaster und ausscheidungstechnische Katastrophen sind auch Marathonprofis nicht gefeit. Die Ernährungswissenschaftlerin Dr. Liz Applegate rät, wie sich Zwangsstops am ehesten vermeiden lassen: «Höchstwahrscheinlich sind es die rhythmischen Stoßbelastungen, die gerade Läuferinnen und Läufern in dieser Hinsicht mehr Probleme als anderen Sportlern bereiten. Gesellen sich noch Dehydrierung und verminderte Darmdurchblutung hinzu, ist es auch bis zum Durchfall, der schon manchen wichtigen Wettkampf ‹in die Hose› gehen ließ, nicht mehr weit. Haben Sie mit ähnlichen Problemen öfter zu kämpfen, sollten Sie zunächst Ihren Arzt aufsuchen, um etwaige tiefere Ursachen wie bakterielle Infektionen oder Darmleiden abzuklären. Unbedingtes Muß ist der Arztbesuch, wenn Fieber, Gewichtsverlust oder

Schmerzen im Bauchbereich die Begleiterscheinung ist. Sind Sie medizinisch o. k., ist der nächste Schritt eine Umstellung der Ernährung. Hier einige nützliche Tips, wenn Wettkämpfe anstehen:

- Vermeiden Sie in den letzten 24 Stunden ballaststoffreiche Nahrung.
- Greifen Sie am Wettkampftag zu Flüssigpräparaten (aber vorher im Training ausprobieren!).
- Nach der letzten Mahlzeit sollten zwei bis vier Stunden Zeit zur Verdauung bleiben.

- Verzichten Sie auf Kaffee vor dem Start, da Coffein den Darm reizt und den Stuhlgang anregt.
- Meiden Sie Zuckeraustauschstoffe wie Sorbit, Saccharin oder Cyclamat, wie sie in Kaugummis und Süßigkeiten enthalten sind. Stoffe dieser Art können Durchfall begünstigen.
- Auch Aspirin und ähnliche Medikamente, die den Darm aktivieren, sollten vor einem Wettkampf tabu sein.
- Achten Sie beim Laufen grundsätzlich auf ausreichende Hydrierung.»

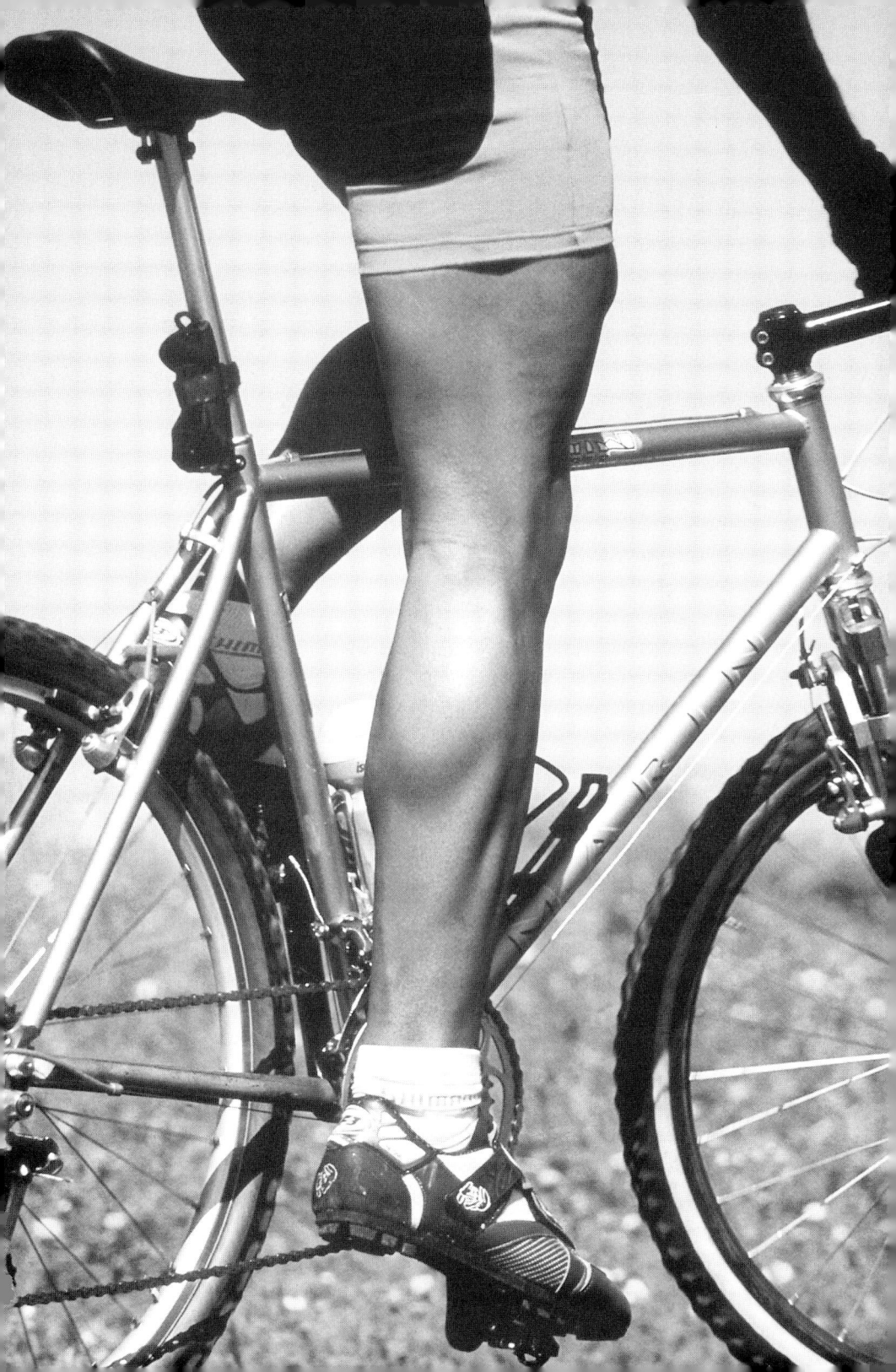

KAPITEL 7

Alternativtraining und Stretching

Laufen ist ohne Frage das beste Basistraining überhaupt. Doch wer ausschließlich läuft und Kräftigungsübungen oder andere Trainingsformen für überflüssig hält, läuft im Wortsinn auch Gefahr, sich einseitig zu belasten. Es gibt wichtige Muskelpartien, die beim Laufen unterfordert beziehungsweise kaum oder gar nicht belastet werden. Dies führt nicht selten zu muskulären Dysbalancen, die uns verletzungsanfälliger machen. Wir stellen einige Sportarten vor, die Abwechslung im Trainingstrott bieten, neue Kräfte wecken und die Koordination schulen.

Die acht besten Alternativen zum Laufen

Wer bezweifelt, daß sich zum Beispiel Radfahren positiv auf die Laufleistung auswirkt, wird von vielen Studien widerlegt. Wenn aus unterschiedlichen Gründen kein Lauftraining absolviert werden kann, läßt sich durch alternative Trainingsformen der Fitness-Stand über längere Zeit erhalten.

Doch für welche der vielen Trainingsvarianten soll man sich entscheiden? Welche ist mehr, welche weniger effektiv? Wir haben zahlreiche medizinische und sportphysiologische Untersuchungen ausgewertet und auf dieser Basis eine Rangliste der acht bestgeeigneten alternativen Trainingsformen zusammengestellt. Auch wenn über Auswahl und Reihenfolge gestritten werden kann, kann sie Läuferinnen und Läufern als Anregung für die Auswahl neuer Trainingskicks dienen.

1. Radfahren

In unserer Rangliste nimmt Radfahren die Spitzenposition ein, allerdings nur knapp vor den Widerstandsübungen. Ausschlaggebend für diese «Plazierung» war letztlich der hohe Nutzwert (Ausbau des aeroben Potentials), den auch das wie auch immer zu klassifizierende Verletzungsrisiko durch Stürze oder Unfälle im Straßenverkehr nicht relati-

viert. Untersuchungen von Sport-physiologen ergaben, daß intensives Radtraining bei Läufern zu einer Ver-besserung der 10-km-Wettkampfzeit um neun Prozent, der 5000-m-Lei-stung um drei Prozent und der 3000-m-Zeit um ein Prozent beitragen kann; auch die Werte der Sauerstoff-aufnahmekapazität (VO$_2$max) liegen höher.

Mit Fahrradtraining erweitert sich unser Trainingsprogramm um eine intensive Einheit, ohne das Stützsy-stem zu überlasten. Die Oberschen-kelmuskulatur (Quadrizeps) wird ge-kräftigt, die mentale Härte geschult, und es werden zusätzlich Kalorien verbrannt.

2. Widerstandsübungen

Krafttraining mit Hanteln und an Geräten (sogenannte Widerstands-übungen) führt zu einer Verbesse-rung der Laufökonomie um vier Pro-zent, einhergehend mit niedrigerem Ausdauerpuls und einer signifikan-ten Leistungssteigerung auf Strecken von fünf Kilometern bis Marathon. Mit Krafttraining ist eine 20prozen-tige Verbesserung der Ausdauer bei Intensitäten im Bereich des Stunden-lauftempos sowie eine Steigerung der Ausdauerwerte beim Laufen im 1500-m-Tempo von bis zu 13 Prozent möglich. Darüber hinaus beugt Wi-derstandstraining Muskel- und Kno-chenverletzungen vor. Das Zirkel-

training, eine besonders intensive Variante des Krafttrainings, kombi-niert besonders gut den muskelbil-denden mit dem kardiovaskulären Effekt.

Läufer sollten vornehmlich Kraft-übungen wählen, bei denen der Wi-derstand durch das eigene Körperge-wicht gebildet wird, zum Beispiel Kniebeugen oder Banksteigen. Au-ßerdem sollten stets für das Laufen wichtige Muskelgruppen mit ange-sprochen werden, so daß der Kraftzu-wachs direkt der Laufleistung zugute kommt.

3. Fußball

Es mag überraschen, daß eine Ball-sportart wie Fußball in unserer Rang-liste so weit oben steht, doch spre-chen die Fakten für sich: Während ei-nes Spiels legt ein Fußballspieler durchschnittlich neun bis elf Kilome-ter zurück, davon vier im Jogging-tempo, zwei im flotten Tempo und 800 bis 1000 Meter im Sprint; dazu kommen zweieinhalb Kilometer Ge-hen und 600 Meter in der Rückwärts-bewegung. Wenn Läufer zur Ab-wechslung einmal Fußball spielen, übertreffen sie diese Durchschnitts-werte in der Regel deutlich.

Die Herzfrequenz liegt dabei die meiste Zeit bei über 150 Schlägen in der Minute, und es werden häufig Laktatwerte erreicht, wie sie bei Läu-fern während eines 10-km-Wett-

kampfs zu beobachten sind. Die fußballspezifischen Bewegungsmuster aktivieren die schnell kontrahierenden (FT-) Muskelfasern, was für die Temposchulung günstig ist. Ein Fußballspiel mit hohem läuferischen Einsatz wirkt wie ein sehr ausgedehntes Intervalltraining. Gerade im Jugendalter lassen sich durch Fußball wichtige Grundlagen für eine spätere Laufkarriere schaffen: Muskelkraft und Tempofähigkeit werden gleichermaßen geschult. Übrigens haben viele Topstars der internationalen Laufszene wie Said Aouita, Steve Cram oder Dieter Baumann als Fußballer angefangen.

4. Aerobics

Auch Läufer können von dieser Form der Musikgymnastik profitieren. Richtig ausgeführt, ist Aerobics eine hervorragende Herz-Kreislauf-Belastung; es kräftigt wichtige Muskelpartien, besonders im Oberschenkelbereich, und verbessert die Bewegungskoordination, was sich positiv auf unser Laufgefühl (und unsere Laufleistung) auswirkt. Auch die oft vernachlässigte Arbeit am Oberkörper wird durch viele Aerobics-typische Bewegungen herausgefordert.

Eine spezielle Aerobics-Form, die eigentlich eine Widerstandsübung darstellt, ist Step Aerobics. Die Belastung, die sich aus dem ständigen Heben des eigenen Körpergewichts auf eine Stufe ergibt, sorgt automatisch für ein Herztraining im Bereich von 80 bis 85 Prozent des Maximalpulses – eine perfekte Kombination von aerobem Training und Krafttraining.

5. Aquajoggen

Aquajoggen ist eine hervorragende Bewegungsalternative für den Fall, daß Verletzungen «normales» Training unmöglich machen. In einer Studie wurde nachgewiesen, daß es ansonsten nur sporadisch und locker trainierende Läufer mit sechs Wochen Aquajoggen geschafft haben, ihre Wettkampfleistung hundertprozentig zu erhalten. Die Bewegungsabläufe des Laufens werden beim Aquajoggen besser nachvollzogen als beim Radfahren. Das Medium Wasser eignet sich hervorragend zur Ausbildung der Bewegungsflexibilität, die wiederum Verletzungen vorbeugt. Daß es trotzdem nur zu Rang fünf auf unserer Liste reicht, liegt an der tatsächlich schnell aufkommenden Überwindung, die es kostet, immer quasi auf der Stelle zu treten. Und da viele Trainer Sätze lieben wie «Auf der Stelle treten ist Rückschritt», gilt Aquajogging vielen als Synonym für Langeweile und schlechtes Gewissen – trotz des erwiesenermaßen hohen Trainingseffekts.

6. Skilanglauf

Ähnlich wie das Laufen (nur ohne die lauftypischen Stauchbelastungen) eignet sich Skilanglauf vorzüglich zum Erreichen hoher Belastungsintensitäten, zur Kräftigung der Muskelgruppen im Rumpfbereich und zur Gewichtsreduzierung. Außerdem ist Skilanglauf eine der wenigen Sportarten, bei der mehr Kalorien verbraucht werden als beim Laufen, allerdings mit der Einschränkung, daß Technik und Tempo stimmen.

Die Gleitbewegung beim Skilaufen hat mit dem typischen Bewegungsablauf des Laufens dagegen fast nichts gemein. Der kräftige Abdruck bei jedem Schritt, gerade das Wesentliche beim Laufen, wird nicht geübt. Auf jeden Fall aber ist Skilanglauf ein erstklassiges Herz-Kreislauf-Training. In der Saisonvorbereitung eingesetzt, läßt sich damit ein hoher Fitnesslevel als Grundlage für das spezifische Lauftraining aufbauen. Nachteil: recht hoher Aufwand im Vergleich zur Trainingsdauer. Ideal natürlich beim Urlaub in einer Schneeregion.

7. Walking

Beim Walking, dem schnellen Gehen, werden dieselben großen Muskelgruppen wie beim Laufen belastet, allerdings bei wesentlich niedrigerer Stauchbelastung. Eine ähnlich hohe Anzahl von Kalorien wie beim langsamen Laufen wird nur bei sehr hoher Intensität verbraucht.

8. Schwimmen

Schwimmen stimuliert den Herzkreislauf, reicht wegen des Auftriebs jedoch nicht an die Pulswerte beim Laufen heran. Es ist äußerst schonend für Knochen und Gelenke und fördert die Beweglichkeit und das muskuläre Gleichgewicht. Signifikante Brennwerte werden nur erreicht, wenn die Faktoren Stil, Tempo und Trainingsdauer stimmen. Nachteil: Oft ist es nicht möglich, in Ruhe seine Bahnen zu schwimmen, weil einem andere Schwimmer in die Quere kommen.

Grundregeln des Alternativtrainings

Nicht mehr, sondern anders trainieren: Sie werden sich keinen Gefallen tun, wenn Sie auf einen ohnehin vollen Trainingsplan noch ein Zusatztraining draufpacken, alternativ oder nicht. Gerade am Anfang, wenn Sie sich an die andere Art der Belastung erst gewöhnen müssen, sollte dieses Training immer nur anstelle (und nicht zusätzlich zu) einer Laufeinheit absolviert werden.

Nach Minuten rechnen, nicht nach Stunden: Auch wenn Sie mit Ihrer Laufform zufrieden sind, bedeutet dies nicht, daß Sie ohne weiteres stundenlanges Radfahren oder Skilaufen verkraften. Übertreibungen dürften Ihnen einen mörderischen Muskelkater einhandeln, der das Lauftraining noch tagelang beeinträchtigt. Belassen Sie es am Anfang bei 20 bis 30 Minuten, so wie Sie dies auch einem Laufneuling raten würden.

Muskelgruppen: Vermeiden Sie Belastungen, die etwaige Laufverletzungen noch verstärken. So ist bei Oberschenkel- oder Achillessehnenschmerzen beispielsweise von Radfahren abzuraten. Plantarfaszitis oder Probleme im Lendenwirbelbereich schließen Ballsportarten oder längere Gehstrecken aus. In solchen Fällen ist Schwimmen oft die letzte Ausdaueralternative.

Ziel sind hohe Intensitäten: Sobald Sie sich bei Ihrer Trainingsalternative ausreichend versiert fühlen, sollten Sie die Effektivität in den Vordergrund stellen. Das heißt, hohe Intensitäten anzustreben, zum Beispiel durch Intervalltraining auf dem Rad, dem Stairclimber oder beim Skilaufen. Damit schaffen Sie eine echte Alternative zu den problematischen Tempolaufeinheiten, die aus sport-

medizinischer Sicht als die verletzungsanfälligsten Phasen des Trainings gelten.

Bei Erschöpfung unbedingt aufhören! Erschöpfung ist ein Indiz, daß der Körper unbedingt Ruhe benötigt. Daran führt auch keine noch so alternative Belastung vorbei. Alternativtraining ist völlig kontraproduktiv, wenn es zum Übertraining verführt. Setzen Sie es nur dazu ein, verträgliche Belastungen zu realisieren und gleichzeitig bestimmte Teile der Beinmuskulatur oder beim Laufen überstrapazierte Gelenke zu entlasten beziehungsweise wenig ausgebildete Muskelgruppen zu aktivieren.

Alternativtraining und die Folgen

Höhere Belastungsintensität: Läuferinnen und Läufer, die pro Woche bereits zwei, drei harte Laufeinheiten auf dem Programm haben, können kaum noch eine weitere draufpacken. Das Verletzungsrisiko würde überproportional wachsen. Dagegen würde eine lange Einheit auf dem Rad beim Laufen strapazierte Muskeln und Gelenke nicht spezifisch belasten. Diese intensive Zusatzbela-

stung ist geeignet, die Herzleistung zu erhöhen, so daß mehr Blut und damit mehr Energieträger und Sauerstoff zu den Arbeitsmuskeln transportiert werden. Ebenso wird die Fähigkeit der Muskeln geschult, im Wettkampf höhere Laktatwerte zu tolerien.

Kraftzuwachs: Viele Formen von Alternativtraining, von den Widerstandsübungen über Stairclimbing, Step-Aerobics und Radfahren bis zum Aquajoggen, bauen die Beinmuskulatur auf. Die Muskeln können durch den Kraftzuwachs effizienter arbeiten. Dadurch wird Energie gespart, und die bessere Laufökonomie läßt höheres Tempo beziehungsweise eine längere Belastungsdauer zu. In dieser Hinsicht ist gerade Fußball zu empfehlen, werden doch hier Muskelgruppen angesprochen, die nicht nur der geraden Vorwärtsbewegung wie zum Beispiel bei einem typischen Straßenlauf dienen. Dies kommt dann besonders bei Läufen in unebenem Gelände oder mit häufigen Richtungs- und Rhythmuswechseln zum Tragen.

Verletzungsprophylaxe: Die mehr oder weniger harten Stöße, die die Laufmuskulatur bei jedem Schritt abfangen muß, bergen besonders bei harten Trainingseinheiten die Gefahr eines «Muskeltraumas». Zeitlich eng aufeinanderfolgende Belastungen lassen der Muskulatur oft nicht genügend Zeit zur Regeneration. Verletzungen und damit Zwangspausen im Lauftraining sind häufig die Folge. Dagegen ermöglicht Alternativtraining intensive Belastungen ohne lokale Überbeanspruchung der Beinmuskeln.

Körperfettabbau: Mit Alternativtraining lassen sich Woche für Woche zusätzliche Kalorien verbrennen. Der Abbau von Fettgewebe kann neue Leistungsreserven erschließen.

Psychische Faktoren: Abwechslung und neue Reize stimulieren frische Kräfte.

Radfahren und Laufen

Noch vor Jahren standen ambitionierte Läufer mit dem Fahrrad auf Kriegsfuß. Zum Bioladen oder zur Arbeit zu fahren mochte noch angehen. Aber Radtraining? Niemals! Sie befürchteten, die «fremde» Bewegungsform beim Radfahren könnte die Form in der Spezialdisziplin Laufen gefährden. Inzwischen haben viele ihre ablehnende Haltung revidiert.

In den Trainingsplänen der Langstreckenläufer in der ehemaligen

DDR waren Skilanglauf, Radfahren und Schwimmen integrale Bestandteile. Ziel war es, die gesamte Trainingsdauer im Grundlagentraining soweit wie möglich heraufzusetzen. War man vom Lauftraining körperlich und mental erschöpft, sollten wenigstens noch ein paar Kilometer auf dem Fahrrad dazukommen.

Bei Verletzungspausen findet Radtraining bei Langstrecklern zunehmend Anklang. Dieter Baumann, Bruno Lafranchi oder Monika Schäfer sind nur einige Paradebeispiele, wie Radfahren erfolgreich in ein Lauftrainingsprogramm integriert werden kann.

Wie vertragen sich Rad- und Lauftraining?

Die Trainingslehre kennt für die letzte Vorbereitungsphase vor Wettkämpfen das Prinzip der «hohen dynamischen Übereinstimmung». Das heißt, die Bewegungsform im Training sollte derjenigen im Wettkampf soweit wie möglich entsprechen. Nach diesem Grundsatz hat sich auch das Radtraining im Trainingsaufbau von wettkampforientierten Läufern auszurichten. Je näher der Wettkampf rückt, desto weniger Zeit sollte auf dem Rad verbracht werden. Wenigstens fünf Wochen vor dem Saisonhöhepunkt ist es ratsam, sich

vom Rad als Trainingsgerät zu verabschieden.

Lauftraining kann in dreifacher Hinsicht durch Radfahren ergänzt werden:
- als regeneratives Training nach harten Laufbelastungen
- als Grundlagen-Ausdauereinheit mit hoher Trainingsdauer (1 bis 6 Stunden) und insgesamt geringer Belastungsintensität
- als Trainingsform der Kraftausdauer mit kürzerer Belastungsdauer (bis 1 Stunde) und hoher Belastungsintensität. (Allerdings besteht dabei nicht gerade eine hohe «dynamische Übereinstimmung». Das heißt, der Übergang zum Laufen ist hier um einiges schwerer als bei den anderen Trainingsformen.)

Fahrtechnik – gewußt, wie

Ein großer Vorteil des Radtrainings ist die gute Erholungsfähigkeit auch nach hochintensiven Belastungen. Natürlich wäre eine Strapaze wie zum Beispiel bei Tour-de-France-Etappen für Läufer schlicht undenkbar. Wir sprechen hier ausschließlich von moderateren Belastungsintensitäten. Das Körpergewicht wird im Sattel gestützt, und im Gegensatz zum Laufen muß für das «Mitschleppen» des Körpers keine zusätzliche Arbeit geleistet werden. Dadurch wird es Läuferin-

nen und Läufern möglich, einen höheren Gesamttrainingsumfang zu bewältigen, ohne dabei mit ihren Kräften Raubbau zu treiben. Besonders sinnvoll sind dabei lange Trainingseinheiten mit geringer Belastungsintensität als Grundlagen-Ausdauertraining.

Der häufigste Fehler von Radsportnovizen ist eine zu geringe Trittfrequenz. Man versucht, sich im größtmöglichen Gang «voranzuwürgen». Läufer sollten versuchen, ihr Radtraining mit gezielt hoher Trittfrequenz (90 bis 110 Umdrehungen pro Minute) zu absolvieren. Dadurch wird die muskuläre Beanspruchung so gering wie möglich gehalten, eine ideale Herz-Kreislauf-Wirkung erzielt und Überlastungssymptome des Muskel-Sehnen-Apparates vermieden. Sehr zu empfehlen ist die Verwendung von Radschuhen. Die steife Sohle als feste Verbindung zwischen Fuß und Pedal macht einen effektiveren Bewegungsablauf möglich und vermeidet eine Überlastung des Fußlängsgewölbes.

Bevor man mit Radfahren als Ergänzungstraining anfängt, sollte die Trettechnik – der berühmte «runde Tritt» – geübt werden, und zwar während der Phase der geringsten Trainingsbelastung. Radtraining macht erst dann Sinn, wenn der runde Bewegungsablauf einigermaßen automatisiert ist.

Sinnvoll ist die Trainingssteuerung durch Herzfrequenzmessung – idealerweise nach einer Bestimmung der anaeroben Schwelle im Laufbandtest.

Die Belastungsintensität steuern

Der Pferdefuß beim Radtraining ist, daß die vom Laufen gewöhnten Herzfrequenzbereiche nicht ohne weiteres auf das Radtraining übertragbar sind. Wer versucht, seinen Puls vom üblichen flotteren Dauerlauf unter vergleichbaren Bedingungen auf dem Fahrrad aufrechtzuerhalten, wird schnell erschöpft vom Rad steigen. Der Grund: Beim Radfahren ist anteilig eine geringere Menge an Skelettmuskulatur im Einsatz; dadurch muß für dieselbe muskuläre Beanspruchung das Herz weniger häufig schlagen als beim Laufen. In der Regel liegen die Rad-Herzfrequenzen etwa 15 bis 20 Schläge unter den Herzfrequenzen beim Laufen.

Duathlon als Ergänzungstraining

Der Wechsel vom Rad in die Laufschuhe und wieder zurück aufs Rad: Das ist Duathlon. In der unmittelba-

ren Trainingsvorbereitung machen «Duathlonhäppchen» keinen Sinn – mit einer Ausnahme: Vor Cross- und Bergläufen könnte die Verbesserung der Laufkoordination gut mit kraftausdauerbetontem Radfahren kombiniert werden.

Hier wäre zum Beispiel ein Training denkbar, bei welchem innerhalb einer Stunde alle 10 Minuten zwischen Radfahren und Laufen hin und her gewechselt wird. Die Belastungsintensität der Radabschnitte kann hier ruhig ein wenig höher ausfallen als sonst, das Laufen sollte pro 1000 m 30 bis 40 Sekunden unter der 10-km-Bestzeit liegen.

Trainingstips Der häufigste Trainingsfehler bei Laufeinsteigern und Läufern mit geringerer Trainingserfahrung ist die viel zu hohe durchschnittliche Intensität der Trainingsbelastung. Oft finden in Laufgruppen gruppendynamische Prozesse statt, die verhindern, daß die meisten Teilnehmer in der sinnvollen Belastungsintensität, also in ihrem spezifischen individuellen Tempo, trainieren können.

So wäre für einen Läufer mit einer Bestzeit von 45 Minuten über 10 km und 45 Wochenkilometern das sinnvollste Dauerlauftrainingstempo irgendwo im Bereich von 6 Minuten pro Kilometer. Bei Durchführung eines Kombitrainings zwischen Laufen und Radfahren ist diese niedrige Intensität um einiges leichter einzuhalten. Das Hauptaugenmerk sollte hier auf dem Trainingsumfang und nicht auf der Schnelligkeit liegen. Das heißt: Lieber ein paar Minuten länger als zu schnell unterwegs sein. Die Vorteile eines solchen Trainings sind die schnellere Erholung trotz langer Trainingsdauer und die bessere Steuerbarkeit einer niedrigen Belastungsintensität. Vor allem Läufern mit einem Körpergewicht von mehr als 80 kg ist ein solches Wechseltraining (Lauf-Rad-Lauf) wärmstens zu empfehlen, da die Belastung des Haltungs- und Bewegungsapparates deutlich vermindert wird.

Spezialtraining Auch für Läufer der stärkeren Leistungsklasse bietet sich die Kombination von Lauf und Radtraining an, jedoch unter anderen Vorgaben. Da bei ihnen Grundschnelligkeit und Bewegungskoordination von größerer Bedeutung sind, kann man ein Wechseltraining nur in beträchtlichem zeitlichen Abstand zu einem Wettkampf empfehlen. Durch Kombitraining im Grundlagentraining kann die allgemeine Belastbarkeit durch Anpassung des Energiestoffwechsels an die Langzeitausdauer erhöht werden, ohne daß der Skelettapparat einer zu großen Belastung ausgesetzt wird.

Das macht Radfahren in ruhiger

Belastungsintensität auf flachen Strecken als regenerative Einheit auch für Marathonläufer interessant, zum Beispiel an Tagen nach Wettkämpfen oder Tempoläufen mit einer Trainingsdauer von bis zu eineinhalb Stunden.

Laufform halten auf dem Rad

An der Universität von Toledo (Ohio / USA) gelang der Nachweis, daß eine verletzungsbedingte Trainingspause beim Laufen mit Radtraining perfekt kompensiert werden kann. Zehn guttrainierte Läufer absolvierten sechs Wochen lang zusätzlich zu ihrem normalen Lauftraining drei Trainingseinheiten auf dem Fahrrad-Ergometer.

▪ Montag: 5-Minuten-Intervalle bei 95 Prozent der maximalen Herzfrequenz (5 Minuten Pause dazwischen).

▪ Mittwoch: ca. 50 Minuten mit einer Herzfrequenz von 80 Prozent.

▪ Freitag: Intervalle von 150 Sekunden und 75 Sekunden nahe der maximalen Herzfrequenz (mit Pausen, die gleich lang waren wie die Belastungen).

Diese Ergometereinheiten brachten zwei Vorteile: Nach sechs Wochen war der Leistungsaufwand bei hartem Lauftraining geringer als vorher. Außerdem verbesserten sie ihre 5-km-Bestzeiten um fast 30 Sekun-

den, im Durchschnitt von 18:16 auf 17:48. Die Verbesserungen über die 5-km-Strecke entsprachen übrigens denen einer anderen Versuchsgruppe, die statt des Ergometertrainings drei zusätzliche Lauf-Trainingseinheiten bewältigte – mit dem Unterschied, daß bei der Radgruppe die Muskulatur von den Aufprallschocks beim Laufen verschont blieb.

Unsere Empfehlung: Streuen Sie wöchentlich zwei Trainingseinheiten auf dem Rad ein mit Belastungsintensitäten wie oben beschrieben. Vor allem verletzungsanfällige Langstreckler mit Wochenumfängen von 80 Kilometern und mehr könnten von dieser Trainingsvariante profitieren.

Krafttraining: ein 20-Minuten-Programm

Für die meisten Läufer ist Krafttraining nach wie vor ein Fremdwort. Selbst viele Leistungssportler halten Krafttraining eher für schädlich als nützlich. Weit gefehlt: Ein geeignetes Krafttraining stärkt nicht nur Muskeln, Sehnen und Bänder und vermindert damit die Verletzungshäufigkeit, es verbessert auch den Laufstil und die Laufökonomie.

Für Läufer sind drei Arten von Krafttraining interessant:

1. konventionelle Übungen, die auf eine Kräftigung von Muskeln und Bindegewebe abzielen,

2. laufspezifische Übungen zur Verbesserung der Laufökonomie,

3. Übungen für mehr Schnelligkeit und Abdruckkraft.

Das 20-Minuten-Programm enthält jeweils zwei Übungen aus jeder der drei Kategorien. Versuchen Sie, dieses einfache Programm zwei- bis dreimal in der Woche den lockeren Trainingseinheiten voranzustellen. Zur Vorbereitung sollten Sie sich stets einige Minuten warmlaufen.

Konventionelle Übungen

Gekräftigt werden in erster Linie zwei verletzungsanfällige Bereiche: das Schienbein und die untere Rückenpartie.

Schienbein: Lehnen Sie sich mit dem Rücken gegen eine Wand; die Füße stehen etwa fünfzehn Zentimeter vor der Wand. Ziehen Sie jetzt die Zehen nach oben, so daß Sie nur noch auf den Fersen stehen. Diese Position wird nur kurz gehalten; die Füße werden anschließend wieder flach aufgesetzt. (20 Wiederholungen, nach kurzen Pausen zwei weitere Serien zu je 20 Wiederholungen.) Sobald Sie einen Kraftzuwachs spüren, sollten Sie die Übung abwechselnd auf nur einem Fuß stehend durchführen.

Wirkung: Mindert das Risiko von Knochenhautreizungen am Schienbein (Shin-Splints) und beugt vorzeitiger Ermüdung der Unterschenkelmuskulatur vor.

Rücken: Aus der Grundstellung drehen Sie den Oberkörper nach rechts und führen gleichzeitig das linke Knie weit nach rechts oben, bis Sie – das Körpergewicht jetzt nur noch auf dem rechten Fuß balancierend – mit dem Knie kurz den rechten Ellenbogen berühren. Setzen Sie den linken Fuß wieder auf und wiederholen Sie den gesamten Bewegungsablauf in entgegengesetztem Sinne: Oberkörper nach rechts drehen, rechtes Knie anheben usw. Wechseln Sie in schneller Aufeinanderfolge die Bewegungsrichtung, bis jedes Knie 20mal angehoben wurde. Nach jeweils kurzen Pausen folgen noch zwei Serien zu 20 Wiederholungen.

Wirkung: Verbessert die Koordination und Beweglichkeit, kräftigt die Hüftbeuger und wirkt dem Auftreten von Beschwerden im Lendenwirbelbereich entgegen.

Laufspezifische Übungen

Diese Übungen imitieren die neuromuskulären Funktionsmuster der typischen Bewegungsfolge beim Laufen. Die auf diese Weise aufgebaute

Kraftfähigkeit wirkt sich unmittelbar auf die Laufleistung aus.

Ballenstand: Verlagern Sie Ihr Gewicht im Stehen bei leicht angewinkeltem Knie auf den rechten Fuß. Halten Sie den Oberkörper aufrecht, und rollen Sie auf dem Fuß nach vorne ab, bis Sie nur noch auf dem Ballen stehen. Der linke Fuß sollte dabei nicht den Boden berühren. Stützen Sie sich an einer Wand oder ähnlichem ab, falls Sie anfangs Mühe haben, das Gleichgewicht zu halten. Setzen Sie die rechte Ferse wieder auf, und drücken Sie sich noch zehn- bis fünfzehnmal auf dem Ballen nach oben, bevor Sie das Ganze auf dem linken Fuß wiederholen. Lassen Sie nach einer Pause zwei weitere Serien auf jedem Fuß folgen. Mit der Zeit wird es Ihnen leichter fallen, den Bewegungsablauf schneller durchzuführen.

Wirkung: Verbessert die Koordination und den Abdruck beim schnellen Laufen.

Abfedern: Setzen Sie aus der Grundstellung den linken Fuß etwa einen halben Schritt nach vorne, und verlagern Sie den Großteil Ihres Gewichts auf die Ferse dieses Fußes. Beugen Sie das linke Knie, bis Ober- und Unterschenkel einen Winkel von 90 Grad zueinander aufweisen (die rechte Ferse darf dabei vom Boden abgehoben werden). Kehren Sie danach in die aufrechte Position zurück, im Schritt vorwärts verharrend. Zehn bis fünfzehn Wiederholungen zunächst auf dem linken, dann auf dem rechten Bein genügen zunächst. Nach kurzer Pause eine weitere Serie auf jedem Bein durchführen. Der Schwierigkeitsgrad läßt sich mit der Zeit durch Aufstocken der Wiederholungszahlen oder zusätzliche Handgewichte steigern.

Wirkung: Kräftigt die vordere und rückseitige Oberschenkelmuskulatur sowie den Gesäßmuskel, sehr wichtige Muskelgruppen beim Laufen. Außerdem wird das Risiko von Knieverletzungen gemindert.

Übungen für Schnelligkeit und Abdruck

Diese Übungen zahlen sich in einer höheren Schrittfrequenz ohne gleichzeitige Einbußen bei der Schrittlänge aus.

Dazu gehören Sprünge in verschiedenen Variationen und Kniehebeläufe, zum Beispiel Pogo und Kniehebeläufe.

Pogo: Hüpfen Sie 30 Meter auf dem rechten Fuß, und drücken Sie sich jedesmal betont kräftig vom Boden ab. Nach einigen Sekunden Pause auf dem linken Fuß zum Ausgangspunkt zurückhüpfen. Anfangs zwei, später vier Serien durchführen.

Wirkung: Verbessert Koordina-

tion und Gleichgewicht, die Schritte werden schneller und länger.

Kniehebeläufe: Laufen Sie leicht nach vorne gebeugt und mit deutlich übertriebenem Kniehub jeweils etwa 20 Meter (vier- bis fünfmal) mit 20 Sekunden Pause. Mit der Zeit wird die Anzahl der 20-Meter-Abschnitte erhöht und die Übung möglichst an einer steilen Bergaufpassage durchgeführt (in den 20-Sekunden-Pausen zurücktraben oder -gehen), was mit der Schwierigkeit auch die Effektivität der Belastungsform steigert.

Wirkung: Erhebliche Kräftigung der Beinmuskeln.

Stretching

Jeder weiß es, viel zu wenige gönnen es sich. Stretching tut gut und ist wichtig für alle, die Sport treiben und Muskeln, Sehnen und Bänder belasten. Und doch wird Dehngymnastik vom Gros der Läuferinnen und Läufer erst dann wiederentdeckt, wenn die Verletzung schon da ist. Ein bißchen Alibidehnen hier, ein wenig demonstratives Strecken & Recken dort: Schaut her, ich bin ein steifer Bock! Schlechte Dehnfähigkeit der Muskulatur gilt unter Läufern nach wie vor als Kavaliersdelikt. Lieber fünf Wochenkilometer mehr im Trainingsbuch als fünf Minuten Stretching

nach jedem Training – obwohl sich mit Stretching vielen Überlastungsbeschwerden vorbeugen läßt. Denn geschmeidige Muskeln sind nun einmal leistungs- und strapazierfähiger als unbewegliche, steife Muskeln.

Stretching, auch statisches Dehnen genannt, dient – abhängig von der Dauer der jeweiligen Übung – der Spannungsminderung einzelner oder mehrerer Muskeln bzw. Muskelgruppen, kann aber auch Muskelverkürzungen entgegenwirken. Durch den sanften, langdauernden Zug beim Stretching werden die Spannungs- und Längenmeßsysteme in Muskel und Sehne außer Funktion gesetzt und können auf diese Weise quasi auf einen neuen Sollwert geeicht werden.

Warum Stretching?

Die Muskulatur kennt und benötigt verschiedene Funktionszustände: Spannung, wenn Leistung gefordert ist, Entspannung in der Regenerationsphase. Ausreichende Dehnfähigkeit hingegen ist immer gefordert. Mit den entsprechenden Übungen läßt sich die Muskulatur auf jede Situation vorbereiten. Wenn sich der Sprinter auf den Start oder der Gewichtheber auf einen Versuch vorbereitet, läßt sich oft beobachten, daß sie wenige Sekunden vorher einen

Strecksprung machen oder heftig die Fäuste ballen: Maximale Kraftanforderung benötigt maximale Muskelspannung. Gänzlich ungeeignet wäre in einer solchen Situation minutenlanges Stretching. Die Muskulatur wäre nicht nur schlaff und unfähig zu explosiver Kraftentfaltung, sie wäre auch verletzungsgefährdet. Eine vergleichbare Situation – allerdings mit umgekehrten Vorzeichen – ergibt sich nach der Belastung. Jetzt kommt es darauf an, den Muskeltonus zu vermindern, um die regenerativen Prozesse zu fördern: vermehrte Durchblutung, Abtransport von Stoffwechselzwischenprodukten oder -endprodukten (Laktat/Milchsäure), Auffüllen der Energiespeicher (Glykogen).

Vor dem Training Vor Dauerläufen braucht man im Normalfall weder ein Aufwärmprogramm noch eine spezielle Gymnastik. Ruhiges Laufen ist ja nichts anderes als Aufwärmen. Nur sollte der Lauf auch wirklich ruhig beginnen. Vor schnellen Dauerläufen, Tempodauerläufen oder einem Intervalltraining sollte man sich ähnlich aufwärmen wie vor einem Wettkampf.

Nach dem Training Den Lauf langsam ausklingen zu lassen ist der erste Schritt zur Regeneration. Endet der Dauerlauf mit einem Endspurt, sollte

ein Abwärmen (Cooldown) angefügt werden, z. B. 5 bis 10 Minuten sehr ruhiges Laufen, eventuell auch mit Gehpausen. Danach ist die beste Gelegenheit fürs Stretching – der Organismus ist aufgewärmt, aber nicht ausgepumpt.

Vor dem Wettkampf Es gibt eine Art Regel: Je länger die Wettkampfdistanz, desto kürzer die Aufwärmphase. Nachdem die Muskulatur auf Betriebstemperatur gebracht worden ist (z. B. in Form von 10 bis 15 Minuten sehr ruhigem Laufen), sollte die Muskelspannung auf die bevorstehende Wettkampfbelastung eingestellt werden. Dazu eignen sich am besten dynamische Gymnastikübungen, mit deren Hilfe die Dehnungs- und Spannungsrezeptoren aktiviert werden. Stretching ist in dieser Phase nicht sinnvoll. Als unmittelbare Wettkampfvorbereitung dienen in den letzten 10 Minuten vor dem Start einige Steigerungen, die sich am Wettkampftempo orientieren sollten. Ein Sprint im Maximaltempo vor einem Marathon ist also Unsinn.

Nach dem Wettkampf Wenn irgend möglich, sollte nach dem Wettkampf ein Abwärmen durchgeführt werden, möglichst 15 bis 30 Minuten lang. Abwärmen ist ein aktiver Prozeß (und nicht etwa Herumplantschen im Whirlpool). Auslaufen, Ausschwim-

men, Ausfahren auf dem Rad sind als Cool-down-Übungen ideal. Gegebenenfalls genügt aber auch ein längerer Spaziergang, wenn etwa nach einem Marathonlauf die Beine fürs Auslaufen zu schwer sind. Danach sollte die Muskulatur vorsichtig (!) gedehnt werden.

Stretching: welche Übungen wie lange?

Für die normale Dehngymnastik nach dem Training genügt zur Tonusminderung der Muskulatur eine Dauer von ca. 20 Sekunden pro Übung und Körperhälfte. Sollen Muskelverkürzungen reduziert werden, sind längere Dehnungsreize von einer bis zu mehreren Minuten erforderlich.

Muskuläre Dehnfähigkeit ist eine individuelle Eigenschaft, abhängig von Faktoren wie Geschlecht, Veranlagung, Alter, Trainingszustand etc. Regelmäßig sollten entweder deutlich verkürzte oder durch Trainingsspezifika übermäßig belastete Muskeln gedehnt werden (also beispielsweise die hintere Oberschenkelmuskulatur oder die Kniestreckmuskulatur). Verkürzungen lassen sich beim Physiotherapeuten oder Sportmediziner durch Muskelfunktionstests ermitteln. Danach wird ein individuelles Basisprogramm zusammengestellt, das die den wesentlichen Stretchingübungen enthält.

Drei Stretchingarten

Statisches Dehnen Der eigentliche Kern des Dehnungsprogramms: betont langsames und kontinuierliches Dehnen, ohne zu wippen oder nachzufedern.

Intermittierendes Dehnen Dynamisches Dehnen mit wiederholtem Anspannen und Entspannen einzelner Muskeln; bei der Ausführung sollte auf weiche, sanfte Bewegungen geachtet werden.

Postisometrisches Dehnen Dehnen nach Druck gegen Widerstand; diese Dehnweise ist sehr effektiv, aber auch nicht ungefährlich, deshalb ist sie sehr vorsichtig anzuwenden.

Fünf Stretching-Regeln

1. Vor der Belastung kurze Dehnphasen (5 bis 10 Sekunden nach dem Aufwärmen).

2. Nach der Belastung längere Dehnphasen (20 bis 30 Sekunden).

3. Langsam in die Spannung «hineindehnen».

4. Keine ruckartigen Bewegungen.

5. Nach einem Marathon vorsichtig stretchen, keine maximale Dehnung.

Optimale Stretching-Übungen

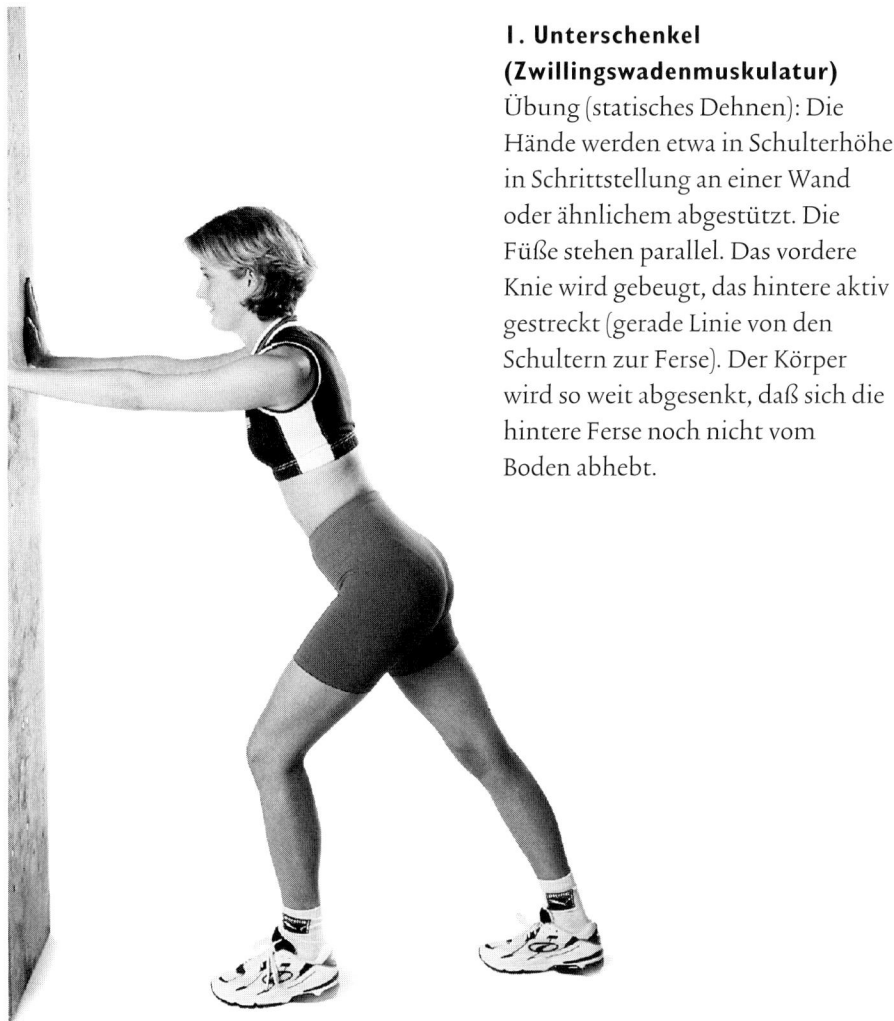

I. Unterschenkel (Zwillingswadenmuskulatur)

Übung (statisches Dehnen): Die Hände werden etwa in Schulterhöhe in Schrittstellung an einer Wand oder ähnlichem abgestützt. Die Füße stehen parallel. Das vordere Knie wird gebeugt, das hintere aktiv gestreckt (gerade Linie von den Schultern zur Ferse). Der Körper wird so weit abgesenkt, daß sich die hintere Ferse noch nicht vom Boden abhebt.

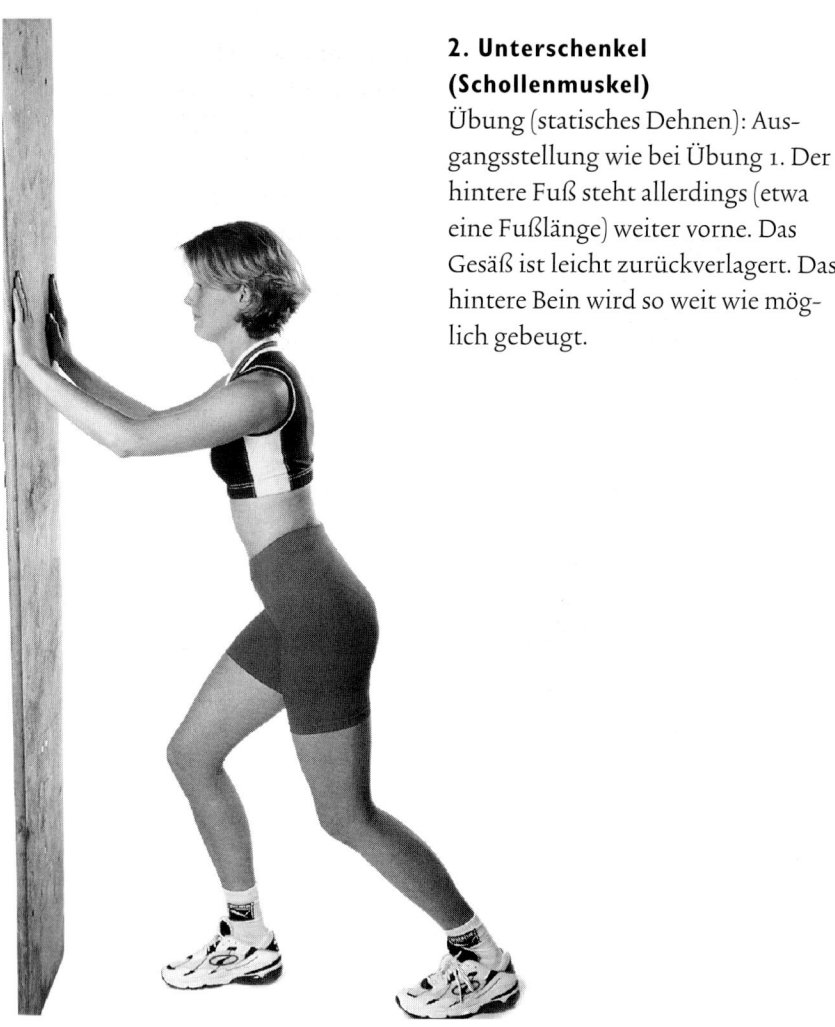

2. Unterschenkel (Schollenmuskel)

Übung (statisches Dehnen): Ausgangsstellung wie bei Übung 1. Der hintere Fuß steht allerdings (etwa eine Fußlänge) weiter vorne. Das Gesäß ist leicht zurückverlagert. Das hintere Bein wird so weit wie möglich gebeugt.

3. Unterschenkel
(vorderer Schienbeinmuskel)

Übung (statisches Dehnen): Im
Kniestand wird das Gesäß langsam
auf die Fersen abgesenkt. Die Hände
liegen entspannt auf den Oberschenkeln. Es kommt zur Dehnung der
vorderen Schienbeinmuskeln auf der
Unterschenkelstreckseite. Gegebenenfalls kleine Kissen als Polster
unterm Gesäß bzw. Sprunggelenk
verwenden.

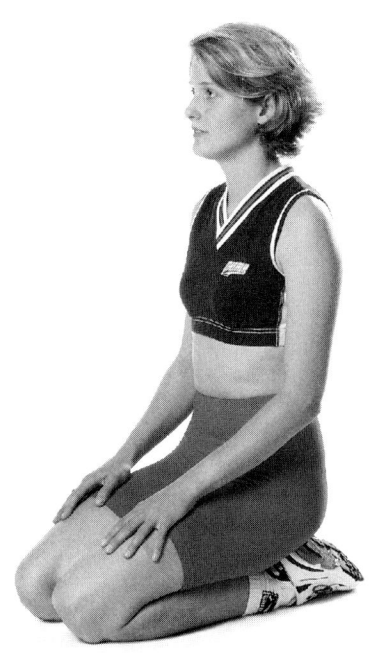

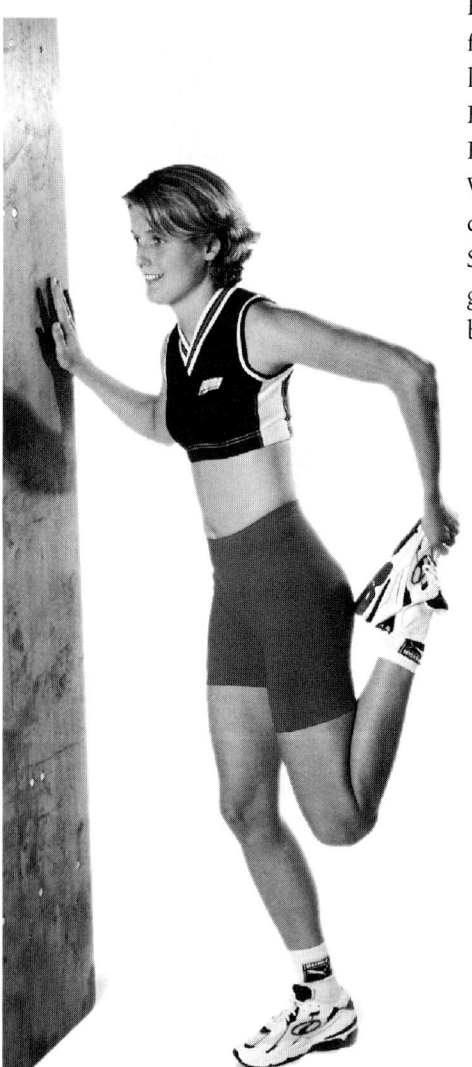

4a. Oberschenkel (Kniestreckmuskulatur)

Übung (statisches Dehnen): Im Einbeinstand wird das Knie des freien Beins aktiv so weit wie möglich gebeugt, dann die Ferse mit der Hand zum Gesäß nachgezogen. Die Hüfte ist gestreckt, Becken und Wirbelsäule sind durch Anspannung der Bauchmuskeln stabilisiert. Das Standbein wird im Kniegelenk leicht gebeugt. Wichtige Übung zur Vorbeugung gegen Kniebeschwerden.

4b. Oberschenkel
(Kniestreckmuskulatur)

Übung (statisches Dehnen): Gleicher
Übungsreiz wie bei 4a. Sauberer aus-
führbar in Bauchlage. Dabei kann
eine ideale Hüftstreckung erreicht
werden, indem das Becken während
der Übung kräftig auf die Unterlage
gedrückt wird. Auch hier die Dehnung durch kräftige Beugung des
Kniegelenks.

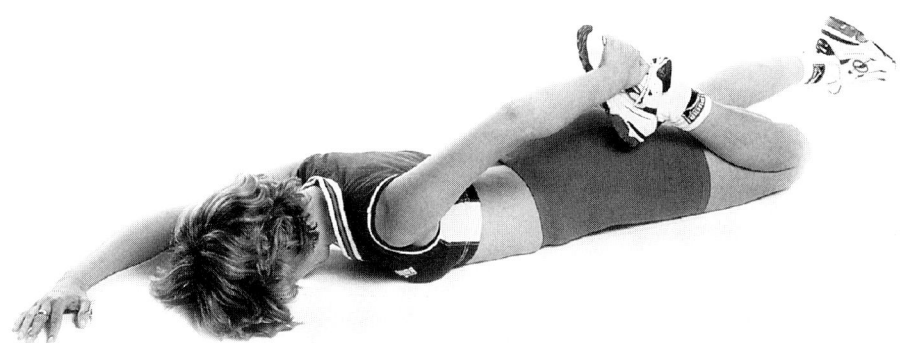

5. Gesäßmuskulatur

Übung (statisches Dehnen): In
Rückenlage wird das in der Hüfte
und im Knie gebeugte Bein durch
den gegenseitigen Arm in Richtung
Körpermitte gezogen. Der gleichsei-
tige Arm wird abgespreizt. Der
Rücken bleibt möglichst flach auf
der Unterlage (wird also stark ver-
dreht).

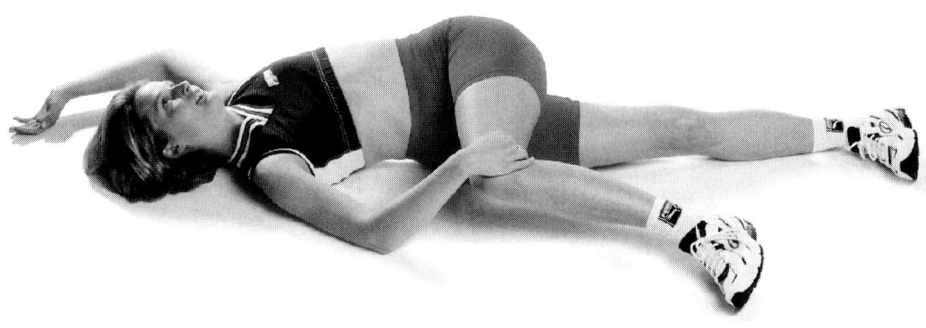

6. Adduktorendehnung

Übung (postisometrisches Dehnen): Im Sitz die Fußsohlen gegeneinanderlegen und die Füße so weit wie möglich an den Körper heranziehen. Die Hände greifen die Sprunggelenke, die Ellbogen stützen sich an den Knien ab. Dann gegen den Widerstand der Ellbogen etwa 5 Sekunden lang versuchen, die Knie einander anzunähern. Während der anschließenden Entspannung drücken die Arme die Knie langsam und kontinuierlich auseinander.

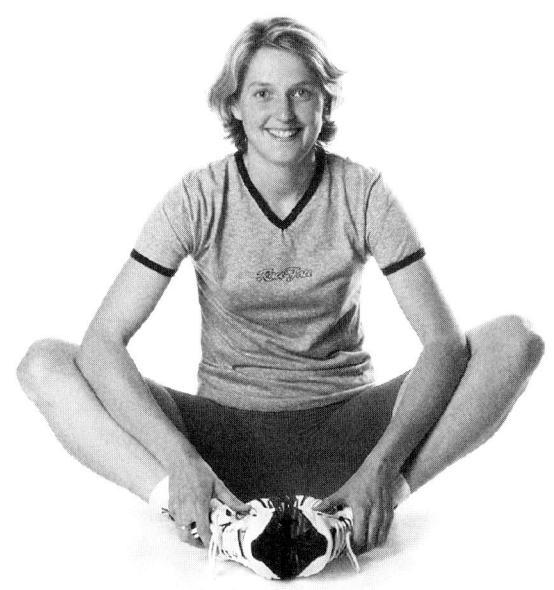

7. Oberschenkel (Beugemuskulatur)

Übung (intermittierendes Dehnen): In Rückenlage einen Oberschenkel senkrecht stellen (im Knie abgeknickt).

Die Hüfte ist rechtwinklig gebeugt. Das Gegenbein wird gestreckt auf die Unterlage gedrückt, die Fußspitzen angezogen. Aus dieser Position erfolgt die aktive Streckung des gebeugten Knies, bis die Dehnung auf der Oberschenkelrückseite spürbar wird. Nach wenigen Sekunden nachlassen, das Knie beugen und erneut aktiv strecken. Ausführung zirka zehnmal.

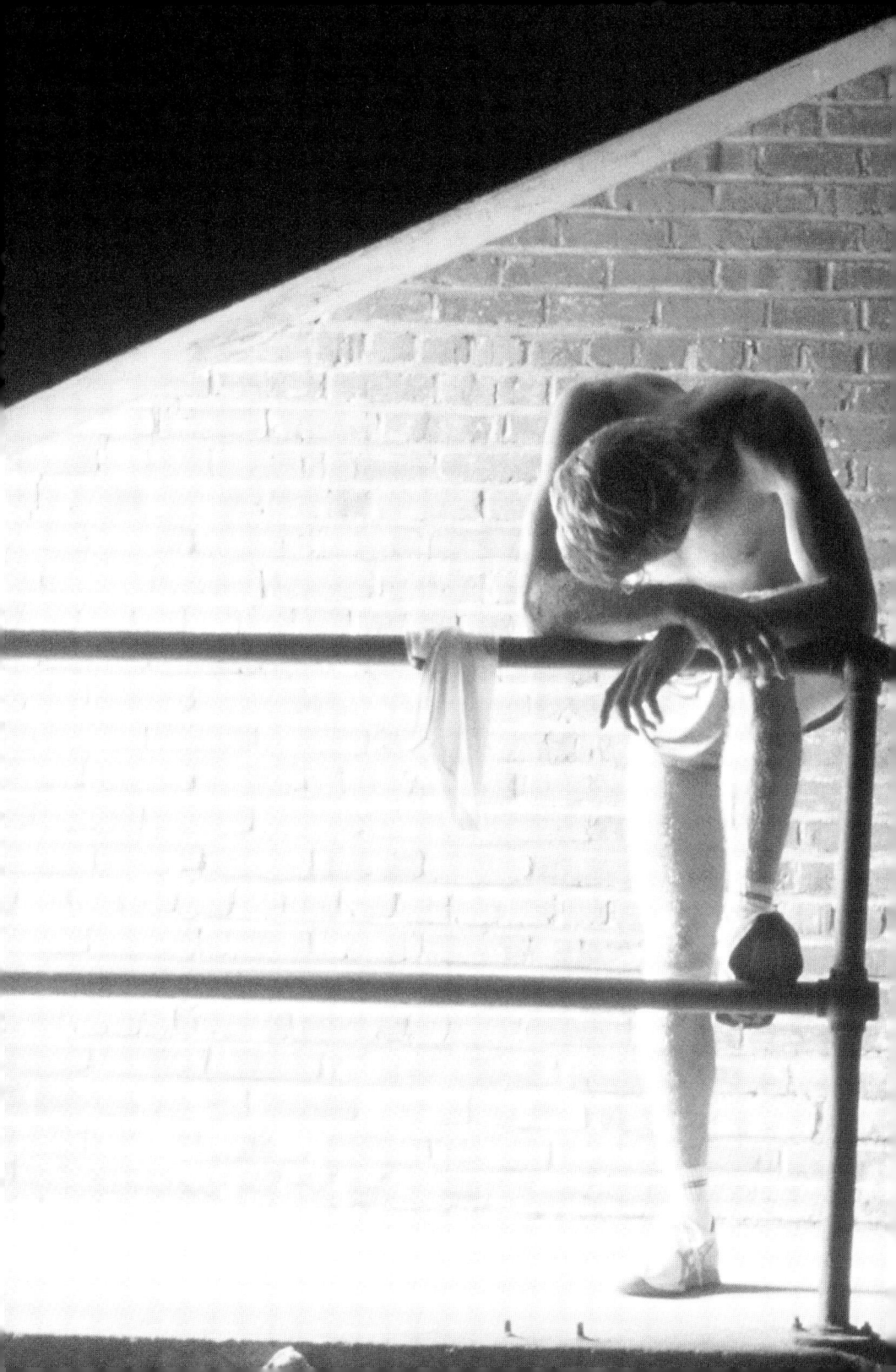

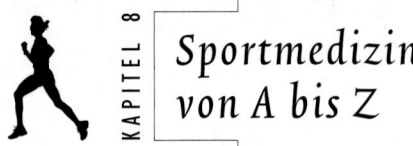

KAPITEL 8

Sportmedizin von A bis Z

Was soll man zu dem dummen Spruch «Sport ist Mord» noch sagen? Daß man mit dem demonstrativen Verzicht auf spielerische und sportliche Bewegung seinem Körper auf Dauer nichts Gutes antut, werden nur professionelle Ignoranten leugnen. Laufen ist gesund, tut gut, hebt das Selbstwertgefühl. Aber wie bei so vielem anderem im Leben macht's auch hier die Dosis. Die sportärztlichen Praxen sind voll von Patienten, die sich bei der schönsten (oder zumindest zweitschönsten) Nebensache der Welt aus Leichtsinn, Uninformiertheit oder Ehrgeiz Verletzungen und körperliche Beeinträchtigungen zugezogen haben, die sie hätten vermeiden können. Manches hat mit schlechter Ausrüstung zu tun (z. B. schlechte Laufschuhe), anderes mit verheerenden Fehlern im Trainingsaufbau, dem Verzicht auf Regeneration oder der Tatsache, daß für viele Sportler «Stretching» immer noch in die Kategorie der unerfreulichen Fremdwörter gehört.

Die folgenden Stichworte – von A wie «Achillessehnenreizung» bis Z wie «Zuckerkrank» – informieren kurz und bündig über Probleme, die Läuferinnen und Läufer mit ihrem Körper haben können. Sie basieren auf der Arbeit der sportmedizinischen Berater von RUNNER'S WORLD: Dr. med. Roswitha Gerdes-Kuhn, Dr. med. Emanuel Ingenhoven, Dr. med. Andreas Nieß, Dr. med. Kai Röcker und Dr. med. Thomas Wessinghage.

Achillessehnenreizung Die Achillessehne, die längste Sehne des menschlichen Körpers, verbindet die beiden großen Wadenmuskeln (Gastrocnemius und Soleus) mit dem Fersenbein. Fast die gesamte Kraft beim Abstoßen des Fußes vom Boden wird durch die wenig dehnbare Achillessehne übertragen. Ohne sie wäre Laufen unmöglich.

Symptome Stechender Schmerz an der Außenseite der Sehne und Verhärtung der unteren Wadenpartie; eventuell Knötchenbildung an der Sehne. Eine entzündete Achillessehne fühlt sich hart an und verursacht manchmal ein knarrendes Geräusch. «Die Diagnose einer Achillessehnenüber-

lastung bzw. -verletzung überläßt man am besten dem Fachmann, da einige andere Strukturen in unmittelbarer lokaler Nähe der Achillessehne dem Läufer ebenfalls Probleme bereiten können: zum Beispiel die Überlastung der unteren Wadenmuskulatur, der Tibialis-posterior-Sehne, des Schleimbeutels zwischen Achillessehne und Fersenbein sowie Überlastung der Peronaealsehnen, um nur eine Auswahl zu nennen» (Dr. Emanuel Ingenhoven).

Ursache Aufgrund Verkürzung, Verspannung oder Ermüdung kann die Wadenmuskulatur die Stoßabsorption nicht mehr ausreichend gewährleisten; die Biomechanik des Bewegungsablaufes ist gestört. Dadurch erhöht sich die Belastung der Achillessehne. Die Beschwerden können eine Reihe von Ursachen haben: ungeeignete Laufschuhe (Sehnenverdrehung); unzureichendes Aufwärmen; rapide Erhöhung des Trainingsumfangs; zu viele bzw. zu harte Tempo- oder Bergaufläufe.

Behandlung Richtet sich nach der Ursache und dem Stadium der Beeinträchtigung:
- Behandlung mit Eis oder kühlenden Gels und Salben
- Fußgymnastik und spezifisches Stretching (mehrmals täglich)
- Strikte Reduzierung des Laufpensums; vorsichtiges Warmlaufen; keine Hügelläufe; Ruhetage.

- Wichtig sind Laufschuhe mit guter Dämpfung des Rückfußes und stabiler Führung des Fersenbeins.

Alternative Trainingsformen: Schwimmen, Aquajogging, Radfahren (in kleinen Gängen).

Adduktoren-/Leistenzerrung Viele Sportlerinnen und Sportler kennen dieses schmerzhafte Ziehen im hinteren Oberschenkel. Oft ist dafür ein Muskel bzw. Muskelgruppen (kurze und lange Adduktoren) verantwortlich: der adductor magnus, der über die gesamte Rückseite des Oberschenkels läuft. Seine Aufgabe ist, die Beine zu schließen, d. h. aus abgespreizter Position «heranzuführen» und den Rumpf auf dem jeweiligen Standbein zu stabilisieren.

Ursache für Adduktorenprobleme ist oft eine Schwäche der Gesäßmuskulatur. Ist sie nicht in der Lage, das Becken beim Laufen zu stabilisieren, muß dies in hohem Maße von den Adduktoren übernommen werden.

Behandlung Wir empfehlen zwei optimale Stretchingübungen:

1. Legen Sie sich auf den Rücken, strecken Sie die Beine in die Höhe. Greifen Sie mit den Händen an die Innenseite der Oberschenkel und spreizen die Beine zum V.

2. Im Schneidersitz die Fußsohlen gegeneinanderlegen, die Füße an den Körper ziehen und mit den Händen die Knie vorsichtig nach unten

drücken. Ein leichtes Ziehen sollte spürbar sein, auf keinen Fall aber ein Schmerz.

Aids Immer mehr HIV-Infizierte lernen die wohltuende Wirkung von Sport kennen. Nicht deshalb, weil Laufen, Schwimmen, Radfahren oder Ballspiele die Zahl der Helferzellen nach oben schnellen lassen, sondern weil sie ihren Körper endlich einmal wieder nicht nur als Endlager von Medikamenten wahrnehmen. Eine ärztlich kontrollierte Dosis Sport kann HIV-Infizierten viel Lust und Lebensqualität zurückbringen, die ihnen ihre Krankheit genommen hat. Walter Rödl, einer der Initiatoren des seit 1996 durchgeführten Frankfurter *Laufes gegen die Zeit* (ein 5000-Meter-Lauf zugunsten der Arbeit der Aidshilfe ohne Zeitmessung und für jedermann/-frau): «Als mir 1985 mein positives Testergebnis mitgeteilt wurde, war ich 30. Ich war sicher, das Jahr 1990 nicht mehr zu erleben, und fing an, auf meinen Tod hin zu leben. Etwas anderes kam mir nicht in den Sinn. Das Virus in deinem Körper ist eine Sache, die andere ist dein Kopf. Der hat immer bestimmt, wie ich die Krankheit zu erleben habe. Das hat sich durch das Laufen geändert. Da gab's plötzlich etwas, auf das ich mich bei meinem Körper wieder verlassen konnte. Ein vorher nie dagewesenes Gefühl.»

Antibiotika Bei Erkältungskrankheiten sollte man in der Regel die Finger von Antibiotika lassen. Denn nur jede zehnte «gewöhnliche» Erkältung wird durch Bakterien verursacht. Fast immer sind Viren für unsere Unpäßlichkeiten verantwortlich, die gegen Antibiotika völlig unempfindlich sind. Falsch verabreichte Antibiotika vernichten oft nicht die Krankheitserreger, sondern die lebenswichtigen Keime, die zum Beispiel für eine normale Verdauung oder eine gesunde Haut sorgen.

Arthrose Die Gelenke sind Dreh- und Angelpunkte des Skeletts, das den menschlichen Körper trägt und stützt. Sie weisen glatte, knorpelige Gelenkflächen auf, die rollende und/oder gleitende Bewegungen ermöglichen. Gehalten und geführt werden sie entweder durch eine knöcherne Form (Hüfte) oder die gelenknahe Muskulatur (Schulter). Auch Sportler sind nicht gefeit gegen arthrotische Verschleißerscheinungen (Gelenkversteifungen).

Ursachen Können vielfältiger Natur sein: genetische Veranlagung; statische (O-Bein, X-Bein) und dynamische Belastungen; Qualität der gelenknahen Muskulatur; Ernährung; Körpergewicht; Klima. Werden die Belastungsgrenzen von Gelenken zu häufig überschritten, setzt ein degenerativer Abnutzungsprozeß ein.

Symptome «Der als Arthrose bezeichnete Prozeß ist durch verschiedene Stadien gekennzeichnet. Entscheidend sind die Veränderungen der Gelenkflächen, also der Knorpelschicht. Der ursprünglich harte, aber elastische Knorpel verliert seine enorm hohe Druckbelastbarkeit, die Oberfläche weist zunächst Verfärbungen und/oder Erweichungen auf. Im zweiten und dritten Stadium kommt es zu Erosionen (Aufrauhungen) der vorher spiegelnd glatten Fläche, die im vierten Stadium bis auf die darunter liegende Knochenschicht reizen. Quasi unbemerkt reagiert der Organismus auf die Fehlbelastung, die als auslösender Faktor stets vorhanden ist. Die Gelenkfläche vergrößert sich durch knöcherne Wülste, wodurch der Druck (physikalisch: Druck = Kraft: Fläche) verringert wird» (Dr. Thomas Wessinghage). Gezieltes Krafttraining und Stretching sind die beste Arthroseprävention: Frühzeitige Kräftigung und Dehnung verkürzter Muskelgruppen erhöhen die Belastbarkeit der Gelenke.

Asthma Eine krankhafte Verengung der Bronchien mit entsprechender Atemnot. Auslöser können neben Allergien auch extreme körperliche Belastungen sein. Je kälter und trockener die Luft, desto eher kommt es zum Belastungsasthma.

Behandlung «Bei konsequent geführter medikamentöser Therapie mit inhalativem Cortison und einem bronchialerweiternden Aerosol ist eine sehr gute Stabilisierung der Atmung und somit auch durchaus ein ambitioniertes Langstreckenlaufen möglich. Dies ist ein Grund, weshalb in den Schulungsprogrammen für Atemwegserkrankte der Sport ein fester Bestandteil ist» (Dr. med. Peter Betz).

Bandscheibenvorfall Bandscheiben sind die gelenkartigen Verbindungen zwischen den Wirbelkörpern: nahezu runde, 1 bis 1,5 cm dicke Polster von einer radiergummiähnlichen Konsistenz. Ein Bandscheibenvorfall ist ein degenerativer Schaden an der Wirbelsäule, der durch chronische Fehlbelastung (falsches Sitzen, Stehen, Heben, Bücken, Laufen) hervorgerufen wird. Ist das Bandscheibengewebe, insbesondere der äußere Bindegewebering, durch Überlastung spröde und brüchig geworden, genügt eine einzige unachtsame Bewegung, um diesen Ring zu zerreißen. Die dämpfende Gallertmasse dringt aus der verletzten Bandscheibe nach außen und klemmt eine Nervenwurzel im knöchernen Kanal ein. Der klassischerweise bis zu Bein und Fuß ziehende Schmerz kann im Extremfall zu Taubheitsgefühlen oder Lähmungen führen.

Akutbehandlung Spritzen und Wärmebehandlung dämpfen den Schmerz und die Muskelverspannung. Ein operativer Eingriff entfernt das ausgetretene Gallertgewebe und nimmt den Druck von der Nervenwurzel.

Ursachenbehandlung Die klassische Trias von Rückenschule (= Koordination), Muskelaufbau (= Kraft) und Stretching (= Beweglichkeit). Nach vollständigem Abklingen der Schmerzen dient ein klug dosiertes Lauftraining der Stabilisierung der Bandscheibe. Wichtig ist ein rückenschonender Laufstil: Durch das Aufsetzen mit dem Vorfuß werden die Schritte weicher abgefedert und der Rumpf besser stabilisiert.

Blasen Sie entstehen durch Reibung zwischen Socke bzw. Schuh und Haut. Zwischen innerer und äußerer Hautschicht sammelt sich durch Reibung Flüssigkeit.

Hausrezept Die Blase möglichst 24 Stunden in Ruhe lassen, damit sie von selbst abheilen kann. Falls die Flüssigkeit dann noch nicht resorbiert ist, mit einer desinfizierten Nadel zwei kleine Löcher in die Blase stechen und mit einem sterilen Tuch Flüssigkeit abtupfen. Mit antibakterieller Salbe und Pflaster bedecken. Sollte sich das blasige Problem in unschöner Regelmäßigkeit einstellen, sollten Sie unbedingt die Paßform der Laufschuhe (zu eng? zu weit?) überprüfen. (Das gilt ebenso bei blauen Zehennägeln, die bei zu kleinen/engen oder großen Laufschuhen gepreßt bzw. geprellt werden.) Spezielle Lauffunktionssocken (mit Zehenbox und kleinen gummierten Streifen an der Sohle, die ein Verrutschen im Schuh verhindern sollen) sorgen mit ihrer Gewebemischung dafür, daß Feuchtigkeit von der Haut wegtransportiert wird.

Blutspenden Kann bei Ausdauersportlern durch den Verlust an Sauerstoff transportierenden roten Blutkörperchen zu einem kurzfristigen Leistungsabfall führen. Zwar dienen Blutbestandteile wie Plasmaprotein, Blutplättchen oder Blutserum, das Spendern nach der Trennung des Blutes wieder zugeführt wird, der Immunabwehr, der Flüssigkeitsregulation und der Blutgerinnung. Aber auf den Sauerstofftransport in die Muskulatur, und das ist für Läufer am wichtigsten, haben sie keine Auswirkung. Rund vier Wochen sollte man veranschlagen, bis sich die durch das Blutspenden verlorenen roten Blutkörperchen nachgebildet haben. In dieser Zeit sollte besonders auf eine ausreichende Menge an Eisen in der Nahrung geachtet werden, das u. a. in rotem Fleisch, Geflügel, grünem Gemüse, Getreide und Vollkornhaferflocken enthalten ist.

Bursitis Praepatellaris Schleimbeutelentzündung vor der Kniescheibe (gerötet, geschwollen). Wie auch bei der Innenbandreizung werden die Schmerzen mit Eis oder entzündungshemmenden Salben behandelt. Aktive Schonung, bis der Schmerz abgeklungen ist.

Chondromalazie Ständiger Schmerz rund um die Kniescheibe, insbesondere nach Hügelläufen. Erweichung und Abrieb des Knorpels auf der Rückfläche der Kniescheibe. Der aufgerauhte Knorpel (ein zellarmes, nicht durchblutetes Gewebe) verhindert, daß die Kniescheibe reibungslos in ihrem Gleitlager ‹läuft›. Bei schwersten Knorpelschäden gilt eine Chondromalazie auch nach einer Operation als irreversibel.

Ursachen können u. a. muskuläre Dysbalancen, Überpronation oder auch Fußfehlstellungen (z. B. durch ständiges Laufen auf der derselben Seite einer gewölbten Straße) sein.

Behandlung Laufpause einlegen; das Knie dreimal täglich mit Eis kühlen, am besten mit einer Kühlgelpackung, die sich der Knieform anpaßt. Kräftigung der vorderen Oberschenkelmuskulatur (Quadrizeps), Dehnung der hinteren Oberschenkelmuskeln.

Cortison Obwohl die Substanz als «Heilmittel» unter Ärzten nach wie vor umstritten ist, vertrauen Sportler in der ganzen Welt bis heute auf Cortisoninjektionen, um Schmerzen und Entzündungen in verletzten Sehnen und Gelenken zu bekämpfen. Cortison ist ein Corticosteroid, das als Hormon in der Nebennierenrinde produziert wird. Unbestritten ist, daß es in Form lokaler Injektionen den Entzündungsprozeß zum Teil unterbinden und Schmerzen unterdrücken kann. Aber den ursächlichen Heilungsprozeß fördert Cortison nicht. Außerdem ist es ein Medikament mit äußerst unangenehmen Nebenwirkungen: Infektionen, Gewebeschäden, Sehnenrisse, ausgeblichene Haut im Injektionsbereich. Am fatalsten ist aber, wie der amerikanische Orthopäde Dr. Wayne Leadbetter betont, das falsche Sicherheitsgefühl, das eine Cortisonbehandlung suggeriert: «Wirklich besessene Sportler nehmen ihr Training wieder auf, sobald der Schmerz nachgelassen hat, und verletzen sich dann erneut, da die ursprüngliche Schadensursache nie behoben worden ist.» Einer Injektion von Cortison sollte man nur zustimmen, wenn alle konservativen Behandlungsmethoden (Ruhe, Eis, Einlagen, Kräftigungs- und Stretchingübungen) erfolglos geblieben sind – und wenn Cortison nur kurzzeitig und in kleiner Dosierung verabreicht wird.

Eis Die Kältebehandlung entzündeter oder schmerzender Körperpartien gehört zu den wirksamsten Hausmitteln. Schon Paracelsus kannte die Heilkraft kalter Wadenwickel. Die Wirksamkeit von Kälte beruht darauf, daß sich mit sinkender Gewebetemperatur die Blutgefäße verengen, Stoffwechselvorgänge sich so verlangsamen, daß entzündliche Prozesse gehemmt werden, Schwellungen zurückgehen und die Blutungsneigung gebremst wird. Durch eine Verminderung der Dehnreflexe bei längerer Kälteeinwirkung können sich Muskelverspannungen lösen. Bei frischen, akuten Verletzungen oder Beschwerden ist die Eisbehandlung üblich, etwa bei Prellung, Quetschung, Zerrung, Faserriß, Sehnen-, Sehnenscheiden- und Schleimbeutelentzündung, Gelenkreizung bzw. -entzündung, Verbrennung. (Bei chronischen Prozessen sollte dagegen ärztlicher Rat eingeholt werden, um zu klären, welche Thermotherapie die sinnvollste ist: die mit Kälte oder die mit Wärme.)

Behandlung Mehrmals täglich mit Eis oder Kühlgel behandeln. Eisbehandlung nicht länger als acht Minuten; dabei die Haut unbedingt mit einem Geschirrtuch o. ä. bedecken.

Endorphine Siehe: Runner's High.

Ermüdungsbruch «Das Heimtückische an einer Streßfraktur ist die oft bestehende Schwierigkeit, im nachhinein eine klare Ursache für ihr Entstehen zu finden. Kein Unfall, keine übermäßigen Veränderungen der Trainingsgestaltung, dieselben (alten) Schuhe? Vielleicht hat das Training auf derselben Straßenseite den ganzen Winter lang zu einer asymmetrischen Belastungsverteilung auf die Beine geführt? Vielleicht haben Sie aus zeitlichen Gründen das Stretching ein wenig vernachlässigt, oder das Ausgleichstraining im Fitness-Studio war zu einseitig?» (Dr. Thomas Wessinghage) Wichtig ist, nach einer ausreichend langen Trainingspause – in der Regel nicht unter drei Monaten – alle genannten Faktoren genau zu bedenken.

Fersensporn Schmerzen im Bereich des Fersenbeins werden bei Läufern häufig durch eine sogenannte Plantarfascitis verursacht, eine Entzündung der Faszie, d. h. der Sehnenplatte, die an der Fußunterseite von der Ferse zum Ballen verläuft. Der Schmerz unter der Ferse (häufig morgens nach dem Aufstehen oder zu Beginn eines Laufs) ähnelt dem einer Knochenprellung. Das umliegende Gewebe entzündet sich, die Rißstellen vernarben und verlieren so an Elastizität. Eine langwierige Entzündung kann zum plantaren Fersen-

sporn, einer knöchernen Verdickung des Achillessehnenansatzes am Fersenbein führen.

Ursachen Dauerbelastung und Überdehnung der Plantarfaszie; anfällig dafür sind Läufer mit verhärteter Wadenmuskulatur, Plattfüßen, hohem Fußgewölbe und wenig beweglichem Fuß.

Behandlung Ziel ist die Verminderung des Muskel- und Sehnenzugs durch Entspannungsübungen (unter physiotherapeutischer Anleitung), Dehngymnastik und Entlastung des Fußgewölbes durch orthopädische Einlagen. Sollten alle konservativen Behandlungsformen (Eis, Dehnung der Fußbodenmuskulatur, Quermassage) nicht anschlagen, ist ein kleiner operativer Eingriff mit Ablösung der Plantarfaszie im schmerzhaften Bereich sowie das Entfernen des Fersensporns eventuell sinnvoll.

Freie Radikale Aggressive, zellschädigende Abbauprodukte des Sauerstoffs, die bei der Energiegewinnung entstehen. Antioxidantien (wie Vitamin E, Vitamin C, Beta-Carotin und diverse Mineralstoffe und Spurenelemente) helfen als «Radikalenfänger», die Wirkung dieser biochemischen Aggressoren zu neutralisieren. (Vgl. ausführlich zu Freien Radikalen und Antioxidantien Kapitel 6: Ernährung & Sport, S. 166 ff.)

Grippe Häufiger als die «echte» Grippe ist der grippale Infekt, der durch Viren oder Bakterien ausgelöst und durch Tröpfcheninfektion übertragen wird. Die Symptome sind sattsam bekannt. Nase: läuft, Schlucken: tut weh, Hals: schmerzt, Mensch: hustet. Nach einigen Tagen klingen die Beschwerden von selbst ab. Es ist genau diese Unpäßlichkeit, von der der Volksmund behauptet: Nimmt man Medikamente, dauert's sieben Tage; nimmt man nichts, dauert's eine Woche.

Dagegen beginnt die «echte» Grippe mit allgemeinen Symptomen wie starkem Krankheitsgefühl, Fieber, Muskelschmerzen oder Schüttelfrost. Sie wird durch den Influenza-Virus Typus A, B oder C übertragen. Diese Viren haben die tückische Eigenschaft, ihre Oberfläche alle ein bis zwei Jahre zu verändern. Grippeimpfungen im September oder Oktober, bei denen ein ungefährlicher Anteil aus der Umhüllung des aktuellen Influenza-Virus in einen Muskel injiziert wird, ist bei Patienten mit chronischen Krankheiten und Angehörigen von Infektionsrisikogruppen zu empfehlen, nicht aber generell bei Sportlern. Grippe ist ein Unglück der kleineren Art. Sie erwischt einen. Oder sie erwischt einen nicht.

Herzrhythmusstörung Herzjagen, Herzstolpern, Herzschmerz, Vorhofflimmern: Nicht immer muß unregelmäßiger oder zu schneller Herzschlag ein alarmierendes Indiz für eine organische Herzerkrankung sein. In jedem Fall sollte ein Spezialist aufgesucht werden, der mit einem Langzeit-EKG und einer elektrophysiologischen Untersuchung die elektrische Erregungsbildung im Herzen erfaßt. Ob und wann weiter reguläres Training und Wettkampfsport betrieben werden kann, sollte der Entscheidung des Arztes überantwortet werden.

Hitze, Haut, Ozon Früher, ach früher ... Früher gab es einfach nur warme Sommer, in denen man in den Ferien unbeschwert an Badeseen und in Freibädern herumhing, die Seele baumeln ließ und lasziv vor sich hinbräunte. In den letzten Jahren beunruhigen Untersuchungen über UV-Strahlung und gefährlich gestiegene Ozonkonzentrationen in Bodennähe nicht zuletzt uns Sportler.

Ozon ist ein je nach Konzentration farbloses bis bläuliches Reizgas mit charakteristisch stechendem Geruch. Es ist das stärkste bekannte Oxidationsmittel und wirkt auf jedes biologische Gewebe zerstörerisch. Es beeinträchtigt die Lungenfunktion, greift Zellwände an und kann zu Mutationen der zellulären Erbinformationen führen (Krebsrisiko).

Es gibt schützendes und gefährliches Ozon. «Gutes» Ozon findet sich in höchster Konzentration 23 Kilometer über der Erdoberfläche in der Stratosphäre. Es verhindert wie ein Schutzschild das Durchdringen kurzwelliger ultravioletter Strahlung (UV-B, UV-C) zur Erdober-

---

WENN SIE ERKÄLTET SIND

- Gönnen Sie Ihrem Körper einige Tage Ruhe, und geben Sie ihm Zeit, die Infektion zu bekämpfen.
- Gegen ruhiges Laufen bei einem Schnupfen ist von ärztlicher Seite nichts einzuwenden.
- Vorsicht ist aber geboten bei Fieber, geschwollenen Lymphknoten, starken Halsschmerzen, Gliederschmerzen: Bei Belastung drohen sich die Krankheitserreger im Körper auszubreiten (Gefahr einer Herzmuskelentzündung mit langwierigen Folgen).
- Vor allzu voreiliger Einnahme von Antibiotika ist zu warnen.

1. Laufen Sie an heißen, ozonbelasteten Tagen entweder frühmorgens oder später am Abend.

2. Am angenehmsten läuft es sich in schattigen Waldgebieten. Im freien Feld ist es oft zehn und mehr Grad wärmer.

3. Trinken Sie regelmäßig den ganzen Tag, außerdem kurz bevor Sie loslaufen. Vier Liter an einem heißen Tag ist nicht zuviel.

4. Laufen Sie in luftigen, hellen Sachen. Funktionskleidung hat gegenüber Baumwolle den Vorteil, Feuchtigkeit rasch verdunsten zu lassen.

5. Benutzen Sie Sonnenschutzmittel mit angemessenem Lichtschutzfaktor, wenn Sie länger als 30 Minuten laufen. Eine leichte Mütze kann auch nicht schaden.

6. Nutzen Sie die kühlende Wohltat, die Wasserstellen am Rande bieten (Bach, Brunnen).

7. Reduzieren Sie Intensität und Umfang des Trainings. Das Herz muß bei Wärme stärker arbeiten, was die Leistungsfähigkeit einschränkt.

8. Ein Tip für den Fall, daß Sie bei Hitzetemperaturen einen Wettkampf absolvieren wollen: Es hat sich als leistungsfördernd erwiesen, durch ausgiebiges kaltes Duschen oder ein längeres Bad in lauwarmem Wasser die Körpertemperatur (und nicht nur die Hauttemperatur!) um mehrere Grad herunterzukühlen.

fläche. Die hochgefährlichen UV-C-Strahlen werden von der Ozonschicht unschädlich gemacht. Lange Zeit galten ausschließlich UV-B-Strahlen als Hautschädiger, zuständig für Sonnenbrände aller Härtegrade. Aber auch UV-A-Strahlen sind nicht ohne. 50 bis 80 Prozent ihrer Strahlung, die an sonnigen wie bedeckten Tagen unterwegs sind, gelangen direkt ins Gewebe, dorthin, wo neue Zellen gebildet werden. Sie schädigen das Bindegewebe – die Folge: frühzeitiges Altern der Haut, Faltenbildung. Die Haut vergißt nichts: Sonnenbrand läßt sie bis zu sechs Monate altern.

Fluorchlorkohlenwasserstoffe (FCKW) und steigende Umweltbelastungen durch Rückstände aus fossilen Verbrennungsprozessen (Erdgas, Ölprodukte) wie Stickoxide und Kohlenmonoxid haben den Ozonschutzschild schwer geschädigt.

Auch die von Nadelhölzern freigesetzten Terpene lassen unter UV-Strahlung Ozon entstehen. «In Anwesenheit dieser sogenannten Vorläufersubstanzen bildet sich dann aus atmosphärischem Sauerstoff und gleichzeitiger UV-Bestrahlung Ozon. Durch den allmählich dünner werdenden Ozonschutzschild gelangt mehr und vor allem härtere UV-Strahlung in die bodennahen Luftschichten, was zu einer Mehrbildung von Ozon führt. Damit ist der Teufelskreis, der ‹gutes› und ‹schlechtes› Ozon verbindet, geschlossen» (Dr. Hans-Peter Betz).

Immunsystem Mäßiges Ausdauertraining stimuliert die Immunabwehr, zuviel Training schwächt unsere körperlichen Abwehrkräfte. So weit, so gut. Nur – wo beginnt dieses «Zuviel»? Bei einem Trainingsumfang von ca. 30–35 Kilometer pro Woche sind weniger Infekte zu verzeichnen als ohne Lauftraining; regelmäßige moderate Ausdauerbelastung verbessert die Fähigkeit bestimmter Gruppen von Leukozyten, Bakterien abzutöten. Bei rund 100 bis 150 Kilometer Wochentraining aber steigt die Zahl der Erkältungskrankheiten dagegen sprunghaft an. Nach langen, harten Laufeinheiten und Marathons kann sich die Infektanfälligkeit durch ein angeschlagenes Immunsystem bis auf das Achtfache erhöhen. Eine typische Situation: Wettkampf vorbei, Helden erschöpft, Duschen völlig überlaufen, kleines Schwätzchen im durchgeschwitzten Trainingszeug, die eine oder andere Ladung Erkältungsviren ist mittendrin statt nur dabei …

Die größte Gefahr lauert unmittelbar nach einer körperlich auszehrenden Belastung. Vom nervösen Kribbeln am Start bis zum Schlußspurt werden die Streßhormone Adrenalin und Cortisol produziert, die den Belastungsstoffwechsel stimulieren und Sportler an ihre Leistungsreserven heranführen, aber auch die Immunabwehr angreifen. Das Zuviel an Streßhormonen schränkt die keimabtötende Wirkung der weißen Blutkörperchen und ihre Mobilität im Blutkreislauf ein. Dieses «Open-Window-Syndrom» wurde zuletzt durch den Saarbrücker Sportmediziner Holger Gabriel untermauert, der für seine Habilitationsschrift «Sport und Immunsystem» den Carl-Diem-Preis 1998 erhielt, die bedeutendste sportwissenschaftliche Auszeichnung in Deutschland. Seine Forderung an die Trainingslehre: Regeneration muß genauso systematisch gesteuert werden wie die Belastung.

Es gibt keine perfekte Formel für eine stabile Immunabwehr. Dafür ist der Zusammenhang zwischen Psyche, Abwehrzellen und Hormonen, von Körper, Geist und Seele zu kom-

1. Ausgeglichene Ernährung: Obst und Gemüse (Vitamine, Kohlenhydrate und Proteine). Vermeiden von Junk Food (Schokolade, Chips, Currywurst usw.).
2. Ausreichend Schlaf.
3. Regelmäßige Saunabesuche (einmal pro Woche).
4. Beim Laufen Funktionsbekleidung tragen (kein Kältegefühl auf der Haut).
5. Sofort nach Training oder Wettkampf trockene Kleider anziehen und erst duschen, wenn man nicht mehr schwitzt. Die Zeit dazwischen ist übrigens ideal fürs Stretchen.
6. Infektionsquellen vermeiden, vor allem nach hartem Training und Wettkämpfen.
7. Ausreichende Pausen zwischen harten Trainingsbelastungen.
8. Keine Trainingssteigerungen in Phasen mit beruflichem oder privatem Streß.

plex. Kennen Sie den schönen Satz: Ein Glas ist entweder halb leer oder halb voll? Für Menschen mit einer positiven Lebenseinstellung und einem gesundes Urvertrauen zu sich selbst ist ein Glas meist halb voll und nicht halb leer. Solche Menschen leben zufriedener – und gesünder.

Ischias Der Ischiasnerv verläuft von der unteren Lendenwirbelsäule über das Gesäß an der Rückseite des Beines entlang bis in den Fuß. Der typische Ischiasschmerz, ein Nervendehnungsschmerz, ist unverwechselbar: Er zeichnet exakt den anatomischen Verlauf des Nervs nach, von den Lendenwirbeln bis in die Zehenspitzen.

Erste Hilfe Wärme und entzündungshemmende Medikamente (kein Eis!).

Auslöser können verschiedene Faktoren sein: eine verspannte Oberschenkel- und Gesäßmuskulatur, biomechanische Probleme (Beinlängendifferenz) oder eine Rückenzerrung. Häufig steht am Anfang auch ein Bandscheibenvorfall: Durch ständige Fehlbelastung der Wirbelsäule reißt der äußere Bandscheibenring, gallertartige Masse dringt nach außen und kann eine Wurzel des Ischiasnervs einklemmen. Der Schmerz (bis hin zu Taubheits- und Lähmungsgefühlen) sollte den Patienten unverzüglich zum Orthopäden treiben.

Nur in seltenen Fällen muß ein Bandscheibenvorfall operativ behandelt werden. Ein langfristiges Training der Rumpfmuskulatur sollte danach die Ursache des Übels angehen.

Kälte & Laufen Bei Minustemperaturen gibt es für Lauflustige keine Kältegrenze, sondern nur eine streng einzuhaltende ‹Kleiderordnung›, um der Unterkühlungsgefahr zu entgehen: 1. Mehrschichtige Trainingsbekleidung: Direkt auf der Haut sollte ein Funktionshemd getragen werden, das den Schweiß von der Haut weg in die nächste Bekleidungsschicht leitet. Darüber sollten ein wärmendes Funktionsshirt und eine wind- und wasserabweisende Sportjacke (aus GoreTex oder ähnlichem Material) getragen werden. 2. Mütze und Handschuhe.

Kniegelenk Das Kniegelenk ist eine Schlüsselstelle unseres Körpers: ein hochkomplexes Scharnier, das Unterund Oberschenkel verbindet. Anders als das Hüftgelenk wird es nicht von einer festen knöchernen Verbindung zusammengehalten, sondern durch ein System von Bändern, die die Bewegungen von Unter- und Oberschenkel gegeneinander hemmen: das vordere und hintere Kreuzband sowie das innere und äußere Seitenband. Stabilisiert wird es durch eine Reihe von Muskeln und den Innen-

und Außenmeniskus: knorpelige Puffer, die für eine Druckentlastung der Gelenkflächen sorgen. Wesentlichen Einfluß auf die Stabilität des Kniegelenks hat die Beinachse: «Im Stand ist die Distanz zwischen den Hüftgelenken größer als zwischen den Kniegelenken. Dies wird durch eine leichte (physiologische) X-Bein-Stellung ausgeglichen, so daß die Kniegelenkflächen exakt horizontal stehen und eine harmonische Druckverteilung zwischen innerem und äußerem Gelenkspalt vorliegt. Jede Abweichung von der normalen Beinachse hat eine relative Mehrbelastung zur Folge – beim O-Bein zum Nachteil des inneren, beim X-Bein zu Lasten des äußeren Gelenkspaltes. Je stärker die Fehlstellung ausgeprägt ist, desto höher das Risiko einer frühzeitigen Gelenkabnutzung.» (Dr. Thomas Wessinghage)

Bei gesunder Beinachsenstellung, normalem Körpergewicht, aufbauendem Training und Dehngymnastik führt Laufen nicht zu degenerativen Verschleißerscheinungen an den Gelenkflächen und Menisken.

Vgl. auch: Patella-Spitzensyndrom, Runner's Knee, Kreuzbandriß, Knochenhautreizung am Schienbein (Shin-Splint-Syndrom), Meniscopathie, Bursitis praepatellaris.

Knochenhautreizung am Schienbein
In der amerikanischen Literatur hat sich die Bezeichnung Shin-Splint-Syndrom für einen Befund eingebürgert, der bei uns als Knochenhautreizung bezeichnet wird – ein Schmerz, der meist an der Innenkante des Schienbeins zu lokalisieren ist, besonders zu Beginn eines Laufs. Er wird meist durch eine Sehnenentzündung an der Innenkante des Schienbeins ausgelöst: Ermüdete oder verhärtete Wadenmuskeln führen zu einer Überlastung der Sehnen. Anfällig für diese Reizung sind vor allem Laufanfänger, bei denen die Muskelgruppen am Schienbein ungenügend ausgebildet sind, und Läufer, die ihren Trainingsumfang rapide steigern. Ein Hang zur Überpronation (übermäßiges Einknicken des Fußes nach innen) und zu harte Laufstrecken können das Problem noch verschärfen.

Behandlung Eis, entzündungshemmende Medikamente, eventuell Trainingstop. Zur Überbrückung der lauffreien Tage bieten sich Übungen ohne Standbelastung an: Schwimmen, Aquajogging, Radfahren in kleinen Gängen.

Kreuzbandriß Eine der schlimmsten Sportverletzungen: der Riß von Innenmeniskus, vorderem Kreuzband und innerem Seitenband. In diesem Fall ist eine komplette Wiederherstellung der Kniegelenkstabilität fast unmöglich.

Die Kreuzbänder liegen im Zentrum des Gelenks, sind von außen also weder sichtbar noch tastbar. Sie kontrollieren die Bewegungen von Unter- und Oberschenkel gegeneinander. Das vordere Kreuzband, das im Gelenk vom hinteren Kreuzband gekreuzt wird, ist die wichtigste stabilisierende Struktur des Kniegelenks. Wegen seiner komplizierten Feinstruktur (es ähnelt einem vielfach verdrillten Schiffstau) läßt es sich operativ nur unvollständig plastisch rekonstruieren. Dennoch ist ein Kreuzbandersatz mit körpereigenem Material aus der Kniescheibensehne oder der Sehne des musculus semitendiosus in schweren Fällen unumgänglich. Die Einheilzeit der Kreuzband-Ersatzplastik wird auf 12 bis 16 Monate veranschlagt. Geduld ist gefragt! Aber auch danach ist nur von einer Festigkeit von 60–70% gegenüber dem alten Kreuzband auszugehen. Vorsicht ist gefragt!

Rehabilitation Schon kurz nach dem Eingriff können Übungen auf dem Fahrradergometer beginnen. Wichtig ist ein gezieltes Krafttraining zur Wiederherstellung der eingebüßten Muskelkraft. Frühestens nach vier bis sechs Monaten darf die Laufstrecke wieder locken.

Lauftherapie In vielen Fachkliniken ist Laufen bei der Behandlung unterschiedlicher Krankheitsbilder zu einem festen Bestandteil der Therapie geworden. Ob Menschen mit Eßstörungen, streßgeschädigte Manager, erschöpfte Hausfrauen, Herzinfarktpatienten oder Suchtkranke: Die Erfahrung, daß ohne Leistungsdruck ausgeübter Sport entspannt und guttut, kann zu einer psychischen und physischen Stabilisierung der Patienten führen. Das Selbstbewußtsein steigt, der Alltagsstreß läßt sich souveräner, weil belastbarer, angehen. Da gerade Herzinfarkt- und Suchtpatienten ein gestörtes Verhältnis zu den Warnsignalen ihres Körpers entwickeln, basiert der therapeutische Erfolg des Laufens auf dem neuen Erleben des eigenen Körpers.

Meniscopathie Reizung, Auffaserung oder Riß des Meniskus. Die Menisken verfärben sich zunächst, ihre Oberflächenstruktur wird faserig; oft provoziert dann schon eine Bagatellbewegung einen Meniskuseinriß. Bei einer Meniskusreizung reicht Schonung durch ein Aussetzen des Trainings. In schweren Fällen hilft eine Kniegelenk-Arthroskopie (Spiegelung), ein relativ problemloser operativer Eingriff. So unterzog sich beispielsweise im Mai 1984 Joan Benoit zehn Tage vor ihrem Sieg bei den US-amerikanischen Marathon-Olympiaausscheidungen einer Arthroskopie. Drei Monate später gewann sie in Los Angeles die erste Goldmedaille im Frauenmarathon.

Migräne Kopfschmerzattacken gelten als eine Art Volkskrankheit. Von dem wohl jedermann bekannten Spannungskopfschmerz ist die Migräne zu unterscheiden, eine besonders üble Form von Kopfschmerzen und Unwohlsein, die durch eine Fehlregulation der Blutgefäße im Kopfbereich verursacht ist.

Ursachen Hormonelle Veränderungen, übermäßige Streßempfindlichkeit, Unfähigkeit zur tiefen Entspannung (Ruhe = Streß).

Therapie Entspannungstraining, Atemtherapie, Biofeedback-Übungen. Je nach Reaktionen des Körpers kann Laufen bei Migräneschüben schädliche (Belastungsstreß) oder heilende Wirkung (Entspannung) zeitigen. Längerfristig scheinen regelmäßige ruhige Dauerläufe das vegetative Nervensystem zu stabilisieren und Migräneattacken vorzubeugen.

Muskelkater Mit ein bis zwei Tagen Verzögerung einsetzender Muskelschmerz (engl.: delayed-onset muscle soreness), meist ausgelöst durch sogenannte exzentrische Muskelkontraktionen. Dabei wird, etwa beim Bergablaufen, die vordere Oberschen-

kelmuskulatur (Quadrizeps) gedehnt, obwohl sie gerade dabei ist, sich zusammenzuziehen, um das Bein für den nächsten Schritt anzuziehen.

Vorbeugung Gering dosierte exzentrische Belastungen durch Bergabläufe: über drei Wochen die Bergabpassagen von fünf über zehn auf fünfzehn Minuten steigern. Die Muskulatur lernt, die Aufprallimpulse besser zu verteilen, d. h. «unschädlich» zu machen. Akuter Muskelkater ist mit lokaler Eisbehandlung, Hochlegen der Beine und mehrtägigem Verzicht auf Training wirksam zu begegnen.

Muskuläre Dysbalance   Muskelschmerzen, die aus Ungleichgewichten im Zusammenspiel verschiedener Muskelgruppen resultieren. Es gibt verschiedene Arten von Dysbalancen: im Rechts-Links-Seitenvergleich oder im Verhältnis der auf dasselbe Gelenk einwirkenden Muskeln zueinander. Beispiel Kniegelenk: Kniestreckmuskulatur auf der Oberschenkelvorderseite / Kniebeugemuskulatur auf der Rückseite (Störung im Agonisten-Antagonisten-Verhältnis).

Ursachen 1. Fehlstatik (z. B. Beinlängendifferenz): Sie kann zu Bewegungs- und Belastungsasymmetrien führen. 2. Einseitige, gleichförmige, repetitive Belastung (z. B. Tennisaufschlag). 3. Gelenkinstabilitäten und Gelenkarthrosen führen zwangsläufig zu Über- und Fehlbelastungen derjenigen Muskelgruppen, die Probleme der Bandführung auszugleichen haben. 4. Verletzungsspätfolgen ziehen durch die instinktive Schonung von ‹Problemzonen› zu Störungen eines flüssigen Bewegungsablaufs.

Behandlung Abwechslungsreiches muskuläres Ausgleichstraining: Kraftübungen und Stretching (Kräftigung geschwächter und Dehnung verkürzter Muskeln), koordinative Korrekturen.

Osteoporose Von dieser häufig vorkommenden Knochenerkrankung spricht man bei einer «negativen Knochenbilanz», wenn also über einen längeren Zeitraum mehr Knochensubstanz abgebaut wird als neue Substanz entsteht. Dieses Phänomen (schwindende Knochenmasse, Zerstörung der Mikroarchitektur, also der Bälkchenstruktur des Knochens) ist bei Frauen ab dem 40. Lebensjahr eher die Regel als die Ausnahme. Rund 0,5 bis 1 Prozent der Knochenmasse geht jährlich verloren, im Extremfall bis zu 6 Prozent. Aber auch junge Frauen, die exzessiv Hochleistungssport betreiben, können von Osteoporose betroffen sein. Umfangreiches Training kann über eine Senkung des Sexualhormonspiegels Zyklusstörungen hervorrufen. Eine zen-

trale Fehlsteuerung der Eierstöcke kann mit dem sporadischen oder regelmäßigen Ausbleiben der Monatsblutung zu Knochenmassenverlusten führen. Der Zusammenhang ist seit Barbara Drinkwaters Untersuchungen Mitte der 80er Jahre bekannt: Langstreckerinnen ohne Monatsblutung weisen eine signifikant geringere Knochendichte und Knochenmasse auf, weil das weibliche Geschlechtshormon Östrogen einen entscheidenden Anteil an der Einlagerung von Calcium im Knochen hat. Neben zu hohem Trainingsumfang können auch Mangelzustände in der Ernährung (zu wenig Calcium und Vitamin D) und der Hang zur Magersucht massive Menstruationsstörungen (Amenorrhoe) und damit eine Entmineralisierung der Knochen herbeiführen. Bei jungen Läuferinnen ist das gehäufte Auftreten von Streßfrakturen vornehmlich im Bereich der unteren Extremitäten (Schienbein, Oberschenkelhals, Fuß) ein deutliches Warnsignal: Achtung, Osteoporosegefahr!

Behandlung 1. In der Ernährung auf eine ausreichende Versorgung mit Calcium (zum Beispiel in Milchprodukten, Eiern, grünem Gemüse), Magnesium und Vitamin D (Fisch, Eier, Leber). Generell gilt: reichlich frisches Obst und Gemüsse essen. 2. Eventuell Antibabypille zur Hormonregulierung (unter ärztlicher Kontrolle).

Patella-Spitzensyndrom (Jumper's Knee) Schmerzen an der Kniescheibensehne, meist an ihrem oberen Ende direkt unterhalb der Kniescheibe. Häufiger Defekt bei Weit- und Dreispringern, aber auch bei Läufern mit langem Schritt wie Sprintern und Mittelstrecklern, ausgelöst durch chronische Überlastung oder Mikrorisse bei wiederholten ruckartigen Belastungen.

Behandlung Schonung, Ruhigstellung, Eisapplikation, Elektrotherapie, Physiotherapie, entzündungshemmende Medikamente, kompensatorisches Krafttraining.

Plantarfascitis Siehe: Fersensporn.

Rauchen Daß Laufleistung und Laufgenuß vom regelmäßigen Zigarettenkonsum in Mitleidenschaft gezogen werden – wer wüßte dies besser als laufende Schloter? Die Gründe sind einfach: 1. Das über die Verbrennungsgase inhalierte Kohlenmonoxid bindet um etwa 300mal besser an den roten Blutfarbstoff (Hämoglobin) der roten Blutkörperchen als Sauerstoff. Ein Teil des Hämoglobins ist also für den Sauerstofftransport blockiert. 2. Verschlechterte Lungenfunktion, ungünstige Wirkung von Nikotin auf die Gefäßregulation. 3. Die bekannten gesundheitlichen Folgen wie höheres Risiko von Arteriosklerose, Lungen- und Bronchialkrebs.

Runner's High Dieses von vielen Läuferinnen und Läufern erlebte Glücksgefühl, sich während mancher Läufe froh, leicht, frei und schwebend zu fühlen, hängt mit den Endorphinen zusammen: unter Streß produzierten hormonähnlichen Substanzen, die ähnliche Wirkungen haben wie die Drogen Morphin oder Heroin. 1973 wurden die Rezeptoren (Bindungsstellen) für Morphin im menschlichen Körper entdeckt. «Damals schon erschien es als unwahrscheinlich, warum sich speziell für die eigentlich pflanzliche Substanz Morphin im menschlichen Körper exakt passende Rezeptoren gebildet haben sollen. Die Entdeckung der ersten körpereigenen morphinähnlichen Moleküle, die auf die zuvor entdeckten Rezeptoren paßten, folgten dann auch bereits zwei Jahre später durch die beiden Schotten Hughes und Kosterlitz.» (Dr. Kai Röcker) Endorphine sind endogene, d. h. im eigenen Körper gebildete Morphine. Sie werden im Hypothalamus, einem Teil des Hirns, produziert und über die Hirnanhangdrüse in den Blutkreislauf eingespeist. Sie blockieren die Übertragung von Schmerzempfindungen, sobald sie an den Nervrezeptor andocken, und, welch wunderbarer Nebeneffekt, sie wirken euphorisierend. Bei welcher Belastungsintensität und -dauer sich ein Runner's High einstellt, ist individuell sehr verschieden. Klar ist, daß hohe Konzentrationen von Endorphin im Blut nach körperlichen Herausforderungen wie Extrembergsteigen oder Psychokicks wie Bungeejumping zu messen sind: Streß + Belastung + Angst. Kurze, intensive Läufe steigern die Endorphinausschüttung deutlich; aber auch bei langen langsamen Läufen erleben viele nach ein bis eineinhalb Stunden das beglückende Gefühl, völlig schmerzfrei und zeitentrückt daherzuschweben. Eine biochemisch verifizierbare Endorphinsucht hat sich bislang nicht nachweisen lassen. Für suchtähnliche Sportabhängigkeit scheint eher ein Bündel psychosozialer Faktoren verantwortlich zu sein. Das Suchtpotential endogener Opiate ist deshalb so gering, weil sie fast unmittelbar nach ihrer Wirkung am Rezeptor wieder abgebaut werden.

Runner's Knee («Läuferknie») Krankhafte, durch das Laufen verursachte Veränderungen des Knorpels auf der Kniescheibenrückfläche. Es ist das bei weitem häufigste Läuferproblem, ausgelöst durch einen abnormalen Lauf der Kniescheibe (Patella) in ihrem Gleitlager. Gerät das komplexe Zusammenspiel der anatomischen und biomechanischen Faktoren aus der Balance, wird die Kniescheibe aus der Mitte des Gleitlagers nach außen gedrängt. Folge ist eine lokale Überlastung des Knorpels, der

erweichen oder abgerieben werden kann. Das «Läuferknie» stellt sich besonders gern bei Laufanfängern oder Läufern ein, die ihr Pensum sprunghaft gesteigert haben.

Behandlung Eis, entzündungshemmende Salbe, Physiotherapie, Laufschuhe überprüfen (Einlagen?), eventuell Laufstilkorrektur. Wenn der Schmerz abgeklungen ist, sollte die Quadrizeps-Muskulatur (Oberschenkelvorderseite) gestärkt werden. Sie bewerkstelligt die Streckung des Knies, indem ihre Kraft über die Kniescheibe auf die Vorderseite des oberen Schienbeins übertragen wird.

Schlaf Regelmäßiger guter Schlaf ist die Basis für eine tiefe Erholung von Körper, Geist und Seele, wobei je nach individueller Disposition und Belastung das Schlafoptimum zwischen sechs und acht Stunden liegt. Kurzfristige Schlafstörungen wirken sich weniger auf die eigentliche körperliche Leistungsfähigkeit als auf die Psyche aus: reduzierter Glukosestoffwechsel im Gehirn hat Verlust von Aufmerksamkeit und eingeschränkte visuelle Reizverarbeitung zur Folge. Schlafentzug führt, wie Studien in Kanada ergaben, nachweislich zu Leistungsabfall, schneller eintretender Erschöpfung, einer niedrigeren maximalen Sauerstoffaufnahme (VO_2max), größerer Laktatansammlung sowie erhöhten

Puls- und Ventilationswerten bei submaximaler Laufgeschwindigkeit. Körperliches Training, vor allem Laufen, ist eine anerkannte Therapieform bei Schlaflosigkeit. Andererseits kann Übertraining durch chronisch hohe Kilometerumfänge, zu viele Wettkämpfe und unzureichende Regeneration Schlafstörungen bewirken. Die Folge: Energiedefizit und Leistungseinbußen. Auch hier gilt: Auf die Dosis kommt's an.

Schlaganfall Es kann keine Rede davon sein, daß Sportler in höherem Maße schlaganfallgefährdet sind – im Gegenteil. Der Schlaganfall wird in der Regel durch eine kurzfristige oder längere Durchblutungsstörung von Teilen des Gehirns hervorgerufen. Die Unterversorgung der Gehirnzellen mit Sauerstoff kann, je nach Zeitdauer der Mangeldurchblutung, zu schwerwiegenden Schäden führen: Lähmungen, Koordinations-, Sprach-, Seh- und Gefühlsstörungen, psychische Veränderungen. Zu den Hauptrisikofaktoren eines Schlaganfalls zählen erhöhte Blutfett- und Cholesterinwerte, Diabetes und Rauchen. Sie begünstigen die Entstehung einer Arteriosklerose, die zu Verengungen von hirnversorgenden Arterien innerhalb und außerhalb des Gehirns führen. Risikofaktor Nummer eins aber ist der Bluthochdruck, der bei rund zwei Drittel aller Schlaganfall-

patienten vorliegt. Neben einer Verengung der Gefäße sind häufig auch Blutgerinnsel für Durchblutungsstörungen des Gehirns verantwortlich, insbesondere im Zusammenhang mit Herzerkrankungen wie Herzrhythmusstörungen, Klappenfehlern oder Vergrößerung der Herzkammern.

Trotz kurzfristig deutlicher Erhöhung des Blutdrucks durch körperliche Belastung sind Läufer, bei denen kein Risikobefund (z. B. erhöhtes Embolierisiko durch bestimmte Herzerkrankungen) vorliegt, durch regelmäßigen Sport vor Schlaganfällen eher geschützt als Normalsterbliche.

Seitenstechen Wer kennt ihn nicht, diesen Schmerz, der meist im rechten Oberbauch zu spüren ist, aber gerne auch einmal auf die linke Seite wandert und nach oben und unten ausstrahlt. Ursache des Seitenstechens ist nicht, wie häufig vermutet, ein zu voller Magen, sondern das Zwerchfell. «Die inneren Organe hängen an einem Bandapparat, der wiederum am Zwerchfell befestigt ist. Das Zwerchfell ist die Muskelplatte zwischen Bauchraum und Lunge, die maßgeblich für die Atmung verantwortlich ist. Leber, Milz, Magen, Dick- und Dünndarm bilden ein mehrere Kilogramm schweres Gewicht, das im Bauchraum am Zwerch-

fell wie an einem dünnen Faden hängt. Im Unterschied zum Radfahren zieht die beim Laufen auftretende Schwingung die inneren Organe bei jedem Laufschritt nach unten. Dazu kommt, daß das Zwerchfell, um die Luft in die Lunge zu pressen, bei jeder Ausatmung sprunghaft nach oben bewegt wird. Wenn sich im Laufschritt jeweils die inneren Organe nach unten bewegen und das Zwerchfell nach unten, kann diese ständige Spannung einen schmerzhaften Krampf im Zwerchfell auslösen, den wir als Seitenstechen erleben» (Dr. Kai Röcker). Daß wir die Stiche häufig auf der rechten Seite spüren, hängt (im Wortsinn) daran, daß dort die Leber, das schwerste Organ im Bauchraum, sitzt und das Zwerchfell am stärksten belastet.

Abhilfe Das Tempo verlangsamen bzw. eine kurze Laufpause einlegen, bis die Stiche abgeklungen sind. Oder beim Weiterlaufen mit der rechten Hand auf die schmerzende Seite drücken und synchron mit der Ausatmung den Druck lösen. Am besten dann ausatmen, wenn das Bein der nicht schmerzenden Seite auf den Boden einsetzt.

Vorbeugung: Kräftigung der Bauchmuskulatur; Training der Bauchatmung.

Senil durch Laufen? Eines der Lieblingsthemen der Balkenpresse in den

öden Zeiten des Sommerlochs. Ursprung der Laufen-macht-dumm-Häme sind die ebenso gründlich wie absichtsvoll mißverstandenen Ergebnisse einer Untersuchung, die Anfang der 90er Jahre am Max-Planck-Institut für Psychiatrie durchgeführt worden waren. Sie hatte bei Marathonläufern im höheren Leistungsbereich eine irritierende Überproduktion des Streßhormons Cortisol festgestellt. Mögliche Folgen: chronische Labilität des Immunsystems und verfrühte Alterung des Gehirns durch Beeinträchtigung des Hypocampus, der zentralen Struktur für Informationsverarbeitung und Gedächtnisleistungen. Unterschlagen wurde bei der schlagzeilenträchtigen Aufbereitung der Sommerloch-Ente, daß die Probanden durchschnittlich 55 Jahre alt waren und seit vielen Jahren ein Wochenpensum von 120 bis 150 Kilometern herunterspulten, sich also – Alter hin, Alter her – eine extrem hohe Leistungsdosis zumuteten. Nur wer sich stetig überfordert und glaubt, die Warnsignale seines übertrainierten Körpers ignorieren zu können, gefährdet sich selbst. Ansonsten können wir es beruhigt mit Georg Thoma halten, 1960 Olympiasieger in der Nordischen Kombination, dem der Satz zugeschrieben wird: «Ärzte sagen: Langläufer leben länger. Wir sagen dagegen: Langläufer sterben gesünder.»

Streßfraktur   Siehe: Ermüdungsbruch.

Wundscheuern («Wolf») Aufscheuern der Haut an den Innenseiten der Oberschenkel, hervorgerufen durch Aneinanderreiben der (zu dicken) Oberschenkel. Es ist sinnvoll, die empfindlichen Partien präventiv mit Vaseline, Hirschtalg oder Babyöl einzureiben. Abgeriebene Stellen mit Talkumpuder behandeln, um weitere Reizungen zu verhindern. Gegen das Aufscheuern der Brustwarzen hilft bei kürzeren Läufen Vaseline, bei einem Marathon sollte man die Spitzen mit kleinen Pflasterstücken abkleben.

Zähne zeigen!   Es gibt zahlreiche prominente Beispiele für den Zusammenhang von Zahnproblemen und sportlichem Leistungsvermögen. Neben offensichtlichen Indikatoren (Schmerzen aufgrund kariös geschädigter Zähne, die anfällig für den Eintritt von Entzündungserregern sind) gibt es auch weniger evidente Zusammenhänge: 1. Könnte eine Unverträglichkeit gegenüber Amalgamplomben vorliegen? Amalgam ist eine Metall-Legierung mit beträchtlichem Quecksilberanteil. Unstrittig ist, daß aus Amalgamplomben giftige Quecksilbersalze in den Körper freigesetzt werden. Strittig aber ist nach wie vor das Ausmaß der

darauf zurückzuführenden körperlichen Beeinträchtigungen. Die Siebenkämpferin Sabine Braun zum Beispiel hatte über Jahre chronische Schmerzen im rechten Fuß, deren Herkunft nicht diagnostiziert werden konnten – bis ein Facharzt ihr eine Amalgamunverträglichkeit attestierte. 2. Unerkannte Zahnentzündungen: Der Schmerz rührt sich an ganz anderen Stellen im Körper. 3. Das schlechte Aufeinanderpassen von Unter- und Oberkiefer (Malocclusion) ist eine häufige Ursache von Kopfschmerzen und Verspannungen im Halswirbelsäulen- und Nackenbereich.

Zeckenbiß In nicht immer trauter Nachbarschaft mit den Joggern treiben sich auch kleine Parasiten in der wärmeren Jahreszeit, also zwischen April und Oktober, in den Wäldern herum, Zecken: winzige Tierchen, deren Biß höchst unangenehme Folgen haben kann. Am häufigsten haben sich Orientierungsläufer mit den kleinen Blutsaugern herumzuplagen, aber auch Jogger, die gerne abseits üblicher Strecken durch Wälder und buschreiches Gelände laufen. Die in Europa verbreitetste Zeckenart ist der Gemeine Holzbock. Das Gemeine am Holzbock und anderen artverwandten Parasiten liegt darin, daß sie sich mit Hilfe eines widerhakenbewehrten Bohrrüssels in die Haut graben, sich an unserem Blut laben und Überträger gefährlicher Viren und Bakterien sein können. Die Absonderung eines schmerzhemmenden Sekrets sorgt dafür, daß wir den Biß in der Regel nicht einmal spüren. Zwei Krankheiten können durch Zecken übertragen werden: 1. Die von Viren verursachte Frühsommer-Meningoenzephalitis (FSME) kann das zentrale Nervensystem angreifen. Symptome: Kopf- und Gliederschmerzen, Fieberschübe, in schlimmen Fällen Hirnhautentzündung. Da durch einen Virus ausgelöst, ist eine Antibiotikabehandlung nicht möglich. 2. Weitaus häufiger ist die bakteriell verursachte Lyme-Borreliose, in deren Spätstadium chronische Gelenkentzündungen auftreten. Je später eine befallene Zecke entdeckt und unschädlich gemacht wird, desto höher ist das Infektionsrisiko. Symptome: Hautrötung, Juckreiz, Müdigkeit, Schwindel, Fieber. Schlimme Spätfolgen eines Zeckenbisses können Herzentzündungen und die Lyme-Arthritis sein, eine Entzündung der Gelenke.

Behandlung 1. Zecke vorsichtig mit einer spitzen Pinzette entfernen; das Tier mit kontinuierlichem Zug herausziehen, nicht herausdrehen. 2. Bißstelle desinfizieren. 3. Treten oben beschriebene Symptome auf, unverzüglich einen Arzt konsultieren.

Zuckerkrank In Gesellschaften mit hohem Konsumniveau zählt die Zuckerkrankheit (Diabetes mellitus) zu den häufigsten chronischen Erkrankungen; in Europa und den USA ist jeder Zwanzigste zuckerkrank. Eine Schlüsselrolle bei der Steuerung des Zuckerstoffwechsels spielt das Insulin, das in den B-Zellen der Bauchspeicheldrüse produziert wird. Dieses körpereigene Hormon besitzt eine Reihe lebenswichtiger Funktionen. Es hält den Blutzuckerspiegel im normalen Bereich, indem es den Transport von Glukose aus dem Blut in die Körperzellen fördert. Außerdem steigert es den Aufbau von Glykogen in Muskel und Leber und sorgt für die Einschleusung von Eiweißen in die Muskelzellen.

Es gibt zwei Formen von Diabetes. Der Typ-I-Diabetes beginnt zwischen dem 15. und 25. Lebensjahr («juveniler Diabetes»). Die Typ-I-Patienten sind grundsätzlich auf die Behandlung mit Insulin angewiesen, weil die insulinproduzierenden B-Zellen in der Bauchspeicheldrüse zu über 90 Prozent zerstört sind. Der ungleich häufigere Typ-II-Diabetes setzt meist nach dem 40. Lebensjahr ein («Alters-

Diabetes») und resultiert nicht primär aus einem Insulinmangel, sondern aus einer verminderten Wirkung des Insulins auf die Körperzellen. Häufig wird diese Insulinresistenz durch Überernährung und Übergewicht ausgelöst, und manchmal löst sich das Problem durch Gewichtsabnahme wie von selbst auf. In diesem Zusammenhang ist eine ärztlich kontrollierte sportliche Betätigung von großer Bedeutung. Vor allem auf bekannte Folgeprobleme von Diabetes muß ärztlicherseits geachtet werden: auf eine eventuelle Erkrankung der Herzkranzgefäße, Netz- und Nervenschädigungen, Beeinträchtigung der Nierenfunktion.

Das größte Risiko beim Sport vor allem bei den Typus-I-Patienten ist eine Unterzuckerung (Hypoglykämie). Bemerkbar macht sie sich durch Symptome wie schnellen Puls, Heißhunger, Nervosität, Schwitzen, Angst- und Schwächegefühle; im Extremfall führt sie zur Bewußtlosigkeit. Je kürzer vor Beginn eines harten Trainings oder Wettkampfs Insulin verabreicht wird, desto größer ist die Gefahr einer Hypoglykämie.

- Vor Beginn einer regelmäßigen Sportausübung umfassende ärztliche Untersuchung.
- Idealer Blutzuckerspiegel vor Sportbeginn: 100 – 120 mg/dl.
- Kein Sport bei Blutzuckerwerten über 280 mg/dl oder bei positivem Azetonnachweis im Urin.
- Messung und Dokumentation der Blutzuckerwerte vor, während und 2 – 3 Stunden nach dem Sport.
- Bei Insulintherapie Reduktion der Insulindosierung nach individuellen Gesichtspunkten am Tage der Sportausübung und/oder zusätzliche Aufnahme von Kohlenhydraten vor, bei längeren Belastungen auch während des Sports.
- Mitführen einer kleinen Menge an Traubenzucker im Falle einer während des Sports auftretenden Unterzuckerung.
- Die beim Diabetiker häufig zu beobachtende schlechtere Heilung von Verletzungen der Haut sollte Anlaß sein, durch geeignetes Schuhwerk und vorbeugende Fußpflege entsprechende Probleme zu vermeiden.

KAPITEL 9

Frauen, Laufen und Gesundheit

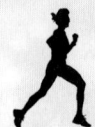

Es gibt sie tatsächlich, die kleinen, aber feinen Unterschiede zwischen Frauen und Männern, auch im Laufsport. Früher wurde immer wieder darüber spekuliert, daß Frauen Männern in den Ausdauerdisziplinen irgendwann einmal ebenbürtig sein könnten. Danach sieht es nach wie vor aber nicht aus. Mit 2:25 Stunden ist eine Marathonläuferin Weltklasse; damit würde sie nicht einmal zur deutschen Männerspitze zählen, die international bestenfalls als zweitklassig einzustufen ist. Die Leistungsunterschiede differieren in Ausdauerdisziplinen um zirka zehn Prozent. Auch Frauen auf höchstem Leistungsniveau können sich im Ausdauersport aufgrund ihrer spezifischen Blutzusammensetzung und der geringeren Lungen- und Herz-Kreislauf-Leistungsfähigkeit nicht mit den Männern messen. Sie haben außerdem einen um etwa acht Prozent höheren Körperfettanteil, weniger Muskelmasse und einen schwächeren Bandapparat. Die wichtigsten Parameter, die Frauen im Ausdauersport «benachteiligen», sind das

10 bis 15 Prozent kleinere relative Herzvolumen, die kleinere Lunge und daraus resultierende Atemleistung, die geringere Anzahl roter Blutkörperchen und somit verminderte Sauerstofftransportkapazität, sowie die um 12 Prozent niedrigere maximale Sauerstoffaufnahmekapazität.

Der Anteil der Frauen an Marathon-Wettkämpfen liegt hierzulande zur Zeit bei 10 bis 15 Prozent – Tendenz steigend. In den USA gehen bei manchen Marathons inzwischen mehr Frauen als Männer an den Start. Das größte deutsche Lauf-Magazin RUNNER'S WORLD hat inzwischen einen Leserinnen-Anteil von etwa 35 Prozent – auch hier: Tendenz steigend. Auch die Sportartikelindustrie ist aufgewacht und beginnt, vermehrt frauenspezifische Artikel zu entwickeln.

Im folgenden beschäftigen wir uns mit Fragen, die speziell für laufende Mädchen und Frauen von Bedeutung sind: von speziellen Laufschuhen bis zur Magersuchtgefahr, von der verträglichen Sportdosis

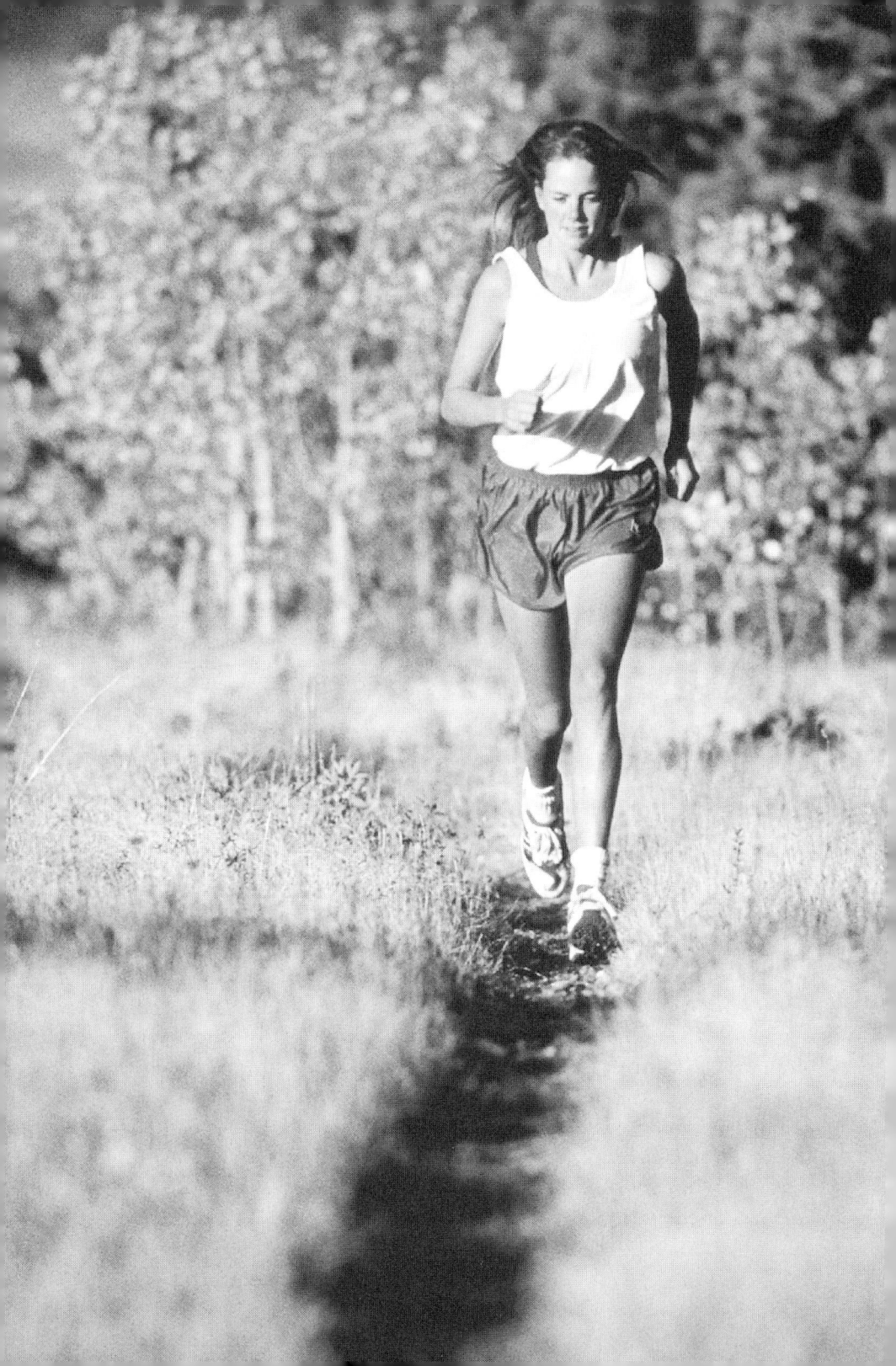

während der Schwangerschaft bis zu Vorsichtsmaßnahmen gegenüber sexueller Belästigung.

Laufausrüstung – speziell für Frauen

Frauen-Laufschuhe

Laufschuhhersteller bieten zu fast jedem Männermodell ein entsprechendes Frauenmodell an. Oberflächlich betrachtet, unterscheiden sie sich nur durch eine andere Farbigkeit. Frauen- und Männermodelle tragen oft denselben Namen und bieten die gleichen technischen und funktionellen Besonderheiten. Warum also überhaupt spezielle Laufschuhe für Frauen?

In der Form des Leistens liegt der entscheidende Unterschied zwischen Frauen- und Männerlaufschuhen. Der Leisten ist das Herzstück des Schuhs: Auf ihm wird die Sohle aufgezogen, um ihn herum der gesamte Schuh aufgebaut. Der Leisten ähnelt der Form des Fußes und ist je nach Bedürfnis gebogen (für Läufer ohne Fußprobleme) oder gerade (für Läufer mit Fußproblemen). Weil der Fuß einer Frau im Durchschnitt schmaler ist als ein Männerfuß, sind Frauenleisten auch schmaler geschnitten als Männerleisten. Außerdem ist im Gegensatz zum Männerfuß der Vorfuß bei Frauen verhältnismäßig breiter als der Rückfuß. Konkret heißt dies: Ein Frauenschuh der Größe 39 sollte einen schmaleren Rückfuß-, aber einen breiteren Vorfußbereich haben als das entsprechende Männermodell der Größe 39.

Einige Hersteller bieten auch Laufschuhe an, die es nur als Frauenmodelle gibt. Dafür spricht die unterschiedliche Anatomie der beiden Geschlechter. Frauen haben breitere Hüften als Männer, woraus eine andere Winkelstellung der Beine resultiert. In einer Studie der Michigan State University wiesen Forscher nach, daß Frauen ihre Füße deshalb näher an der Außenseite aufsetzen. Die Folge ist ein ausgeprägteres Abrollen des Fußes nach innen. Daher raten Fachleute bei Frauenlaufschuhen, den inneren Bereich der Zwischensohle besonders zu verstärken (Überpronationskontrolle).

Frauen sind durchschnittlich zehn Kilogramm leichter als Männer mit gleicher Schuhgröße; deshalb müssen ihre Sportschuhe in der Zwischensohle verhältnismäßig weniger gedämpft sein. Andererseits müssen sie flexibler als Männermodelle sein, weil erst höhere Körpermasse die Elastizität des Sohlenmaterials zum Tragen bringt und eine natürliche Abrollbewegung ermöglicht.

Interessant ist das Ergebnis einer amerikanischen Studie, in der die Füße von Leistungsläuferinnen (Trainingsumfang: 80 Kilometer pro Woche und mehr) untersucht wurden. Diese Frauen hatten im Schnitt ein höheres Fußgewölbe und einen schmaleren Rückfuß als die meisten Frauen. Man vermutet, daß bei hohen Laufumfängen Füße starrer, unbeweglicher werden. Um so mehr brauchen ambitionierte Läuferinnen einen Schuh mit hervorragender Paßform, Flexibilität und guter Dämpfung.

Achten Sie beim Schuhkauf darauf, daß der Schuh im Fersenbereich gut sitzt, vorne aber nicht zu eng ist. 90 Prozent aller Frauen laufen mit zu kleinen Schuhen. Um ein Modell zu finden, das in der Ferse gut sitzt, greifen sie meist zu einem Schuh, der im Vorfuß nicht breit genug ist – und müssen sich mit unangenehmen Nebenwirkungen herumschlagen, vor denen sie weder ihr Arzt, Apotheker noch Orthopäde gewarnt haben.

Sport-BHs

Für jede Läuferin, egal ob mit großem oder kleinem Busen, ist der Sport-BH von zentraler Bedeutung. Denn bei jedem Schritt wird der Busen, wenn er nicht richtig fixiert und stabilisiert wird, auf und nieder bewegt. Die ehemalige Weltklasseläuferin Roswitha Gerdes-Kuhn, heute Fachärztin für Orthopädie, Sportmedizin und Chirotherapie, rät jeder Frau, nur mit BH zu laufen. Denn ohne stabilisierenden BH wird die Brust bei häufigem Laufen überlastet. Eine Folge: die Hängebrust. Das Gewicht einer größeren Brust muß von der Brustwirbelsäule aufgefangen werden, wenn kein BH als Stütze getragen wird. Schmerzhafte Blockierungen und muskuläre Verspannungen können auftreten, langfristig droht ein Rundrücken.

Den perfekten BH zu finden ist nicht einfach. Wichtig ist eine komfortable Paßform: Er muß fest sitzen, sollte aber nicht den Brustkorb unangenehm einschnüren, die Träger dürfen ebensowenig drücken wie das Stützband zwischen den beiden Brüsten. Um die optimale Paßform zu testen, hüpfen oder laufen Sie am besten auf der Stelle. Atmen Sie tief ein und aus, und schlagen Sie die Hände über dem Kopf zusammen. Verrutscht der BH, besitzt er nicht die ideale Paßform. Frauen mit großem Busen sollten Modelle wählen, die jede Brust einzeln fixieren. Grobe Nähte können ebenso wie Schnallen, Knöpfe oder Reißverschlüsse bei längerem Laufen unangenehme Druckstellen hinterlassen. Achten Sie ferner darauf, daß das Material atmungsak-

tiv ist; wählen Sie funktionelle Fasern wie zum Beispiel Coolmax.

Osteoporose

Sprichwörtlich «beinhart» ist der Knochen – das jedenfalls behauptet der Volksmund. Weniger bekannt ist, daß der Knochen zu den aktivsten Geweben im menschlichen Körper gehört und einem ständigen Umbau unterliegt. Schon nach einer Woche Bettlägerigkeit wegen einer banalen Grippe verliert ein gesunder Mensch ein bis zwei Prozent seiner gesamten Knochenmasse.

Die Osteoporose ist die häufigste, das gesamte Skelettsystem betreffende Knochenerkrankung. Sie entsteht durch eine negative Knochenbilanz: Über einen längeren Zeitraum wird mehr Knochensubstanz abgebaut als neuer Knochen gebildet. Die Knochenmasse nimmt ab, die Mikroarchitektur (Bälkchenstruktur) des Knochens wird zerstört, das Risiko einer Fraktur (Knochenbruch) steigt.

Diese Entwicklung ist bei Frauen ab dem 40. Lebensjahr der Normalfall. Man geht davon aus, daß die höchste Knochenmasse nach der Pubertät erreicht wird. Später nimmt sie langsam wieder ab, um nach den Wechseljahren, wenn die Östrogenbildung zurückgeht, dann steiler abzufallen. Vollzieht sich in jungen Jahren ein verringerter Knochenaufbau, so ist später mit einem früheren Auftreten von Osteoporose zu rechnen. Etwa 0,5 bis ein Prozent der Knochensubstanz gehen jährlich verloren, bei voll ausgeprägtem Krankheitsbild können es bis zu sechs Prozent werden.

Die Osteoporose betrifft aber nicht, wie vielfach angenommen, nur ältere Frauen. Zwar erleidet jede dritte Frau im Alter von über 50 Jahren eine Wirbelkörperfraktur, aber auch bei jüngeren Menschen, selbst bei Sportlerinnen, kann eine Demineralisierung der Knochen auftreten. Die Ursachen sind vielschichtig, da der Knochenstoffwechsel von verschiedenen Hormonsystemen gesteuert wird. Ein höheres Erkrankungsrisiko betrifft

- Frauen gegenüber Männern,
- Dünne gegenüber Dicken,
- Alte gegenüber Jungen,
- Raucher gegenüber Nichtrauchern,
- Alkoholiker gegenüber Abstinenzlern,
- Weiße gegenüber Schwarzen,
- sitzend Arbeitende gegenüber körperlich Aktiven,
- Verwandte von Osteoporosekranken.

Auch Ernährungsgewohnheiten spielen eine wichtige Rolle. Calcium ist der im menschlichen Körper am häufigsten vorkommende Mineral-

stoff. Vitamin D sorgt für die Aufnahme des Calciums aus der Nahrung und seinen Einbau in den Knochen. Ein Mangel an Calcium oder Vitamin D ist der häufigste ernährungsbedingte Faktor der Entstehung von Osteoporose. (Vgl. auch Kapitel 8, Seite 227.)

Amenorrhoe und Streßfraktur

Eine besondere Bedeutung kommt den männlichen und weiblichen Sexualhormonen zu. Testosteron und Östrogen haben eine Schutzwirkung, ebenso wie regelmäßiger Sport. Wenn Frauen allerdings zu intensiv trainieren, besteht die Gefahr einer Amenorrhoe, die monatliche Regel bleibt aus. Zu umfangreiches und hartes Training kann über eine Senkung der Sexualhormonspiegel Zyklusstörungen hervorrufen, die häufig von Schlafstörungen und depressiven Stimmungstiefs begleitet sind. Davon sind oft Frauen betroffen, die Sportarten wie Turnen, Eiskunstlauf, Langstreckenlauf oder Ballett betreiben. Da ein niedriges Körpergewicht in diesen Sportarten vorteilhaft sein kann, sind hier viele Frauen und Mädchen mit schwerwiegenden Eßstörungen anzutreffen. Schon bei mittleren Trainingsumfängen kann es zu Störungen des komplexen Hormonhaushaltes kommen.

Es existiert ein direkter Zusammenhang zwischen hormonellen Störungen, der Knochendichte und dem Risiko einer Streßfraktur (Ermüdungsbruch). Ein entmineralisierter Knochen ist weniger widerstandsfähig gegen dauernde Lastwechsel und Biegebeanspruchungen, wie sie bei jedem Schritt, jedem Sprung auftreten. Eine nichtorganische Substanz wie Metall oder Kunststoff könnte den auf die Knochen der unteren Extremitäten einwirkenden Druckbelastungen nur kurzfristig standhalten, keinesfalls jedoch für die Dauer eines ganzen Menschenlebens. Nur ständiger Um- und Neubau der Knochenbälkchen gewährleistet die Funktionsfähigkeit des Knochens über viele Jahrzehnte. Ist dieser Umbau gestört, etwa weil dem Körper lebenswichtige Mineralstoffe in zu geringer Dosierung zugeführt werden, bricht der Knochen, entweder plötzlich bei einem Sturz oder nach und nach – es kommt zur Streßfraktur.

Wie können Frauen feststellen, ob sie an Osteoporose leiden oder gefährdet sind? Dem Knochen merkt man zunächst nichts an. Osteoporose tut im Anfangsstadium nicht weh. Allein vorbeugende Untersuchungen können Aufschluß geben, und das auch nicht mit hundertprozentiger Sicherheit. Die zur Zeit gängigen Verfahren messen die Knochendichte

mit Hilfe von Röntgenstrahlen. Ihre Fehlerquote, die Abweichung der gemessenen von der tatsächlichen Knochendichte, liegt bei 5 bis 10 Prozent; außerdem ist eine Strahlenbelastung unvermeidlich. Laborkontrollen geben Aufschluß über die Stoffwechsellage im Knochen, sagen aber wenig aus über das Stadium der Erkrankung. Besser ist es, durch bewußte Ernährung (Calcium-Zufuhr) und das Beachten von Frühwarnzeichen wie Menstruationsstörungen das Risiko von vornherein so gering wie möglich zu halten.

Die Behandlung von Leistungssportlerinnen mit Zyklusstörungen darf keinesfalls auf eine reine Hormonsubstitution (etwa durch die Pille) beschränkt sein. Um bei «hormonellen Turbulenzen» die psychische Komponente zu stabilisieren, ist ein besseres Ausbalancieren von beruflichem, privatem oder sportbedingtem Streß anzustreben. Primär aber sollten die Trainingsgestaltung (falsche Intensität? fehlende Regeneration? zu hoher Umfang?) und das Eßverhalten (zu geringe Kalorienzufuhr?) überprüft werden. Manchmal zeigen hier schon kleine Korrekturen große Erfolge. Neben der den Knochenaufbau unterstützenden Gabe von Vitamin D und Calcium (ein Gramm pro Tag) können auch zusätzliche pflanzliche Präparate genommen werden. Bleibt die Regel-

blutung jedoch weiter aus, so sollten unter ärztlicher Kontrolle Östrogene verabreicht werden. Eventuelle Nebenwirkungen sind abzuwägen gegen die Wahrscheinlichkeit gesundheitlicher Schäden ohne Hormonsubstitution.

Magersucht

Magersucht und Freßsucht sind psychosomatische Krankheiten, die vor allem Mädchen und junge Frauen betreffen, auch Sportlerinnen, die als Leichtgewichte in manchen Sportarten einen Konkurrenzvorteil mitbringen. Denn biomechanisch betrachtet, ist es von Vorteil, über ein günstiges Kraft-Last-Verhältnis zu verfügen. Je leichter, desto schneller – nach dieser Logik haben sich viele Mädchen und Frauen auf ein gefährlich niedriges Gewicht heruntergehungert.

Eßstörungen sind weiter verbreitet als allgemein angenommen. (Wir sprechen hier natürlich nicht von Problemen, die durch eine organische Erkrankung bedingt sind. Die überwiegende Mehrzahl der Frauen im Alter zwischen 15 und 45 leidet an mehr oder weniger ausgeprägten Eßproblemen. Die natürliche Fähigkeit, je nach Lust und Befinden zu essen, ist vielen verlorengegangen. Sie

verlassen sich nicht mehr auf ihre ursprünglichen Hunger- und Sätti-
gungsinstinkte, sondern sind davon
überzeugt, ihr Gewicht nur durch
strenges Kalorienzählen halten oder
verringern zu können. Frau hat
schlank, aktiv und attraktiv zu sein:
So suggeriert es die Werbung, und
diesem Terror weiblicher Idealfor-
men und -maße haben sich unzäh-
lige Frauen unterworfen.

Die Grenze zwischen Möglichst-
Schlank-Sein und Magersucht ist
fließend. Natürlich ist nicht überall,
wo eine Waage steht, eine Sportlerin
mit Eßstörungen zu Hause. Vorsicht
ist aber geboten, sobald das Denken
fast nur noch ums Essen kreist. Alle
Warnlämpchen sollten blinken, sobald man an sich bemerkt, daß eine
Scheibe Käse mehr und ein Riegel
Schokolade zuviel schon stunden-
lange Gewissensbisse verursachen,
die man nur durch exzessiv betrie-
benen Sport glaubt, wieder vertreiben
zu können. Wirklich kritisch wird es
dann, wenn eine Läuferin natürliche
Erschöpfungszustände ignoriert und
weiterläuft, als wäre alles weiter im
«grünen Bereich». Denn ein Herun-
terfahren des Trainings könnte ja be-
deuten, eine weitere Schlacht an der
Kilofront zu verlieren. Wer als Strafe
für zu wenige oder zu langsame Kilometer das Abendessen ausfallen läßt,
unterliegt mit Sicherheit bereits einem krankhaften Eßverhalten. Läu-

ferinnen, die ihren Sport vor allem
ausüben, um ihr ohnehin nicht hohes Gewicht weiter zu verringern,
sind genauso magersüchtig zu nennen wie die, die auf den ersten fünf
Kilometern vor Hunger fast umkip-
pen, sich dann aber, wenn sie warm-
gelaufen sind, noch so hart belasten,
daß sie daheim vor Entkräftung
kaum mehr die Treppe hochkom-
men.

Es gibt mehrere Gründe, warum
ambitionierte Läuferinnen in höherem Maße gefährdet sind, an Magersucht zu erkranken. Bis zu einer bestimmten Grenze bedeutet jede Gewichtsabnahme einen Ausbau des
läuferischen Potentials. Je leichter
man wird, desto leichter und schneller kann man laufen. Daß dabei irgendwann die Kraft auf der Strecke
bleibt und das Leben außerhalb des
Laufens immer anstrengender wird,
ist der betroffenen Person nicht so
wichtig. Laufen wird zum zentralen
Lebensinhalt, alles andere verliert an
Bedeutung. Das gute Körpergefühl,
das ja einen Großteil der Faszination
des Laufens ausmacht, intensiviert
sich, wenn das vermeintlich «über-
schüssige Gewicht» abgebaut wird,
auch wenn gar kein Übergewicht da
war. Kein Wunder, daß Menschen,
die so diszipliniert leben wie ambitionierte Sportlerinnen, leichter anfällig sind für eine Sucht, die nicht
den schnellen Genuß verspricht, son-

dern über einen langen Zeitraum hart erarbeitet werden muß.

Werden diese Hungererfahrungen in einer Phase gemacht, in der die Läuferin wenig Selbstbewußtsein hat, kann dieses Muster (Gewicht runter, Leistung rauf) zweifellos den Weg in die Sucht freimachen. Das freiwillige Hungern wird zu einer scheinbar idealen Lösung für alle Läuferinnen, die ihr Selbstvertrauen in erster Linie aus ihren Lauferfolgen beziehen und denen nichts wichtiger ist als das Gefühl, einen besonders gut trainierten Körper zu haben.

Magersucht ist eine sehr vielschichtige psychische Krankheit, für deren Entstehung ohne Zweifel die familiären Verhältnisse eine wichtige Rolle spielen. Häufig wurde ihnen das Gefühl vermittelt, nicht gut genug oder anders als andere zu sein. Viele Magersüchtige waren früher übergewichtig und litten unter Sticheleien. Keine Magersüchtige möchte so werden, wie es ihr von ihrer Mutter vorgelebt wird. Die meisten magersüchtigen Mädchen und Frauen haben extreme Schwierigkeiten, ihre Weiblichkeit anzunehmen; oft liegen auch Erfahrungen mit sexuellem Mißbrauch vor. Es wäre falsch, Magersucht als eine Modeerkrankung weiblicher Teenager kleinzureden, die nicht erwachsen werden wollen. Simple Erklärungsmuster gaukeln simple Lösungsmöglichkeiten vor und sind völlig fehl am Platz. Der wohlfeile Tip an die «Hungerhaken», einfach wieder mehr zu essen, ist so einfältig wie zynisch. Magersüchtige sind gefährdet, spielen unter Umständen mit ihrem Leben. Extreme Magersucht ist eine Form von Selbstmord, ein verzweifelter Hilfeschrei an die Umwelt.

Schnelle Heilungsschritte sind nicht zu erwarten. Ziel der Gespräche mit den Betroffenen sollte sein, sie zu einer Psychotherapie zu ermutigen, auch wenn dies zunächst auf Widerstand stößt. Magersüchtigen – wie allen Suchtkranken – hilft die Erkenntnis, daß auch andere Menschen ähnliche Probleme haben. Es gibt in jeder größeren Stadt Selbsthilfegruppen, deren Adressen bei allen sozialen Beratungsstellen erfragt werden können.

Was ist Freßsucht (Bulimie)?

Symptome: Heimliche Freßanfälle, durchaus mehrmals täglich, bei denen sehr große Mengen gegessen und anschließend wieder erbrochen werden (zwischen 6000 und 10000 Kalorien). Nach außen hin kaum erkennbar: Die Betroffenen sind schlank bis normalgewichtig und können ihre Krankheit oft jahrelang geheimhalten.

Die Folgen: Schwere Gesundheits-

störungen als Folge des Nährstoffmangels, Schäden im Magen-Darm-Bereich und an der Speiseröhre, Zahnschäden, Haarausfall, Störungen im Elektrolythaushalt, Menstruationsprobleme, um nur einige zu nennen. Außerdem: Soziale Isolation, um die Freßattacken weiterhin zu verbergen, aus Angst, sich beim Essen mit anderen nicht beherrschen zu können. Man vermutet, daß mindestens 10 Prozent der weiblichen Bevölkerung im Alter zwischen 15 und 35 Jahren mehr oder weniger stark betroffen sind.

Laufen und Schwangerschaft

Die meisten Frauen achten in der Schwangerschaft intensiver als vorher auf ihre Gesundheit. Schließlich geht es nicht nur um das eigene, sondern auch um das Wohlbefinden des Babys. Nikotin und Alkohol sind tabu. Doch wie sieht es mit Sport aus? Fachleute waren lange unsicher und empfahlen allenfalls Spazierengehen, Schwimmen oder Gymnastik, weil sie eine unzureichende Versorgung des Embryos bei sportlichen Anstrengungen der Mutter befürchteten. Neuere Studien und die Erfahrungen vieler Frauen haben jedoch das Gegenteil bewiesen: 1. Ein dosiertes, der Schwangerschaft angepaßtes Training hat eindeutig positive Auswirkungen auf Mutter und Baby. 2. Frauen, die bis zur Geburt sportlich aktiv geblieben sind, nehmen weniger an Gewicht zu, haben kürzere Geburten und weniger Kaiserschnitte als Frauen, die auf Sport völlig verzichtet haben. Voraussetzung für die richtige Dosis Sport sind die individuelle Kondition und die eigene sportliche Erfahrung.

Schwangerschaft und Geburt sind harte Arbeit, und die fällt leichter, wenn man körperlich fit ist. Wenn das Baby wächst und der Bauch immer größer wird, verlagert sich naturgemäß auch der Körperschwerpunkt. Immerhin nimmt man in den vierzig Wochen der Schwangerschaft Woche für Woche zirka 200 Gramm zu. Meistens zeigt die Waage kurz vor der Geburt 12 bis 17 Kilogramm mehr an Gewicht an. Und das ist gut und gesund. Nicht gut ist hingegen die Haltung der meisten Schwangeren. Sie nehmen zu oft Hohlkreuzpositionen ein und verstärken so die Lordose (Verkrümmung) der Wirbelsäule: Rückenprobleme und eine ungünstige Lage des Babys sind die Folge. Eine kräftige und sensibilisierte Muskulatur im Bereich von Rücken, Bauch und Beckenboden hilft, die Wirbelsäule zu entlasten und Folgeschäden zu vermeiden. Die

Entwicklung und Versorgung des wachsenden Babys beansprucht die körpereigenen Systeme ähnlich wie ein leichtes sportliches Training, was sich u. a. am erhöhten Ruhepuls der Mutter zeigt.

Noch wichtiger als die Kräftigung der Organe und der Muskeln ist jedoch die Fähigkeit loszulassen. Fitness- und Entspannungstraining gehören zusammen: Sie sind Energiequellen, die das körperliche und emotionale Wohlbefinden steigern. Durch das Zusammenspiel von Anspannung (durch Training) und Entspannung in der Schwangerschaft können lästige Begleiterscheinungen wie Übelkeit, Verstopfung, Krampfadern, übermäßige Gewichtszunahme oder Rückenschmerzen gelindert oder manchmal ganz vermieden werden. Alle Signale des Körpers sollten aufmerksam registriert werden. Die eigenen Grenzen werden schnell deutlich. Leistungsdruck und übertriebener Ehrgeiz sind in der Schwangerschaft völlig fehl am Platz. Das gilt vor allem für Anfängerinnen und Frauen, die lange Zeit sportlich nicht aktiv waren. Eine qualifizierte Beratung ist jetzt besonders wichtig.

Ein gutes Körperbewußtsein stärkt das Vertrauen in die eigenen Kräfte und macht selbstsicherer. So kann man auch mit Ängsten und Spannungen besser umgehen.

Fitnesstraining in der Schwangerschaft

Schwangere, die sportlich aktiv bleiben oder werden möchten, sollten einige wichtige Prinzipien beachten. Fitnesstraining in der Schwangerschaft ist gesund und tut gut, es ersetzt jedoch keinen Geburtsvorbereitungskurs und erst recht nicht die regelmäßigen Untersuchungen des Gynäkologen oder der Hebamme. Sollte eine Risikoschwangerschaft vorliegen oder eines der folgenden Krankheitsbilder, ist ganz besondere Vorsicht geboten: Bei vorzeitigen Wehen, stark erhöhtem Blutdruck (über 140/90), EPH Gestose (Schwangerschaftsvergiftung), Blutungen, vorzeitigem Blasensprung, Unterentwicklung des Fötus und schwerwiegenden Vorerkrankungen der Mutter sollte auf Sport während der Schwangerschaft verzichtet werden. Die Gesundheit der Mutter und des Kindes dürfen in keiner Weise gefährdet werden. Die Gynäkologin und Sportmedizinerin Dr. Mona Shangold empfiehlt bei einer normal verlaufenden Schwangerschaft:

▪ Gewohntes beibehalten Eine Schwangerschaft sollte nicht zum Experimentierfeld für ganz neue Sportarten werden. Trainieren Sie in Ihrer Sportart weiter, solange Sie sich gut dabei fühlen. Reduzieren Sie das Pen-

sum etwas – jetzt ist nicht die Zeit für Leistungssteigerungen. Im letzten Drittel der Schwangerschaft fühlen sich die meisten Frauen in speziellen Schwangerschaftsfitnesskursen am wohlsten. Auch Anfänger und Wiedereinsteiger sind hier am besten aufgehoben.

▪ **Gefährliche Sportarten meiden** Alle Sportarten, bei denen es zu Stößen in den Bauch kommen kann (Hockey, Fechten, Fußball), schwere Sturzgefahr besteht (Klettern, Reiten, Drachenfliegen, alpiner Skilauf) oder extreme Tiefen- und Höhenunterschiede zu bewältigen sind (Tauchen und Bergsteigen), sollten während der Schwangerschaftsmonate gemieden werden.

▪ **Richtig belasten** Der Puls sollte über einen längeren Zeitraum nicht über 130 bis 140 Schlägen pro Minute liegen, um eine optimale Versorgung des Fötus sicherzustellen.

▪ **Cool down** Das Training immer langsam beenden und die beanspruchte Muskulatur stretchen. Das verhindert Muskelkater und sorgt dafür, daß der Herzschlag des Fötus nicht abrupt abfällt. (In Ruhe schlägt das Herz des Fötus ungefähr doppelt so hoch wie das seiner Mutter, bei Belastung der Mutter erhöht er sich um zirka 5 bis 15 Schläge pro Minute.

▪ **Viel trinken** Trinken Sie vor und während Ihrer sportlichen Übungen Mineralwasser. Das vermeidet eine gefährliche Überhitzung des Fötus. Auch gut luftdurchlässige Sportbekleidung sorgt dafür, daß die Körpertemperatur nicht zu stark ansteigt. 38,2 Grad Celsius sollten während der Anstrengungen nicht überschritten werden.

▪ **Unterzuckerung vermeiden** Zu Beginn eines Trainings und bei Trainingseinheiten, die 45 Minuten überschreiten, kann es zu einem Glukosemangel kommen. (Tip: Leichter Kohlenhydratsnack vor dem Traininig.)

▪ **Flexibel bleiben** Wechseln Sie die Sportart, wenn Sie sich nicht mehr wohl fühlen. Mit fortschreitender Schwangerschaft wird die Belastung für den Beckenboden und die Gelenke bei Sportarten wie Aerobic oder Joggen häufig zu intensiv. Durch das Hormon Relaxin, das für die Weitung des Geburtskanals wichtig ist, können sich Sehnen und Bänder lockern. Schwimmen, spezielle Aquagymnastik oder Radfahren sind dann viel besser geeignet als Laufen.

▪ **Auf den Körper hören!** Vermeiden Sie Überlastungen; orientieren Sie sich an keinem «Pensum», das Sie unbedingt schaffen müssen. Schwindel-

gefühle, Krämpfe, plötzlich auftretende starke Kopfschmerzen, Kurzatmigkeit und Blutungen sind Signale, die sportlichen Aktivitäten zu reduzieren oder zu stoppen. Ziehen Sie den betreuenden Arzt zu Rate. Hören Sie auf Ihre innere Stimme, die Ihnen deutlich sagt, was für Sie gut ist und was nicht.

Die meisten Schwangeren erleben durch das körperliche Training einen herrlichen Wohlfühleffekt. Wenn Ihnen nicht nach Sport zumute ist, gönnen Sie sich ruhig eine Pause, setzen Sie sich keinesfalls unter Druck. Übereifer tut weder Ihnen noch Ihrem Baby gut. Die Kombination von Intuition und Wissen ist die beste Basis für eine problemlose und angenehme Schwangerschaft. Isabelle Baumann, die Ehefrau und Trainerin des Weltklasseläufers Dieter Baumann, hat einmal am eigenen Beispiel beschrieben, weshalb zu ehrgeizige sportliche Planvorgaben während der Schwangerschaft oder kurz nach der Geburt meist nicht das Papier wert sind, auf dem sie eventuell festgehalten sind: «Nach vier Monaten wollte ich so weit sein, daß ich auch flottere Dauerläufe und Fahrtspiele durchführen konnte. Es schien mir realistisch, in einem halben Jahr meinen Fitnesslevel von vor der Schwangerschaft zu erreichen (tägliches Lauftraining, durchschnittlich 80 km pro Woche). Ich mußte aber

schnell einsehen, daß meine Planungen rein theoretischer Natur waren. Zum einen reichte oft die Zeit nicht, um die geplante Streckenlänge zu absolvieren. Zum anderen bedeutet Muttersein einen enormen Energieaufwand, vor allem in den ersten drei Monaten, so daß die andauernde Müdigkeit den Reiz am Laufen schon im Keim erstickt. Ich empfehle jeder jungen Mutter, sich nur vorzunehmen, was machbar erscheint. Auf keinen Fall sollte das Training zu einem zusätzlichen Streßfaktor werden. Für mich war es eine kurze Zeit des ‹Ich-für-mich-allein-Seins›.»

Übrigens sind auch die Babys sportlicher Mütter oft besonders fit. Sie profitieren von der verbesserten Sauerstoffzufuhr – Babys trainieren also mit. Das zeigt sich am größeren Herzen, mehr Muskelglykogen (Kraftstoff für körperliche Arbeit), einem stabilen Herz-Kreislauf-System und aktivem Stoffwechsel. Das positive Körper- und Selbstwertgefühl der Mutter steigert auch das Wohlbefinden des Babys, denn schon ab dem 3. bis 4. Schwangerschaftsmonat sind die Sinnesorgane so weit entwickelt, daß das Baby miterlebt und erste Erfahrungen sammelt, auch mit dem Laufen … Sportive Frauen sind auch nach der Geburt viel schneller wieder in Form und haben mehr Energie für die Freuden und Anstrengungen des Babyalltags.

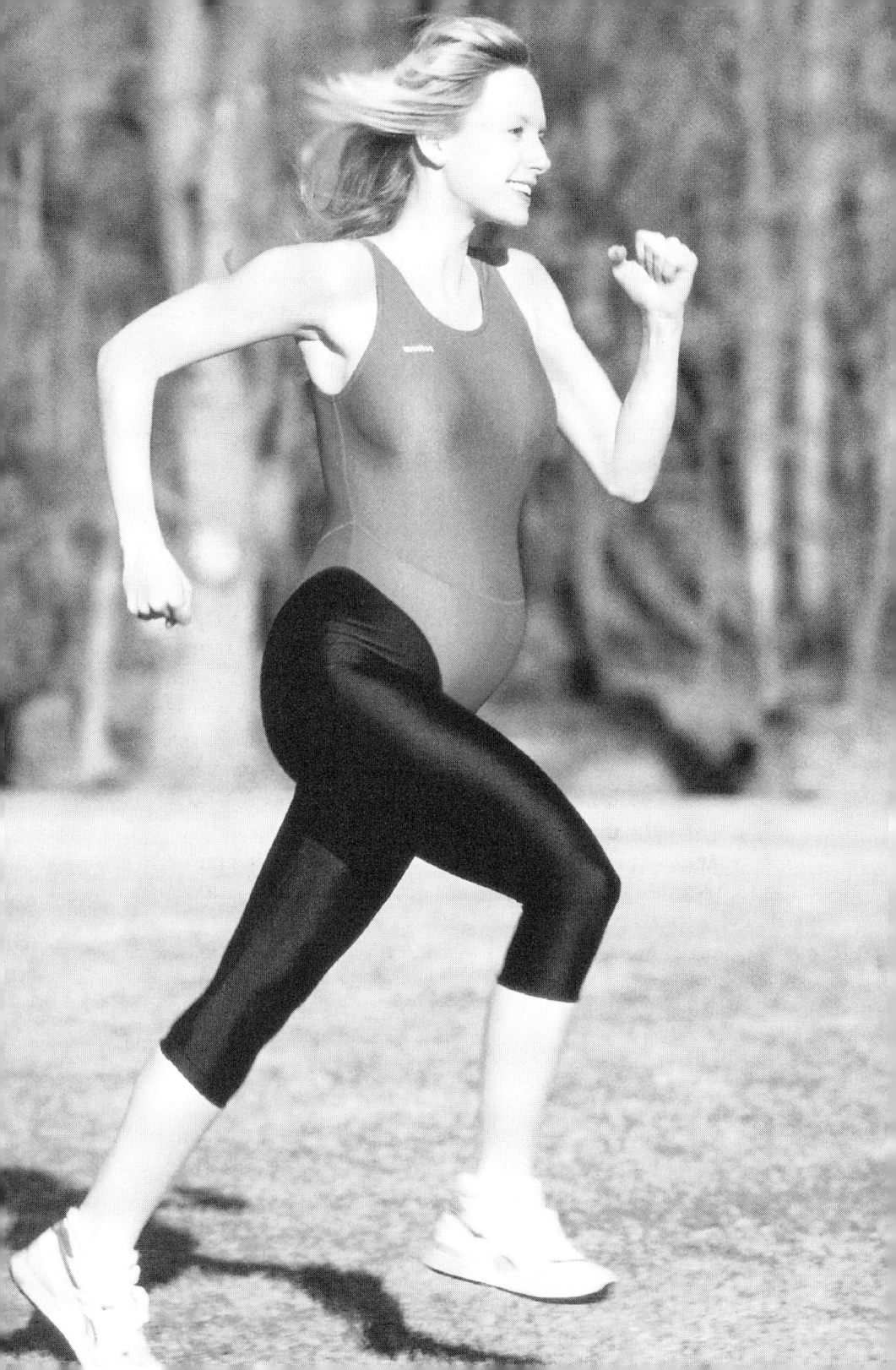

Von der ersten bis zur vierzigsten Woche

1. bis 16. Woche Verhalten Sie sich genauso, wie Sie sich fühlen. Viele Schwangere haben wegen hormoneller Umstellungen in dieser Zeit mit ständiger Müdigkeit und Übelkeit zu kämpfen. Leichtes Training und viel frische Luft können helfen. Unbedingt auf gute Flüssigkeitszufuhr achten! Wer vor der Schwangerschaft keinen Sport gemacht hat, sollte jetzt mit sanften Übungen anfangen (Walking, Fahrradfahren, Aquakurs für Schwangere). Auch Radergometer und Stairmaster können wunderbare Begleiter während der Schwangerschaft sein. Sie gewährleisten eine recht geringe Gelenkbelastung und haben zumeist integrierte Pulsmesser.

Das eigene Befinden ist ein guter Richtungsweiser. Die meisten Frauen absolvieren ihr ganz gewohntes Fitnessprogramm, und das ist gut so, wenn von ärztlicher Seite keine Bedenken bestehen. (Die Fehlgeburtenrate ist bei sporttreibenden Schwangeren übrigens nicht höher als bei inaktiven Schwangeren.)

16. bis 28. Woche Die meisten schwangeren Frauen fühlen sich jetzt in Hochform. Ein prominentes Beispiel: Im fünften Monat schwanger, wurde Anja Fichtel-Mauritz Deutsche Meisterin im Florettfechten. In dieser Zeit gibt es sportlicherseits die geringsten Einschränkungen. Gesund ist, was Spaß macht. Nur übertreiben sollten Sie es nicht! Während der Belastung muß jederzeit eine Unterhaltung möglich sein. Ein Herzfrequenzmesser ist sinnvoll, weil er hilft, unterhalb der Belastungsgrenze von 140 Schlägen pro Minute zu bleiben. Wer bislang ein 5-Minuten-Tempo pro Kilometer gelaufen ist, sollte sich mit sechs Minuten zufriedengeben und die Distanz um 20 bis 30 Prozent verkürzen. Denn die aerobe Kapazität, das heißt das Vermögen, Ausdauerleistungen zu vollbringen, nimmt mit zunehmender Schwangerschaft ab. Die Atmung wird durch den größer werdenden Uterus, der gegen das Zwerchfell drückt, behindert. Das Sauerstoffaufnahmevermögen bleibt erhalten, kann aber nicht voll ausgeschöpft werden. (Tip: Gute Haltung; je aufrechter Sie sich bewegen, desto mehr Platz ist für das Baby da.)

Ein leichtes Krafttraining ist auch noch erlaubt. Die Gewichte sollten aber immer weiter reduziert werden. Jetzt wird ein spezielles Bauch- und Beckenbodentraining wichtig.

28. bis 36. Woche Der Bauch wird immer größer, das Atmen ist erschwert. Sie kommen schneller aus der Puste. Der Druck auf den Becken-

boden verstärkt sich, an manchen Tagen ist man ständig zur Toilette unterwegs. Achten Sie in dieser Phase besonders auf eine gute Körperhaltung. Regelmäßige intensive Fußgymnastik eignet sich gut zur Vorbeugung von Venenproblemen. Häufiges Problem beim Laufen: Ziehen in der Leiste oder Hüfte und zu starker Druck auf den Beckenboden. Der Grund: Die Gebärmutterbänder sind gedehnt. (Tip: Bewegung verlangsamen, schmerzenden Bereich sanft massieren.) Viele Läuferinnen steigen jetzt auf das Fahrrad um oder gehen ins Schwimmbad (Aquajogging). Übertreiben Sie es nicht – Frauen, die zu intensiv trainieren, entbinden häufig 10 bis 14 Tage vor dem errechneten Termin. Versuchen Sie zu entspannen, sooft es Ihnen möglich ist: progressive Muskelrelaxation, leichtes Stretching, Yoga usw.

36. bis 40. Woche   Der Countdown läuft. In dieser Zeit finden noch viele physiologische und morphologische Veränderungen statt. Die meisten Frauen lassen es jetzt ganz ruhig angehen. Fitness im Wasser, leichtes Walking und Entspannungsübungen sind wohltuend.

Leistungsschub nach der Schwangerschaft?

Marathon-Weltrekordlerin Ingrid Kristiansen, die Triathletin Erin Baker oder die Skilangläuferin Marja-Liisa Kirvesniemi waren Beispiele für erstaunliche Leistungsschübe nach der Schwangerschaft.

Aus sportmedizinischer Sicht müssen drei grundlegende Faktoren voneinander getrennt betrachtet werden: die hormonelle Wirkung, die psychische Wirkung und der leistungsphysiologische Trainingseffekt der Schwangerschaft.

• **Hormonell:** Die veränderte Hormonkonstellation während einer Schwangerschaft hat eine ausgeprägt anabole Wirkung, die der aufbauenden Wirkung der verbotenen Anabolika im Hormondoping nicht unähnlich ist. Zur leistungsfördernden Umsetzung dieses anabolen Kicks müßte das körperliche Training in diesem Zeitraum intensiviert werden; genau das Gegenteil ist aber während einer Schwangerschaft der Fall.

• **Psychisch:** Sowohl eine glückliche, einigermaßen unkomplizierte Schwangerschaft als auch die Stabilisierung des sozialen Umfeldes nach der Geburt eines Kindes kann durchaus starke Impulse für die sportliche «Zeit danach» setzen.

• Leistungsphysiologisch: Die nachhaltigste leistungssteigernde Wirkung dürfte jedoch vom direkten Ausdauertrainingsreiz der Schwangerschaft ausgehen. Mit dem wachsenden Körpergewicht paßt sich die Arbeitsmuskulatur an, wird leistungsfähiger. Vor allem aber müssen der wachsende Fötus und die Plazenta mit Sauerstoff und Blut versorgt werden. Das benötigte zusätzliche Pumpvolumen des Herzens führt zu einer signifikanten Erhöhung der Herzfrequenz während der Schwangerschaft. Daneben dürfte auch die Vergrößerung des Blutvolumens die Ausdauerleistungsfähigkeit steigern. Mit anderen Worten: Eine Babypause kann der Karriere mancher Sportlerin durchaus guttun.

Wenn die Angst mitläuft

Die Angst vor Belästigungen und sexuellen Übergriffen macht auch vor dem Sport nicht halt. Deshalb wagen sich manche Frauen kaum alleine zum Laufen auf die schönen Strecken in Wäldern und Parks. Statt dessen drehen sie ihre Runden auf befahrenen Straßen oder auf der Aschenbahn, auch wenn sie sich viel lieber in der freien Natur austoben würden. Leider ist ihre Angst nicht aus der Luft gegriffen.

Vergewaltigungen machen in Deutschland «nur» 0,1 Prozent aller Straftatbestände aus. Aber jede Vergewaltigung ist eine zuviel und die Furcht, Opfer einer sexuellen Aggression zu werden, durchaus real. Angst kann allerdings auch blockieren, kopfscheu machen. Frauen machen sich klein, engen ihren Aktionsradius ein. Daß laufende Frauen gefährlicher leben als andere, weil sie öfter in recht einsamen Gegenden unterwegs sind, ist falsch. An öffentlichen Orten sind Frauen sicherer als an privaten: 47 Prozent der Vergewaltigungen in Deutschland werden im privaten Bereich begangen, in 60 Prozent der Fälle ist der Täter ein Freund, Bekannter oder Familienangehöriger. Rein statistisch gesehen, ist eine Frau, solange sie als Läuferin unterwegs ist, sicherer als zu Hause. Statistik hin, Statistik her: Bei vielen Läuferinnen läuft die Angst mit. Und dagegen sollten sie etwas unternehmen.

Selbstverteidigung findet (auch) im Kopf statt

Wenn sich Frauen wehren, ist die Wahrscheinlichkeit groß, daß der Täter die Flucht ergreift. Eine in Hannover durchgeführte Untersuchung belegt das: Bei 300 Vergewaltigungen und sexuellen Nötigungen machten sich bei leichter Gegenwehr über 60

Prozent und bei starker sogar mehr als 80 Prozent der Täter aus dem Staub.

Der beste Schutz für Frauen ist eine gehörige Portion Selbstsicherheit. Egal ob diese von einem Selbstverteidigungskurs herrührt, von einer mitgetragenen Verteidigungswaffe oder einem offenen Fluchtweg: Sie erhöht die Hemmschwelle für einen Angriff und macht Frauen für jeden Angreifer gefährlich. (Es soll übrigens Männer geben, die ein gewisses Unbehagen befällt, wenn sie einer Läuferin begegnen. Nicht aus Furcht, sondern weil sie von den Ängsten ihrer Laufkolleginnen wissen und entsprechend verunsichert reagieren.)

Empfehlenswert sind Selbstverteidigungskurse für Frauen, zum Beispiel Wen-Do-Kurse. Selbstverteidigung führt zwar in vielen Fällen zum Erfolg, kann aber für Ungeübte gefährlich sein. Deshalb sollte richtiges Verhalten im Aggressionsfall gelernt sein und immer wieder geübt werden. Für welche Verteidigungsmethode man sich auch entscheidet – wichtig ist immer, Selbstsicherheit und Stärke zu signalisieren. Das erhöht die Hemmschwelle des potentiellen Angreifers. Deshalb im Falle eines Falles: tief einatmen, sich regelrecht aufblasen und groß machen. Vor der Schwelle zum Angriff: immer gut beobachten. Wird man verfolgt,

soll man sich selbstbewußt geben: stehenbleiben, gut durchatmen, sich auf den Angriff vorbereiten. Kommt der Verfolger näher, so tun, als würde man ihn nicht bemerken. Schließlich böse schauen, um Macht auszudrücken. Setzt er aber zum Angriff an: das Verhalten ändern, sich unterlegen zeigen und signalisieren, daß man alles tun wird, was er verlangt; dann ist die Wahrscheinlichkeit groß, daß er mit weniger Härte vorgeht, weil er sich in Sicherheit wiegt. Und dann: zuschlagen und weglaufen!

Was Frauen sonst noch für ihre Sicherheit tun können:
▪ Nicht immer zur gleichen Uhrzeit laufen; am sichersten ist der frühe Morgen.
▪ Nicht immer dieselbe Route laufen.
▪ Wann immer möglich, in Begleitung laufen.
▪ Sich davor hüten, die Aufmerksamkeit zu reduzieren, sei es durch Vor-sich-hin-Träumen oder abgelenkt von einem Walkman.

Verteidigungswaffen sind legal, ein Waffenschein ist nicht erforderlich. Waffen, die für Läuferinnen in Frage kommen:
▪ Tränengassprüher (DM 15,– bis 25,–): von Frauen am häufigsten gekauft, weil einfach zu handhaben.
▪ Gaspistole (DM 70,– bis 400,–): Anwendung nicht einfach, Hemmschwelle ziemlich hoch.

• Schrillalarm (DM 10,- bis 45,-): Anwendung problemlos.

• Elektroschock (DM 120,- bis 280,-): höchst problematisch, weil die Frau den Angreifer ganz nah an sich herankommen lassen muß, um das Gerät einzusetzen (das gilt auch für Tränengas).

Die Autoren

Martin Grüning, geboren 1962, ist seit 1994 Redakteur bei RUNNER'S WORLD. Er zählte mehrere Jahre zu den besten deutschen Marathonläufern (seine Marathonbestzeit von 2:13:30 Std. lief er 1990 in Houston/Texas); als Mitglied der Nationalmannschaft nahm er 1989, 1991 und 1993 am Marathon-Weltcup teil. Seine Erfahrungen mit dem Lauftraining von Anfängern und Fortgeschrittenen fließen regelmäßig in die Beiträge für das Laufmagazin ein.

Thomas Steffens, geboren 1953, ist Chefredakteur von RUNNER'S WORLD seit Sommer 1994, als das Laufmagazin mit seiner deutschen Ausgabe an den Start ging. Er ist seit 1978 journalistisch tätig, arbeitete mehrere Jahre in den Organisationsteams der Marathonläufe von Boston, Frankfurt am Main und München mit. 1983 schrieb er zusammen mit G. Lachmann das erste deutsche Triathlonbuch: «Triathlon – Die Krone der Ausdauer».

Fotonachweis

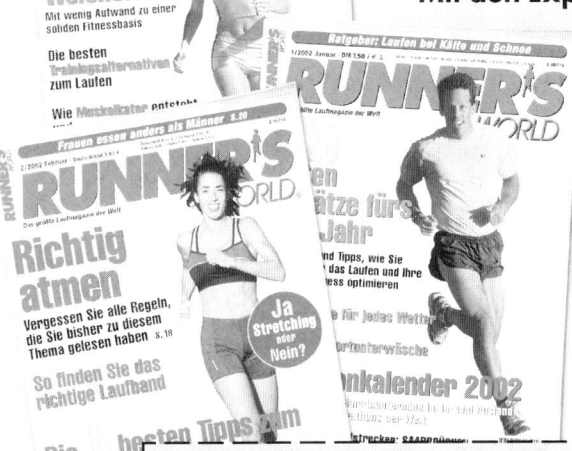

rororo sport

Herausgegeben von Bernd Gottwald